普通高等教育“十一五”国家级规划教材

建筑施工组织与管理

（第二版）

曲赜胜　主编

科 学 出 版 社
北 京

内 容 简 介

本书结合我国建筑工程施工管理的实际，密切跟踪建设领域施工项目管理理论的新成果和新进展，根据国家最新颁布的规范和标准，广泛吸收同类专业图书的优点，系统介绍了建筑施工组织与管理的基本原理、基本方法和应用。本书的主要内容包括建筑施工组织与管理概论、流水施工基本原理、网络计划技术、网络计划优化基础、施工组织总设计、单位工程施工组织设计、施工现场管理、施工组织设计实例以及计算机技术在施工组织与管理中的应用。为便于广大教师教学、读者自学，本书还配有完整的施工组织设计实例、开放式教学课件等教学资源。

本书既可以作为高等学校土木工程专业、工程管理专业和其他相关专业的教材，也可以作为建造师考试的参考用书，还可作为广大施工项目管理者、工程技术人员等从事专业工作的参考用书。

图书在版编目（CIP）数据

建筑施工组织与管理 / 曲赜胜主编. —2 版 . —北京：科学出版社，2012

（普通高等教育“十一五”国家级规划教材）

ISBN 978-7-03-034584-4

Ⅰ. ①建… Ⅱ. ①曲… Ⅲ. ①建筑工程－施工组织－高等学校－教材②建筑工程－施工管理－高等学校－教材 Ⅳ. ①TU7

中国版本图书馆 CIP 数据核字（2012）第 113865 号

责任编辑：王京苏 / 责任校对：田 贺
责任印制：吴兆东 / 封面设计：蓝正设计

科 学 出 版 社 出版
北京东黄城根北街 16 号
邮政编码：100717
http://www.sciencep.com
北京华宇信诺印刷有限公司印刷
科学出版社发行 各地新华书店经销

*

2007 年 7 月第 一 版 开本：787×1092 1/16
2012 年 12 月第 二 版 印张：16 1/4
2026 年 1 月第二十三次印刷 字数：351 000

定价：39.00 元

（如有印装质量问题，我社负责调换）

本书编写人员

主　编　曲赜胜

副主编　杨春峰

参编人员（按姓氏拼音顺序排序）

李　刚　李捍无　刘冬霞
刘　坤　杨春峰　于　群

第一版前言

“建筑施工组织与管理”是工程管理专业重要的一门专业主干课，也是土木工程等相关专业的主要专业课。通过本课程的学习使学生掌握建筑施工组织与管理的基本概念、基本原理和基本方法，使学生初步具备从事建筑施工组织与管理的能力，为将来做好专业工作夯实基础。

2002 年 5 月 1 日《建设工程项目管理规范》(GB/T50326—2001)的正式实施标志着我国工程项目管理日益科学化、规范化、法制化，并逐步与国际接轨。同时，建造师执业资格考试已经展开，按照有关文件的要求，2008 年 2 月 27 日起，大中型建设项目的项目经理必须由注册建造师担任，注册建造师制度的实行对项目管理者的专业素质提出了更加严格的要求，也凸显了高等院校相关专业对学生建筑施工组织与管理能力的培养愈加重要，本教材的编写就是在这样的现实背景下进行的。

本书共分九章，循着施工组织与管理的基本概念、基本原理与实际应用的线索而成书。教材编写者中除了具有丰富的本课程教学经验的专业教师外，还吸收了从事建筑施工组织与管理工作的专业人士，以期使本教材不仅有利于专业教学工作的顺利开展，使其符合教师的教学规律和学生的学习规律，同时，也使其更加符合专业工作的实际要求，强调了理论的实际应用性，重在应用型人才的培养。

参加本书编写的有曲赜胜(第一、三、四章)、李捍无、李迁(第二、七章)、赵春燕(第五、六章)、刘冬霞、李刚(第八章)、黄昌铁(第九章)。全书由曲赜胜统稿。提供一部适应建筑业发展现实要求的高质量的教材是全体参编者的追求目标，但鉴于编者水平有限，书中难免不当之处，恳请读者谅解并提出宝贵意见。

本书编写过程中得到了辽宁省电力集团公司沙宏明、辽宁省建筑设计研究院吕鹏、沈阳大学李建志以及中国建筑第三工程局第二建筑安装工程公司的大力支持与帮助。本书编写过程中参考了部分专家的著作与文献，谨向他们表示诚挚的谢意。

编　者

2007 年 3 月

第二版前言

承蒙广大读者的厚爱，使这部教材得到了大家的认可，但在使用中我们发现原教材还是存在着一些不足，一直希望有机会加以改进。此次再版一是给了编者弥补前一版教材中所存遗憾的机会；二是五年来我国工程项目建设无论是在技术实践中还是在管理实践中又取得了较大的发展。不断地紧跟项目管理发展的脚步，将最新的、较为成熟的理论成果和管理成果传递给读者是本教材所有参编人员的追求。

五年来《建设工程项目管理规范》(GB/T50326—2006)以及《建筑施工组织设计规范》(GB/T50502—2009)已经全面实施，为规范施工组织设计与管理工作提供了重要的保障。据此对前一版教材加以修订实属必要，本次修订的教材内容在专业术语的使用、解释上都严格按照相关规范的要求进行了整理，在篇幅许可的前提下适当地加以进一步的阐释，以加深读者对相关规范的理解。同时本书的修订听取了部分热心读者的建议，并采纳了部分读者的良好建议，使修订后的教材在保证前一版教材深入浅出、简练明晰风格的基础上，对个别章节的内容进行了调整，以期对教学活动的开展提供积极的帮助。诚挚希望那些采用本书的师生们不断为本教材提出宝贵意见，他们的持续关注为本书的不断完善提供了可能。

修订后的教材依然分为九章，参加本书修订编写的有曲赜胜(第一、三、四章)、李捍无、曲赜胜(第二、七章)、刘坤、徐双(第五、六章)、刘冬霞、李刚(第八章)、杨春峰、于群(第九章)。本书由曲赜胜任主编，对全书进行统稿。杨春峰担任副主编。本书的编写得到了辽宁省建筑设计研究院吕鹏、沈阳大学李建志以及中国建筑第三工程局第一建设有限责任公司邢振华的大力支持与帮助。在本书编写的过程中参考了部分专家的著作与文献，谨向他们表示诚挚的谢意。

编　者

2012年10月

目　　录

第一章

建筑施工组织与管理概论

第一节 建筑施工组织与管理的研究对象和任务

一、建筑产品与建筑产品的生产

(一)建筑产品及其特点

建筑产品是通过建筑规划、设计和施工等一系列相互关联、紧密配合的过程所创造的具有满足人们生产、生活、居住与交流等功能的活动空间的统称，包括建筑物与构筑物两类。与其他工业产品相比较，建筑产品具有一些独有的特点：

(1)空间上的固定性。建筑产品生产出来后通常是不可移动的，建筑产品与其所依附的土地形成一个不可分离的整体，是一种不动产。

(2)形式上的多样性。建筑产品的生产离不开建筑材料，建筑材料的多样性决定了建筑产品形式上的多样性；建筑产品的生产也离不开设计者的设计思想，不同设计者设计思想的多样性也决定了建筑产品形式上的多样性；建筑产品都是以一定的建筑结构形式存在的，建筑结构形式伴随着人类建筑技术的不断进步而不断丰富，这也决定了建筑产品形式上的多样性。

(3)存蓄时间的长久性。建筑产品往往坚固耐用并可维护、可修复，具有存蓄时间长的特点。正因如此，在人类历史的漫长进程中，建筑产品成为传承人类文明的重要载体。

(4)体量上的庞大性。建筑产品满足人类活动需求的功能客观上要求其具有较大的体量。

(5)功能上的集成性。建筑产品要正常发挥其服务人类的功能就要满足安全、耐久、实用、美观、经济等多方面的要求，需要通过多种要素的集成实现其功能。

(二)建筑产品生产的特点

建筑产品所独有的上述特点决定了建筑产品的生产也具有其自身的特点：

(1)建筑产品体量上的庞大性以及空间上的固定性决定了建筑产品的生产在空间上具有高空与地下作业多、露天作业多、受建造地区自然地理条件和人文环境影响大的特点。

(2)建筑产品体量上的庞大性以及存蓄时间的长久性决定了建筑产品的生产在时间上具有生产周期长、投资回收期长、对自然生态环境影响时间长等特点。

(3)建筑产品的生产是资金、材料、设备与人力高度的集成过程，涉及的规划、设计和生产单位众多，涉及的科研部门、产品供应商、金融机构以及政府职能部门众多，建筑产品的生产需要达到质量、进度、成本、安全、职业健康与环境等众多项目目标。建筑产品生产过程中的任何一个环节出现问题都会影响项目目标的实现，要保证建筑产品最优就必须保证建筑产品生产过程最优，要保证建筑产品生产过程最优就必须保证建筑产品生产过程所涉及的诸多要素在相互依赖、相互制约中实现相互协调。因此，建筑产品的生产是一个由多要素、多环节所组成的复杂系统，建筑产品功能上的集成性决定了建筑产品的生产具有较强的系统性的特点。

(4)建筑产品形式上的多样性和空间上的固定性决定了建筑产品的生产具有单件性的特点，亦即任何建筑产品在建造地点、规划设计、技术标准、施工工艺等方面都不会完全相同。

(5)建筑产品空间上的固定性决定了建筑产品的生产具有地区性以及流动性的特点。处于不同地区的建筑产品的生产必然要在自然、人文、宗教、风俗、地理等方面与所在地相融合；而某个地区的建筑产品的生产结束后，建设队伍及其设备、材料等会流动到另外一个地方进行新的建筑产品的生产过程。

二、建筑施工组织与管理的研究对象和任务

伴随着社会的经济发展与科学技术水平的不断提升，现代建筑产品越来越体现出规模化、人性化、智能化和环保化等特点，现代建筑产品的生产也越来越朝着机械化、工业化、智能化和环保化的方向发展。人们在关注建筑产品能否很好地实现其使用功能的同时，更加关注建筑产品的生产过程是否具有高安全性、高效益性和高环保性。人们在关注建筑产品在功能上是否具有人性化特点的同时，也开始考虑建筑产品的生产过程如何由原来传统的单一的以产品为中心向产品与人并重的方面加以改进，建筑产品生产过程中的人本思想正在得到更多的体现。与此相适应，建筑施工组织与管理工作在模式、目标与手段等方面也在不断地完善和改进。

建筑施工组织与管理即建筑施工组织与建筑施工管理，是建筑施工项目管理的重要组成部分。建筑施工组织与管理是以建筑产品为对象，从系统论的角度，并应用其他相关理论，研究如何通过合理的安排、组织与协调建筑产品生产的诸要素，优化施工过程，保证建设工程顺利竣工并交付使用，实现建设项目投资效益的合理最大化。

建筑施工组织与管理的基本任务是在国家建设方针和政策的指导下，体现承包商对施工项目的宏观管理思想，通过对建设项目具体情况的调查、了解和把握，围绕施工项目的目标，选择施工方案，确定施工进度，合理布置施工现场，落实质量安全技术措施，协调设计与施工、技术与经济、前方与后方、整体与局部以及项目各相关者

之间、项目建设不同阶段之间、项目管理不同部门之间的相互关系，科学合理地安排各项生产要素，兼顾经济效益与社会效益，保证合同目标的顺利实现。

建筑施工组织与管理属于软科学的范畴，需要综合运用工程与管理相关课程的知识，主要包括工程结构、工程力学、施工技术、建筑材料、建筑设备、建筑电气、工程经济、项目管理学以及计算机科学、系统工程学等方面的知识。学习本门课程需要树立统筹规划、顾全大局的思想，有意识地锻炼自己全面、辩证地分析、解决问题，注重调查研究，注重理论与实际相结合，根据建设项目的实际情况和企业自身实际进行建设工程施工组织与管理。

第二节　建设工程项目与工程项目建设程序

一、建设工程项目

建设工程项目是为完成依法立项的新建、扩建、改建等各类工程而进行的、有起止日期的、达到规定要求的一组相互关联的受控活动组成的特定过程，包括策划、设计、采购、施工、试运行、竣工验收和考核评价等。其简称为项目。

二、建设工程项目的层次分类

一般按照建设工程项目所涵盖内容在范围上的不同，将建设工程项目划分为以下五个层次。

1. 建设项目

建设项目是对若干个服从于一个共同的项目总体设计的单项工程的总体的统称。如果项目总体设计范围内只有一个单项工程，也可称其为一个建设项目。建设项目在经济上实行统一核算，行政上具有独立的组织形式。例如，一所学校、一座热电厂、一个工厂、一所医院等都可视为一个建设项目。

2. 单项工程

单项工程是指具有独立的设计文件，竣工后可以独立发挥生产能力并产生投资效益的工程。例如，我们在新建一座大学时，这座大学就是一个建设项目，作为其组成部分的教学楼、图书馆、餐饮中心、学生公寓等教学与附属设施都有各自独立的设计文件，建成后都可独立发挥各自的功能，显然，这每一项工程都是一个单项工程。

3. 单位工程

单位工程是指具有单独的施工图纸，并可独立地组织施工，但完工后不能独立发挥生产能力或产生效益的工程，它是单项工程的组成部分。例如，教学楼的建设，仅有土建工程是不能使其发挥功能的，必须有水、电、暖、卫等配套工程。通常土建工程、暖卫工程、设备安装、电器照明、工业管道工程等都是单位工程。

4. 分部工程

分部工程是按照单位工程的不同部位、由不同的工种使用不同的材料完成的那部分工程。各分部工程构成了一个单位工程，如土建工程就是由土方工程、基础工程、主体工程、屋面工程等分部工程组成的。

5. 分项工程

分项工程是由分部工程细分而成的，一般是按不同的施工内容或施工工艺来划分的，它是施工组织与管理的基本单位。例如，作为分部工程的钢筋混凝土工程就是由模板支设、钢筋绑扎、混凝土浇筑等分项工程组成的。

三、工程项目建设程序

工程项目建设不仅涉及面广、周期长、环节多、资源消耗量大，而且对国民经济发展影响深远。在社会经济发展进程中，人们对固定资产的投资、建设规律进行了长期探索和实践，对工程项目建设规律的认识不断加深，总结、制定了一整套符合工程项目建设规律的、科学的工作制度，形成了针对建设项目，从筹划建设到建成投产全过程中必须遵循的工作环节及开展程序，即工程项目建设程序。其主要包括投资决策、勘察设计、项目施工、竣工验收和交付使用四个阶段。

(一)投资决策阶段

项目投资决策是工程项目建设程序的第一阶段，就是根据国民经济和社会发展规划，综合考虑资金、技术、资源、市场等条件，提出拟建项目建议书，经批准列入建设前期工作计划后，进行可行性研究，编制设计任务书，对项目建设做出最终决策。本阶段的主要工作内容有以下几方面。

1. 编审项目建议书

列入建设前期计划的项目必须要有经批准的项目建议书。项目建议书是提出建设某一项目请求的建议性文件，是进行工程项目建设的重要一步。项目建议书中要对所提出的建设项目进行初步描述，对建设的必要性、建设条件和可能的投入产出进行阐述，为主管部门的决策提供参考。项目建议书的主要内容包括：建设项目提出的必要性和依据；产品方案、拟建规模和建设地点的初步设想；资源情况、建设条件、协作关系等的初步分析；投资估算和资金筹措设想；经济效益和社会效益的估计。

2. 开展可行性研究

项目建议书一经上级主管部门批准，即可开展可行性研究工作。可行性研究是运用多种科学手段对建设项目进行论证的过程，目的是在广泛调查研究的基础上论证建设项目在技术上是否先进、实用和可靠，在经济上是否合理，在财务上是否盈利，对不同方案进行比较分析，为项目决策提供科学依据。可行性研究报告是可行性研究工作的直接成果，经批准的可行性研究报告是确定建设项目、编制设计文件的依据。不同的建设项目，其可行性研究报告内容应有所不同，一般包括以下内容：市场预测、资源评价、项目建设规模和产品方案；原材料、燃料、动力、供水、运输条件；建厂条件和厂址方案；技术工艺、设备选型和主要技术经济指标；主要单项工程、公用辅助设施、配套工程；环境影响评价；节能措施；依据城市规划、防震、防洪等要求采取相应的措施方案；劳动安全卫生与消防；组织机构、人力资源配置和管理制度；项目实施进度；投资估算与融资方案；经济和社会效益分析；风险分析；研究结论与建议等。

可行性研究是项目决策阶段的核心工作。20 世纪 30 年代，美国在制定田纳西河流域开发项目时最早开展了可行性研究工作。目前，建设项目可行性研究已经在世界许多国家得到广泛推广和应用，取得了良好的经济效果和社会效益，联合国工业发展组织先后出版了《项目评价准则》、《工业可行性研究编制手册》等一系列专著，系统地阐述了可行性研究的概念、内容与方法，使可行性研究工作日益规范化。按照国际惯例，可行性研究一般由粗到细分为三个阶段，即：投资机会研究；初步可行性研究；技术经济可行性研究。我国的项目可行性研究工作是在借鉴西方发达国家尤其是联合国工业发展组织、世界银行等国际机构的可行性研究、项目经济评价工作经验的基础上发展起来的。20 世纪 80 年代以来，我国有关部门先后颁发、出版了《关于建设项目进行可行性研究的试行管理办法》、《可行性研究及经济评价》、《工业贷款项目评估手册》、《投资项目可行性研究指南》、《建设项目经济评价方法与参数》(第一版、第二版、第三版)等一系列指导性文件和专著，使我国工程建设项目决策论证工作愈加科学化、规范化。

3. 编审设计任务书

设计任务书是依据可行性研究报告所提出的结论与建议，对建设项目最终选择何种方案加以明确，提出建设项目设计的指导思想、建设项目规划设计初步方案、生产工艺、产品方案以及设计任务和设计指标等，是指明项目设计工作开展方向的技术经济文件。设计任务书一经批准即标志着建设项目正式立项。根据有关规定，进行可行性研究的项目，在报批设计任务书时，必须附有可行性研究报告及审批意见。小型建设项目可视具体情况简化设计任务书内容。

(二)勘察设计阶段

工程项目的建设需要依据勘察结果在科学设计的前提下有序开展，同时工程项目正式开工前需要做好相应的一系列准备工作，以保证项目建设过程的顺利进行，本阶段的主要工作内容包括设计工作、计划安排和施工准备工作。

1. 勘察设计工作

勘察设计是工程建设的重要环节，勘察设计的好坏直接影响建设工程的投资效益和质量安全。只有按照不同目的的要求有针对性地开展勘察工作，才有可能在弄清地质水文状况的基础上确定地基承载力，为基础形式的选择和施工方法的确定提供依据。

设计工作是拟建项目进行具体实施所必需的关键环节，是拟建项目技术和经济方案的具体体现。设计单位应通过招投标进行择优选择，设计内容应符合经过批准的可行性研究报告以及设计任务书的要求。对一般的建设项目可按照两阶段进行设计，即初步设计(含总概算)和施工图设计(含施工图预算)；对技术复杂、工艺难度大或有特殊要求的建设项目，应按三阶段进行设计，即初步设计、技术设计和施工图设计。

2. 计划安排

设计工作完成后，国家有关部门对项目可行性研究以及设计委托给具有相应资质的工程咨询公司对项目技术方案、工艺流程和经济效果进行分析评价，审核认可后再经计划部门研究同意列入年度工程项目建设计划。

3. 施工准备工作

建设项目正式开工前需要做好一系列的准备工作，以保证项目建设过程的顺利进行，其主要内容包括：征地拆迁、场地平整；施工用水、用电和道路工程；设备、材料订购；通过招投标选择施工队伍；必要的施工图纸的准备；开工文件的准备等。

(三)项目施工阶段

建设项目在施工承包合同签订后即进入施工阶段，这一阶段的主要工作内容就是组织施工。开工前应认真做好图纸会审、技术质量安全交底工作，编制好施工图预算和施工组织设计文件。施工过程中，应控制好项目的质量、进度和投资，加强项目建设合同管理工作；建设单位、施工单位和建设监理单位应密切协作、各司其职，使项目施工过程保质、保量、有计划、按步骤地顺利进行，保证项目建设如期竣工。同时，建设单位应抓好建设项目建成后的生产准备工作，为项目投产创造良好条件。

(四)竣工验收和交付使用阶段

建设项目施工结束后即进入竣工验收和交付使用阶段，本阶段的主要工作内容就是进行项目竣工验收，履行相关固定资产交付使用手续，准备项目的投产使用。竣工验收以及相关手续需要按照规定标准和程序进行。

竣工验收是项目建设过程的最后一环，是全面考核工程项目建设成果、检验设计和施工质量的重要步骤，是对项目管理水平的全面反映，是工程项目建设转入生产阶段的标志。根据项目规模和复杂程度可将建设项目的验收分为初步验收和竣工验收两个阶段进行，规模大、较复杂的项目可先进行初步验收，然后进行全部建设项目的竣工验收；规模小、较简单的项目可以一次进行全部项目的竣工验收。

建设单位需进行的项目竣工验收准备工作主要有：技术资料整理，包括土建、安装及各种相关文件、合同和试生产的情况报告；竣工图纸的整理、绘制，竣工图是生产单位必须长期保存的技术档案，也是国家的重要技术档案，竣工图必须准确、完整、符合归档要求，方能交工验收；编制竣工决算，竣工决算是工程项目管理工作的重要组成部分，竣工决算是反映建设项目实际造价和投资效益的文件，是办理交付使用新增固定资产的依据，是竣工验收报告的重要组成部分。

大量的工程项目建设实践证明，严格遵守工程项目建设程序展开建设工作，对于保证工程项目的顺利建设，对于保证实现工程项目的建设目标，对于维护投资者、建设者、政府以及其他项目相关各方的合法利益都起着巨大的作用；反之，工程项目建设就会走弯路，项目利益方的权益难以得到最大程度的维护，甚至还会对整个社会的经济发展、生态环境建设、文化发展等带来难以弥补的损失。工程项目建设程序是人们对客观实践经验的科学提炼与总结，伴随着人们客观实践的不断丰富和认识水平的深入，我们应不断地对工程项目建设程序进行丰富和完善，从而提高我们对工程建设项目的决策水平、管理水平和施工组织水平。

第三节　施工组织设计与项目管理规划

一、做好施工组织工作的意义与方法

(一)做好施工组织工作的意义

施工组织是建筑产品生产过程中的重要管理手段，只有通过合理的施工组织才能对建筑产品的整个生产过程进行有效的保证和科学的控制。做好施工组织工作是建设工程项目管理水平的重要体现。建设项目的施工过程涉及的单位、部门很多，涉及的工种、材料、设备繁杂，施工过程既有各工种的独立工作，又有不同工种之间的交叉作业、协调配合；只有做好施工组织工作才能在一个施工现场内将许多单位和部门有机地组织起来，形成一个富有效率的项目管理团队，从而保证建设项目的施工有节奏地、均衡地向前推进，使其达到工期短、质量好、成本低的效果，确保施工项目管理目标的实现。

(二)做好施工组织工作的方法

要做好建设项目的施工组织工作需要从两方面入手，即建设项目的施工计划与建设项目的施工控制。

1. 建设项目的施工计划

建设项目的施工过程具有综合性，即所有不同工种、配合不同的机械设备、使用不同材料的工作队组，在不同的地点和工作部位，按科学的顺序和预定的时间，协调地从事施工作业。这种综合性要求施工组织具有严密性，而施工组织的严密性，则要有周密的、科学的计划作保证。为此，应做好以下工作。

1)计划的可靠性

计划的可靠性应体现在计划依据的准确性和计划内容的科学性上，计划的依据包括定额水平、材料物资的供应水平、设备的保障水平、施工队伍的技术素质和管理水平等；计划内容的科学性是指采用的施工工艺和施工顺序要合理；同时要考虑计划的综合平衡。

2)组织指挥的合理性

组织指挥工作是施工组织的中心工作内容，是将事先制定好的各项计划、方案和措施付诸实际的关键一环。在组织指挥中必须遵守制定的规划和部署，保证重点、抓住关键，努力做到原则性与灵活性的统一，同时要多做调查研究，时刻把握现场动态，掌握组织指挥的主动权，避免盲目性和随意性，保证施工过程有条不紊、连续均衡地向前推进。

3)责权的明确性

施工组织工作中一定要做到不同岗位各司其职、有效配合，保证施工信息传递准确和及时，发现问题能够及时有效地进行处理和解决，完善现场管理的岗位责任制。

4)物资、技术保障的全面性

没有全面、可靠的物资和技术作保障，施工过程将无法顺利推进，施工就成为纸上谈兵。技术保障包括设计文件、施工图纸、技术措施和施工组织设计等，这些技术资料应齐全、清楚；对全新的或特殊的施工工艺，也应在施工前做好人员培训和技术交底。物资保障包括施工用材料、机械设备、成品、半成品、工器具等的准备，应保证这些物资在计划规定的时间内，按计划规定的数量提供给施工现场，以满足施工需要。

2. 建设项目的施工控制

施工过程的全面控制，就是不断地通过现场检查发现问题、解决问题的过程，以保证项目目标的顺利实现，其主要工作包括以下几项内容。

1)检查工作

施工检查的主要内容包括质量、进度、安全、节约、文明施工等方面；除要对上述内容做好项目部的自检、自查外，建设监理单位、业主、上级主管部门和行政管理机构的专业职能部门也都有权对上述内容进行监督、检查，提出意见。

2)协调工作

施工过程受诸多不可预见因素的制约，施工过程更是一个动态过程，现场情况经常发生变动，这就需要管理者经常性地进行平衡与调整，保证施工现场上出现的各种矛盾能够得到及时化解、使施工过程和谐、有序地进行。一般可以通过定期或不定期召开由相关各方参加的会议进行协调。

3)现场信息的管理与分析

随着现场业务的深入开展，管理者要管理好施工现场就必须及时准确地掌握工程动态，为此，就要对材料消耗、机械利用率、工程质量、成本费用、劳动力安排、安全管理等方面的数据进行统计、整理和分析，从而发现不足，提出相应解决方案，以便更好地对施工进行控制。

4)施工总平面图管理

施工总平面图管理是合理使用场地、保证现场交通顺畅、排水畅通以及文明施工的重要措施。所有施工现场必须以施工组织设计所确定的施工总平面图规划为依据，进行经常性管理。伴随着施工进展的不同阶段，现场布置应有不同的侧重，划分不同的平面布局，保证不同施工阶段现场施工的顺利进展。

二、施工组织设计的含义及其重要性

(一)施工组织设计的含义及其发展

1. 施工组织设计的含义

施工组织设计是以施工项目为对象编制的，用以指导施工的技术、经济和管理的综合性文件。施工组织设计是指导现场施工的法规，是做好施工组织的重要保证，是建筑施工项目管理规划的重要内容，是进行施工项目管理的基础性文件。编制施工组织设计必须统筹规划，体现施工组织的科学性、合理性、先进性和规范性，为正常施工秩序的建立提供保证。

2. 施工组织设计在我国的发展

施工组织设计是伴随着人类工程建设实践的不断进步而逐步形成的。1928 年前苏联在建造第聂伯河水电站时，工程技术人员编制了第一个较为完整的施工组织设计，保证了水电站的施工质量。之后，前苏联组建了专门的研究机构，开展了理论研究工作，并相继编制了一系列有关手册。20 世纪 50 年代，伴随着计算机技术的发展，在美国学者、工程技术人员的努力下，在军事工程、建筑工程等领域广泛地拓展了计算机技术的应用范围，使工程进度计划的编制、管理手段得到了极大的提升。1952 年我国在东北地区的工程建设中开始推行施工组织设计，虽然我国的施工组织设计诞生于计划经济年代，然而，经过半个多世纪的发展，建筑施工组织设计的编制日益规范化、科学化。编制建筑施工组织设计已经成为施工企业进行项目施工的重要管理制度。建筑施工组织设计在工程建设领域发挥了极其重要的作用。20 世纪 80 年代以来，随着工程质量管理工作的加强，质量监督制度的建立，建设监理制度的推行，尤其是建筑市场的建立，工程项目管理制度的实施，以及一大批与工程建设相关的法律、法规的相继出台，都对施工组织设计的发展与完善起到了积极的促进作用，同时也对施工组织设计的编制水平提出了更高要求。施工组织设计的重要性也越来越得到体现。

(二)施工组织设计的重要性

(1)由于建筑产品具有极大的差异性，即没有完全相同的建筑产品存在，建筑产品之间在施工工艺、设计标准、建造地点、资源消耗等方面总是或多或少地有所区别。因此，没有完全统一的、固定不变的施工方案，应根据不同的建设项目，编制不同的施工组织设计，根据待建项目的具体特点，从施工的全局和技术经济角度出发，对项目施工做出合理的时间和空间上的安排。这就必须在开工之前，有针对性地进行统一部署，并通过施工组织设计科学地表达出来。

(2)一个建设项目在施工阶段中的投资往往占总投资的 60%以上，远高于项目计划与设计阶段的投资，是项目建设的重要环节；编制好施工组织设计，不仅可以保证项目建设的顺利进行，而且也是控制项目投资的重要保障，对项目各阶段建设目标的实现、达到预期效果有着十分重要的意义。

(3)施工组织设计是按具体的拟建工程对象的开竣工时间编制的指导性施工文件，企业的施工计划往往要受到各建设项目施工计划的制约，各建设项目的投入、产出情况也对整个施工企业的经济效益产生直接影响。可见，施工组织设计直接关系到施工企业的经营管理，施工组织设计编制、实施水平是体现企业竞争力的重要方面。

三、施工组织设计的任务、作用和分类

(一)施工组织设计的任务

施工组织设计的基本任务是根据业主对建设项目的工期要求，并依据国家有关规定，选择经济合理的施工方案，即确定合理的施工顺序；选择合理的施工方法和施工机械；确定合理的施工进度；拟定技术先进、经济合理的技术组织措施；采用有效的劳动组织，并计算劳动力、材料、机械设备等的需要量；确定合理的空间布置；合理组织包括基本生产、附属生产及辅助生产在内的全部生产活动等。

(二)施工组织设计的作用

我国目前已经开始全面实施工程项目管理，要求施工组织设计不仅要服务于施工准备和现场施工，而且要服务于施工项目管理的全过程，施工组织设计的作用主要有：

(1)论证作用。即在工程投标中，投标企业通过施工组织设计论证投标报价的合理性，施工工期的科学性和质量目标的可行性。通过施工组织设计显示投标企业具有相应的项目管理水平和市场竞争能力，证明投标企业具备招标项目的施工能力，以及达到招标文件所提各项要求的能力。

(2)承诺和要约作用。工程投标过程中，投标企业通过施工组织设计对招标文件中提出的各项项目目标做出承诺，某些投标企业为在激烈竞争中胜出甚至做出超出招标文件要求的承诺。投标企业中标后，这些内容作为投标书的一部分将成为工程承包合同的组成部分，具有合同要约的作用。

(3)指导现场施工的作用。通过施工组织设计实现工程项目建设目标和设计的要求，衡量设计方案施工的可能性和经济合理性；按事先设计好的科学程序组织建筑施工活动，建立正常的生产秩序；使项目管理者和参与者对项目建设活动心中有数，主动调整施工中的薄弱环节，及时处理可能出现的问题，保证施工的顺利进行；为组织物资供应和技术保障提供依据；保证及时地进行施工准备工作；协调施工过程中涉及的各单位、各部门、各工种之间、各种资源之间的关系。

(4)其他作用。施工组织设计经批准实施后，就明确了一项工程的具体施工方案，而不同的施工方案会形成不同的工程造价，因此，工程造价与施工组织设计的这种相关性决定了施工组织设计是工程结算的依据。施工组织设计中施工企业在工期、进度、质量等方面对业主做出了相应承诺，如果实际施工过程中施工企业没有兑现相应承诺，施工组织设计就会成为业主索赔的依据。

(三)施工组织设计的分类

1. 按照编制目的的不同分类

一类是为满足编制投标书和签订施工合同的需要，在投标前编制的施工组织设计，即投标施工组织设计；另一类是为满足施工准备和施工需要，在中标后施工前编制的施工组织设计，即实施性施工组织设计。投标施工组织设计的编制水平关系到能否中

标，是承包单位进行合同谈判、进行承诺的根据和理由，是拟定合同文本相关条款的基础资料，内容更多地体现一种项目实施的规划性特点。投标施工组织设计是项目管理规划的重要组成部分，主要起论证、承诺和要约作用。实施性施工组织设计是施工企业内部使用，以追求施工效率和效益为主要目标，是投标施工组织设计的深化，同投标施工组织设计相比，内容更具体，方案更详细，具有很强的可操作性，主要起指导现场施工的作用。

2. 按照设计阶段的不同分类

不同的施工组织设计与不同的设计阶段相对应，施工组织设计必须分阶段地根据工程设计文件来编制，以三阶段设计为例，初步设计阶段进行的是施工组织条件设计，其作用在于对拟建工程从施工角度分析工程设计的技术可行性与经济合理性，同时做出轮廓性的施工规划，并提出在施工准备阶段首先应进行的准备工作；技术设计阶段进行的是施工组织总设计；施工图设计阶段进行的是单位工程的施工组织设计。

3. 按编制对象范围的不同分类

施工组织设计按编制对象范围的不同可分为施工组织总设计、单位工程施工组织设计、分部分项施工组织设计三种。施工组织总设计是以一个建筑群或一个建设项目为编制对象，是用以指导整个建设项目全场性的各项施工活动的技术、经济和组织管理的综合性文件。一般是在初步设计批准后，由总承包单位组织编写。单位工程施工组织设计是以一个单位工程为编制对象，用以指导其施工全过程各项施工活动的技术、经济和组织管理的综合性文件。一般是在施工图设计完成后，由施工承包单位负责编制。分部分项工程施工组织设计是以分部分项工程为编制对象，用以指导其施工过程各项施工活动的技术、经济和组织管理的综合性文件。一般是以某些工艺复杂、施工难度大的分部分项工程或冬、雨季施工等为对象编制的专门的、更为详尽的施工文件，可与单位工程施工组织设计同步编制。

应该注意的是，由于现场条件在不断地发生变化，而且编制施工组织设计时尚有许多因素是不曾事先预计到的，因此，要一方面贯彻执行施工组织设计所要求的内容，另一方面要随实际情况的变化对施工组织设计进行调整、完善和修正。

4. 按照编制内容繁简程度的不同分类

按编制内容的繁简程度不同，可将施工组织设计分为详细的施工组织设计和简单的施工组织设计。对于规模大、结构复杂、要求标准高，或采用新工艺、新材料、新技术的工程项目，必须编制内容详尽的完整的施工组织设计。反之，对于规模不大的普通工程项目，可以编制仅包括施工方案、施工进度计划和施工总平面图等内容粗略的简单施工组织设计。

四、施工组织设计与项目管理规划

施工组织设计是诞生于计划经济体制下的一项重要工程管理制度，在社会主义市场经济条件下，建设工程项目管理的模式和手段都发生了显著的变化。我国建筑业工作者在长期工程建设实践中不断摸索建筑产品的生产与管理规律，对建筑产品及其生产特点的认识不断加深，在借鉴国外先进的建筑工程生产与管理理论和经验的基础上，结合我国国情并不断加以总结与完善，形成了具有中国特色的建设工程项目管理理论与模式。2002 年 1 月 10 日中华人民共和国建设部与国家质量监督检验检疫总局联合发布了《建设工程项目管理规范》(GB/T50326—2001)，并于 2002 年 5 月 1 日正式实施；2009 年 5 月 13 日中华人民共和国住房和城乡建设部与国家质量监督检验检疫总局联合发布了《建筑施工组织设计规范》(GB/T50502—2009)，并于 2009 年 10 月 1 日正式实施。这两个规范的颁布施行促进了建设工程项目管理的科学化、规范化和法制化；规范了建筑施工组织设计的编制与管理。适应了建筑项目管理在社会主义市场经济条件下发展的需要，对我国建设工程项目管理水平的提升，以及与国际惯例接轨起着重要作用。

《建设工程项目管理规范》要求在进行项目管理工作中编制项目管理规划，项目管理规划分为项目管理规划大纲和项目管理实施规划。由于我国长期以来实施施工组织设计制度，并且仍在继续实施。因此，必须厘清项目管理规划与施工组织设计之间的关系。

(一)项目管理规划大纲与投标施工组织设计的比较

项目管理规划大纲是由企业管理层在投标之前编制的，旨在作为投标依据、满足招标文件要求及签订合同要求的文件。项目管理规划大纲的作用主要有两个方面：①作为投标人的项目管理总体构想，指导项目投标；非经营秘密部分构成技术标书的组成部分，作为投标人响应招标文件要求，摘录其中可满足招标文件对施工组织设计的要求内容报送给招标人审查和评价。②作为中标后详细编制可操作性的项目管理实施规划的依据，即实施规划是规划大纲的具体化和深化。

从所起作用的角度来看，投标施工组织设计实质上承担着项目管理规划大纲的作用；从编制内容上来看，传统意义上的投标施工组织设计的编制内容已经成为项目管理规划大纲的一部分，即项目管理规划大纲的内容要比传统意义上的投标施工组织设计更全面。

(二)项目管理实施规划与投标后施工组织设计的比较

项目管理实施规划是在开工之前由项目经理主持项目经理部编制完成的，旨在指导施工项目实施阶段管理的文件。项目管理实施规划以项目管理规划大纲的总体构想和决策意图为指导，具体规定各项管理业务的目标要求、责任分工和管理方法，把履行施工合同和落实项目管理目标责任书的任务贯穿在实施规划中，作为项目管理人员的行为指南。

从所起作用的角度来看，实施性施工组织设计实质上承担着项目管理实施规划的作用；从编制内容上来看，传统意义上的实施性施工组织设计的编制内容已经成为项目管理实施规划的一部分，即项目管理实施规划的内容要比投标后施工组织设计更丰富和规范。

（三）项目管理规划与施工组织设计之间的关系

(1)从所发挥的作用来看，投标施工组织设计、实施性施工组织设计同施行《建设工程项目管理规范》之后的项目管理规划大纲、项目管理规划是相对应的。

(2)与施工组织设计相比，项目管理规划以项目为中心更加强调目标控制，强调成本与经济指标核算；突出了项目风险意识；突出了按照国际惯例建立质量管理体系、环境管理体系和职业健康安全管理体系，以及贯彻相应体系所规定的认证标准。

(3)实施性施工组织设计属于企业内部文件，不宜对外公开。如果业主要求投标书内附有施工组织设计和满足监理工程师审核施工组织设计的需要，可以从施工项目管理规划中摘录需要的内容。

(4)施行《建设工程项目管理规范》之后，施工组织设计作为一项重要的管理制度仍然在我国广泛实行，但从未来发展来看，施工组织设计将逐步向项目管理规划的方向发展，当承包人以施工组织设计代替施工项目管理规划时，施工组织设计应当满足施工项目管理规划的要求，即编制事实上的施工项目管理规划。

第四节　施工组织设计的编制

一、施工组织设计的内容

施工组织设计应包括编制依据、工程概况、施工部署、施工进度计划、施工准备与资源配置计划、主要施工方法、施工现场平面布置及主要施工管理计划等基本内容。但不同类型的施工组织设计其内容又各有侧重。

（一）投标施工组织设计的内容

投标施工组织设计是参加项目投标，以中标为主要目标的施工组织设计，其主要内容如下：

(1)编制依据。其主要介绍编制投标施工组织设计所依据的国家、地方政策；技术标准、图集、规范；业主招标文件；投标企业相关文件、制度；现场踏勘情况等。

(2)工程概况。工程概况中应简明介绍工程性质、规模、建设地点、结构形式、建筑面积、工期要求、施工地气候条件、水文地质条件、工程地质条件等。

(3)投标企业概况与项目组织管理机构简介。介绍投标企业基本情况，重点介绍项目组织管理机构情况，包括项目部基本组织构成、部门分工、岗位职责；项目经理、技术负责人等主要管理成员的简历、工作业绩以及包括获奖证书在内的各类证明材料复印件。

(4)施工准备计划。针对投标项目特点介绍施工准备基本安排。

(5)施工部署。对投标工程在质量、工期、环保、职业健康与安全、文明施工等方面所要达到的目标进行规划；对投标工程总体施工方案进行安排，包括施工流向、主要分部工程施工方法选择、施工机械选用、劳动力和主要材料、成品、半成品投入量等。

(6)重点、难点部位的专项施工方案。对投标项目施工中的重点、难点部位或特殊分部分项工程需要单独编制更具有针对性的专项施工方案，详细阐述特殊施工方法、工艺手段、工艺标准及其保证措施。

(7)施工进度计划。施工进度计划包括工程建设开、竣工日期，工程进度计划图表等。

(8)资源需求计划。根据施工进度计划落实各类资源在不同施工阶段的需求量，明确其供应厂商和供应方式。

(9)施工现场平面布置。其包括现场临时用水、用电量计算，临时设施用量、费用计算及现场平面图等。

(10)施工目标的各项保证措施。其主要包括保证质量、保证安全、保证进度、安全生产、环境污染防治等方面的技术组织措施，企业三项管理体系认证材料及其在投标项目中的具体落实规划。

(11)新技术、新工艺、新材料和新设备(“四新”)的应用。介绍“四新”的名称、应用部位以及注意事项，阐述应用“四新”所带来的经济和社会效益，并附有论证、鉴定材料。

(12)成本管理规划。介绍施工项目成本管理目标及其保证措施，论证投标报价的可行性。

(13)施工风险预测。对施工中可以预见的风险进行分析论述并做出预防性安排，介绍防范、规避和转移风险的管理手段。

(14)项目分包事宜。对投标项目需分包的部分进行阐述，重点介绍对分包单位的选择方式、管理措施和工作协调等内容。

(15)投标项目创优计划。施工企业为实现投标项目创优、获奖等目标而制定的各项保证措施。

(二)实施性施工组织设计的内容

实施性施工组织设计是施工企业中标后，以满足项目施工需要、落实投标文件各项承诺为目标的施工组织设计；实施性施工组织设计应满足工程承包合同文件的要求，在投标施工组织设计的基础上进行编制，主要用于施工企业内部执行。其主要内容有：

(1)编制依据。其主要包括编制实施性施工组织设计所依据的各类建设法律、法规和相关文件规定；现行各级技术标准、图集、规范；工程承包合同文件；全套施工图纸；本企业相关文件、制度；企业技术力量、设备状况以及所积累的类似工程经验资料等。

(2)工程概况。工程概况中应介绍工程名称、规模、建设地点、设计单位、建设单位、监理单位、各专业设计概况、主要施工条件、现场环境以及工程主要特点等。

(3)施工准备。其包括业主及施工单位的技术准备、生产准备。具体内容有熟悉图纸并组织图纸会审、编制施工图预算和施工预算、职工上岗培训、落实分包单位并签订分包合同、布置水电管线和其他现场临时设施、组织劳动力和机械设备进场等。

(4)建设项目管理机构。绘制项目管理组织机构图，明确项目管理组织机构的管理层次、管理人员，制定项目管理各项规章制度与各岗位职责，贯彻落实企业三项管理体系执行文件。

(5)施工部署。施工部署应对重要施工组织问题和技术问题做出规划和决策。详细阐述在质量、工期、环保、职业健康与安全、文明施工等方面所要达到的目标；对工程总体施工方案进行具体安排。

(6)各分部分项工程及重点、难点部位的专项施工方案。详细阐述各分部分项工程以及重点、难点部位的施工方法、施工机具选择、施工段划分、施工顺序确定、工艺手段、工艺标准及其保证措施。为提升企业市场竞争能力，应结合施工企业实际，有针对性地制定高于国家标准要求水平的企业内部工艺标准文件。

(7)特殊条件下的施工保证措施。针对冬季、雨季、高温、台风和夜间等特殊条件，制定现场成品保护、设施保护与人员防护措施，降低施工现场发生灾难性事故的概率，避免发生不必要的损失。

(8)施工进度计划。根据合同工期要求，编制施工组织总进度计划以及单位工程施工进度计划，明确各项进度计划的保证措施。施工进度计划对施工顺序、施工过程的开始和结束时间、搭接关系进行综合安排，以实现合同工期目标。施工进度计划必须利用流水作业和网络计划方法。

(9)资源需求计划。根据施工进度计划计算劳动力、机械设备、成品、半成品、主要建筑材料等各类资源在不同施工阶段的需求量，明确其供应厂商、运输和储存方式，落实进场数量和日期。

(10)施工现场平面布置与管理。有针对性地进行施工现场平面布置，绘制不同施工阶段所对应的施工现场平面布置图，施工现场平面布置图以合理利用施工用地、节约临时设施费和现场运输费、实现文明施工、节约降耗为宗旨进行设计，并注意使现场平面布置不断根据现场实际状况进行调整，保证现场管理的科学化、规范化和标准化。

(11)施工目标的各项保证措施。其主要包括保证质量、保证安全、保证进度、安全生产、环境污染防治等方面的技术组织措施，通过质量、环境、职业健康与安全三个认证的企业，应结合工程实际加以引用并落实。否则需要详尽编写有关保证措施。

(12)新技术、新工艺、新材料和新设备的应用。介绍“四新”的名称、应用部位以及注意事项，阐述应用“四新”所带来的经济和社会效益，明确应用“四新”所要达到的目标及保证措施。

(13)成本控制措施。明确施工项目成本管理目标，实行成本控制目标责任制，控制材料、设备采购价格，依据企业定额制定保证措施，严格实行限额领料制度，注意节能降耗，科学组织施工，积极推广降低材料损耗和能源消耗的施工工艺，强化现场管理，避免业主索赔。

(14)施工风险防范。对施工中可能发生的风险事件进行详尽分析与评估，制定并积极落实防范、规避和转移风险的管理措施。

(15)总承包管理与工程分包事宜。建立总承包企业与分包单位之间的工作协调机制，依据分包合同要求，通过制定对分包单位加强管理的制度和措施，保证总承包合同各项合同目标的实现。

(16)施工项目创优目标。为实现投标时所承诺的施工项目创优、获奖等目标，在项目管理各层次落实创优目标责任，制定奖惩措施。

(17)主要技术经济指标。通过主要技术经济指标反映施工组织设计目标达到的水平，是评价施工组织设计的重要依据。其包括劳动生产率、分项工程优良率、劳动力不均衡系数、降低成本额、降低成本率、施工机械化程度、临时工程投资比例、施工准备期、单位工程工期等。

(18)结束语。结束语部分应对施工组织设计实施中应注意的难点、重点问题加以强调，对不足之处和需进一步加以改进之处加以说明。

二、施工组织设计的编制及其应遵循的基本原则

(一)施工组织设计的编制

当为参加项目投标编制施工组织设计时，应根据所选定的投标策略，将投标策略体现在所编制的施工组织设计中，认真仔细地分析所搜集的情报资料，扬长避短，采用目标管理方法、系统分析方法、预测方法和决策方法，做好技术经济分析，将技术先进性与经济合理性有机地结合起来，发挥该企业的优势，突出该项目的施工组织特点，并为中标后签订施工合同留有余地。

当施工单位投标的建设项目中标后，应着手编制实施性的施工组织设计，对实行总包和分包的，由总包单位负责编制施工组织设计或分阶段施工组织设计。分包单位在总包单位的总体部署下，负责编制分包工程的施工组织设计。编制过程中应广泛征求各施工协作单位的意见。对结构复杂、施工难度大以及采用新工艺、新技术的工程项目，要进行专业性研究，集中各方力量进行编制。当比较完整的施工组织设计方案提出之后，应组织参编人员和单位进行讨论、研究和修改后，经上级主管部门进行审批后实施。

(二)编制施工组织设计应遵循的基本原则

施工组织设计的编制必须遵循工程建设程序，并符合下列原则：

(1)符合施工合同或招标文件中有关工程进度、质量、安全、环境保护、造价等方面的要求。施工合同是施工承包商与建设单位就项目建设在进度、质量、安全、造价、环境等各方面目标所达成的全面而明确的法律文件，具有极强的法律约束力，施工组织设计应当紧紧围绕合同中的各项约定进行编制，体现出施工组织设计作为重要的技术经济文件在实现施工合同各项要求方面所具有的保障功能。

(2)积极开发、使用新技术和新工艺，推广应用新材料和新设备。在建筑市场激烈的竞争中，积极开发、推广和应用“四新”(新技术、新工艺、新材料、新设备)是施工企业提高施工质量、降低项目成本的重要途径，是体现企业管理水平、技术研发水平以及综合竞争实力的重要方面。但在推广使用中要注意先进性与适用性相结合。

(3)坚持科学的施工程序和合理的施工顺序，采用流水施工和网络计划等方法，科

学配置资源，合理布置现场，采取季节性施工措施，实现均衡施工，达到合理的技术经济指标。

应重视施工准备工作计划的编制和实施，及时完成施工准备工作，没有做好必要的施工准备，必然对正常的施工秩序造成影响。条件具备时应先进行场地平整、管线铺设、道路修筑等全场性工作。安排场地、道路、管线施工时，应先场外、后场内，先主干、后分支，地下工程先深后浅，排水要先下游、后上游。

对单个房屋和构筑物的施工顺序，既要考虑空间顺序，也要考虑工种之间的顺序。空间顺序解决施工流向的问题，它必须根据生产需要、缩短工期和保证工程质量的要求来决定。工种顺序解决时间上的搭接问题，它必须做到保证质量，工种之间互相创造条件，充分利用工作面，争取时间。可供施工使用的永久性建筑物可尽量先建造，以便减少暂设工程，节约投资。

采用流水作业法组织施工，可以使工程施工连续地、均衡地、有节奏地进行，能合理地使用人力、物力和财力。网络计划技术有利于通过计算机进行施工现场的动态管理，适应管理现代化的要求。

冬、雨季等特殊气象条件下进行施工往往造成施工费用的增加，安排施工进度时应考虑季节、气候等因素，控制由此带来的工程成本提高幅度。

(4)采取技术和管理措施，推广建筑节能和绿色施工。节能减排、低碳环保是实现经济社会可持续发展的重要保障，建筑领域在节能减排目标的实现中具有很大潜力，不仅要注重从建筑规划、设计阶段保证实现节能减排的目标，更要重视在施工阶段的节能降耗，从施工材料的选择到施工工艺的确定都应当把节能减排、低碳环保作为重要出发点，加大绿色建造技术的研发与应用，努力实现以绿色施工手段生产绿色建筑产品。

(5)与质量、环境和职业健康安全三个管理体系有效结合。施工企业可以依据《质量管理体系　要求》(GB/T19001—2008)、《环境管理体系　要求及使用指南》(GB/T24001—2004)以及《职业健康安全管理体系　要求》(GB/T28001—2011)等建立本单位的质量管理体系、环境管理体系和职业健康安全管理体系的相关文件。建立质量管理、环境管理以及职业健康安全管理“三位一体”的管理体系是建筑企业管理现代化的重要标志。施工组织设计是在工程项目建设中体现本企业建立“三位一体”管理体系的重要载体，同时，“三位一体”管理体系也对实现工程项目建设目标具有积极的保障作用。

三、施工组织设计的贯彻

编制一份科学的、合理的施工组织设计仅仅为建设项目的顺利进行提供了一种可能性，要真正发挥施工组织设计的施工指导作用，还必须做好对施工组织设计中各项内容的贯彻和落实；同时，施工组织设计质量的高低只有通过施工实践才能进行检验。为此应做好以下工作。

1)做好施工组织设计的交底工作

施工组织设计的编制是由项目管理人员在调查研究的基础上完成的，而施工组织设计的贯彻则涉及现场的各个岗位和施工环节，没有全体人员对施工组织设计的理解和贯彻，要实现施工组织设计中的各项安排是不可能的。因此，施工之前一定要分层次逐级进行施工组织设计的交底，并对施工组织的贯彻制定周密的实施细则。

2)建立良好的现场信息管理体系，保证施工信息传递渠道的畅通

施工组织设计是静态的，现场情况则是动态的，要贯彻好施工组织设计，使之既对现场管理发挥指导作用，又能适应现场情况的不断变化，必须保证施工现场信息传递渠道的畅通，使施工过程中出现的新问题和新情况能够及时、准确地反馈给项目管理者，以便适时对施工组织设计进行更符合客观实际的调整。如果现场管理体系不健全，施工信息的传递就会失真，从而导致项目管理者做出错误决定。所以，良好的现场信息管理体系是提高现场管理效率，贯彻好施工组织设计的重要前提。

3)做好施工准备工作

良好的开端是成功的一半，施工准备工作是施工过程的第一步，是贯彻好施工组织设计的重要保证，既要做好整个项目实施前的施工准备工作，也要做好各单位工程和各分部分项工程的施工准备工作，施工准备既要着眼于项目大局，也要重视具体施工内容。

4)建立健全岗位责任制

对施工组织设计的贯彻执行是项目建设全体参与者的共同责任，必须明确职责分工，逐级落实施工组织设计的各项工作安排，做到奖罚分明，保证严肃认真地执行施工组织设计的各项要求，只有这样才能避免施工组织设计的编制与实施相分离，保证项目建设协调、有序、连续、均衡地向前推进，保证项目管理目标的最终实现。

复习与思考

1. 建筑产品及建筑产品生产的特点各有哪些?
2. 建筑施工组织与管理的基本任务是什么?
3. 建设工程项目按层次可划分为哪几类?
4. 工程项目建设的程序是什么?
5. 什么是施工组织设计? 它是怎样分类的? 施工组织设计的作用是什么?
6. 项目管理规划与施工组织设计的关系是什么?
7. 施工组织设计的主要内容有哪些?
8. 编制施工组织设计应遵循的基本原则有哪些?
9. 如何贯彻施工组织设计?

第二章

流水施工基本原理

建筑工程的“流水施工”来源于工业生产中的“流水线作业”法，实践证明它是组织产品生产的一种理想方法。建筑工程的流水施工与工业生产中的流水线生产极为相似，不同的是，工业生产中各个工件在流水线上从前一工序向后一工序流动，生产者是固定的；而在建筑施工中各个施工对象都是固定不动的，专业施工队伍则由前一施工段向后一施工段流动，即生产者是移动的。

第一节　流水施工的基本概念

一、三种施工组织方式的比较

建筑工程施工中常用的组织方式有三种：顺序施工、平行施工和流水施工；通过对这三种施工组织方式进行比较，我们可以更清楚地看到流水施工的科学性所在。例如，现有三幢同类型的砖混结构住宅楼，它们的基础工程均有土方开挖、混凝土垫层、砖砌基础和土方回填四个施工过程，分别组织四个专业施工队进行这四个施工过程的施工，各施工队在每一幢住宅楼基础的相应施工过程中投入的劳动力数量和工作持续时间如表 2-1 所示。

表 2-1　劳动力数量和工作持续时间

序号	施工过程	工作天数	劳动力数
1	土方开挖	2	10
2	混凝土垫层	2	12
3	砖砌基础	2	18
4	土方回填	2	8

1. *顺序施工*

顺序施工就是在每幢楼的基础工程的各施工过程完成后，进行下一幢楼的基础施工，各专业施工队依次按顺序完成一幢后再进行下一幢，直到完成全部楼盘的基础施工。完成全部楼盘基础施工所用总工期为

$$T=mt \qquad (2\text{-}1)$$

式中，T 为总工期(天)；m 为楼盘数；t 为每幢楼基础施工所用时间。

由式(2-1)可知，本例采用顺序施工组织基础施工时，所用工期为 24 天。从图 2-1 中可以看出，采用顺序施工时，劳动力和材料的消耗强度都比较低，工期比较长。各专业施工队的工作是不连续的，都有工作间歇时间存在，存在“窝工”现象；而在各幢楼的基础即各施工对象上，总是连续地有不同的专业工作队进行施工。

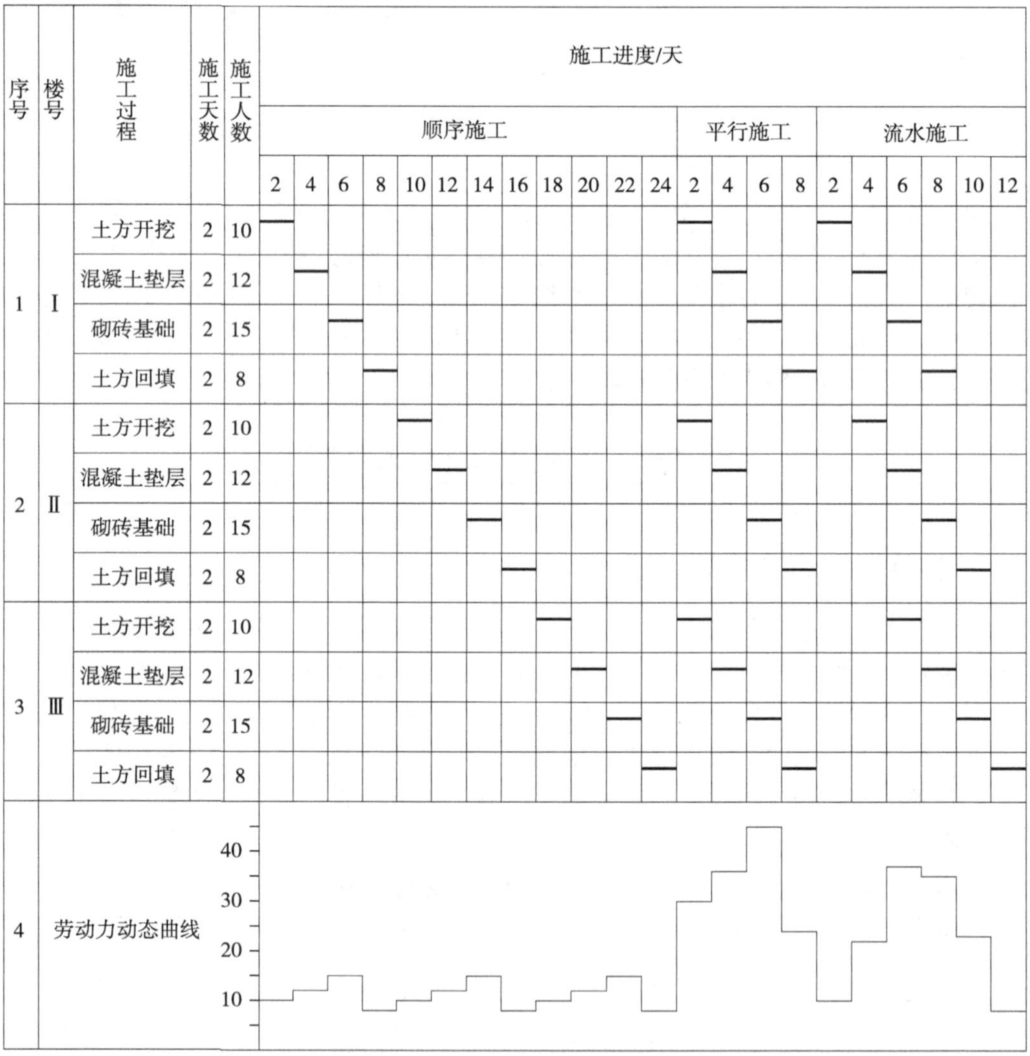

图 2-1 三种施工组织方式比较

2. 平行施工

平行施工就是各幢楼的基础工程同时开工，齐头并进，同时结束。完成全部楼盘基础施工所用总工期等于一幢楼的基础施工所用时间。即

$$T=t \qquad (2\text{-}2)$$

式中，T为总工期(天)；t为每幢楼基础施工所用时间。

由式(2-2)可知，本例采用平行施工组织基础施工时，所用工期为8天。从图2-1中可以看出，采用平行施工时，充分利用了工作面，劳动力和材料的消耗强度都比较高，由于同一时间内投入的专业施工队的数量大，消耗的材料数量多。所以，现场内需要的临时生活、生产设施数量也比较多，工期大大缩短。

3. 流水施工

流水施工是将全部楼盘的基础施工按一定的时间间隔依次投入施工，各工作队按其先后顺序依次进入各楼盘的基础进行施工，不同的施工过程在不同的区段同时进行。从图2-1中可以看出，采用流水施工时，各施工对象的施工达到了最大限度的搭接，工期略长于平行施工，大大短于顺序施工，各专业施工队的工作是连续进行的，各作业面上也不间断地有工作队进行施工作业。因此，我们可以这样来定义流水施工：流水施工就是将各施工对象依次连续地投入施工，各专业工作队在各施工对象上连续地、有节奏地工作，并作最大限度的搭接的施工组织方式。

二、流水施工的特点

有比较才会有鉴别，通过上面的比较，可以看出流水施工是一种建立在施工专业化基础上的、和谐的、先进的施工组织方式。它的最大特点就是施工过程的连续性和均衡性。此外，实行作业队的专业化施工，有利于提高操作工人的劳动熟练程度，进而更好地提高劳动生产率，保证施工质量；工期大大缩短，劳动力和材料供应相对从容，节省了临时设施费用，增加了降低项目成本的可能；采用流水施工也为文明施工和施工管理现代化创造了条件。

三、流水施工的技术经济效果

流水施工的连续性和均衡性有利于各种生产物资的组织，劳动力安排更加合理，使建筑生产部门及其附属企业的生产能力得以充分发挥和利用，不仅建设项目自身可以取得良好的经济效益，而且对于整个建筑生产企业宏观效益的提高也是有帮助的。流水施工良好的技术经济效果体现在以下几方面：

(1)各专业施工队连续作业，避免了“窝工”现象，缩短了工期，使建设项目尽早建成投产、尽早收回投资并发挥效益。

(2)施工作业面无空闲，充分利用了工作面，有利于提高设备使用效率，保证了文明施工、安全施工。

(3)实行施工队伍专业化，有利于提高工人的专业技术水平，极大地提高了劳动生产率，保证了施工质量。

(4)施工过程的节奏性，便于科学地组织人工、材料和机械设备等各种资源的供应，降低了项目成本，提高了施工企业的经济效益。同时，适应建筑工业化发展的需要，满足工程管理现代化的要求。

四、流水施工的表示方法

流水施工的表示方法有三种：水平图表(横道图)、垂直图表(斜线图)和网络图。网络图表示法可参看本教材第三章。这里仅介绍前两种方法。

1. 水平图表

水平图表由纵、横坐标两个方向的内容组成，图表左侧的纵坐标用以表示施工过程，图表右侧的横坐标上用以表示施工进度，施工进度的单位可根据施工项目的具体情况和图表的应用范围来决定，可以是日、周、月、旬、季或年等，日期可以按自然数的顺序排列，也可以采用奇数或偶数的顺序排列，也可以采用扩大的单位数来表示，如以 5 天或 10 天为基数进行编排，以简洁、清晰为标准。用标明施工段的横线段来表示具体的施工进度。水平图表具有绘制简单，形象直观的特点。如图 2-2 所示。

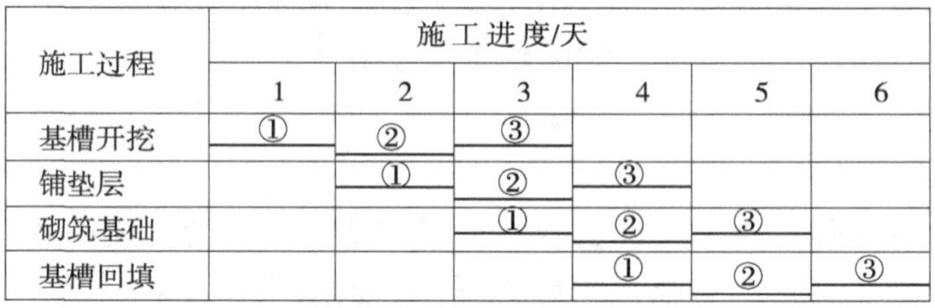

图 2-2　水平图表

2. 垂直图表

垂直图表是以纵坐标由下往上表示出施工段数，以横坐标表示各施工过程在各施工段上的施工持续时间，若干条斜线段表示施工过程。垂直图表可以直观地从施工段的角度反映出各施工过程的先后顺序，以及时空状况。通过比较各条斜线的斜率可以看出各施工过程的施工速度。垂直图表的实际应用不及水平图表普遍。如图 2-3 所示。

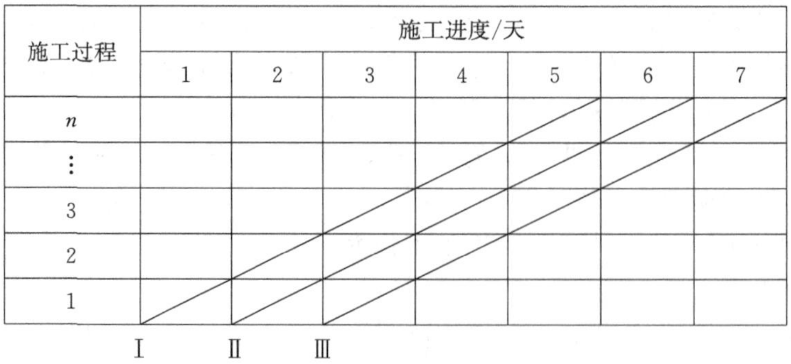

图 2-3　垂直图表

五、流水施工的分类

按组织流水作业的范围可以将流水施工分为以下几种。

1. 分项工程流水

分项工程流水也称为细部流水。它是指一个专业施工队依次连续地在各施工段中完成同一施工过程的工作。例如，砌筑砖基础的施工队，依次在划分好的各施工段上完成砖基础的砌筑任务。

2. 分部工程流水

分部工程流水是若干个在工艺上有密切联系的分项工程流水的组合，又称为专业流水，是一个分部工程内部的几个专业施工队之间的流水。例如，由模板安装、钢筋绑扎和混凝土浇筑三个分项工程流水就可以组成钢筋混凝土工程这个分部流水，这三个施工队依次连续地进入各施工段中，重复地完成各自的工作，随着前一个施工队在一施工段完成前一个施工过程，后一个施工队紧接着进入该施工段完成下一个施工过程，而前一施工队则进入下一个施工段进行施工，如此搭接推进，直到全部施工队都经过了各个区段，完成该分部工程的全部施工过程。

3. 单位工程流水

单位工程流水也称为工程对象流水或综合流水。它是流水范围扩大到单位工程形成的，是在单位工程内部，几个分部工程之间的流水，在施工进度计划表上，体现为该单位工程的进度计划。

4. 大流水

大流水也称群体工程流水或工地工程流水，当流水范围扩大到建筑物群或构筑物群时，就形成大流水。它是几个单位工程之间的流水，在施工进度计划表上，体现为整个群体工程的施工总进度计划。

第二节　流水施工的主要参数

流水施工是具有各自工艺特征的施工过程在时间和空间上的展开，用以描述这种展开状态以及施工进度计划图表特征的是一系列数量参数，这些数量参数就称为流水施工的基本参数。按其作用不同，一般可分为工艺参数、时间参数和空间参数。

一、工艺参数

工艺参数主要用以描述施工过程在施工工艺方面的展开状态，包括施工过程数和流水强度。

1. 施工过程数 n

施工过程就是指建筑产品的生产过程。按照组织流水施工的范围不同，施工过程所包含的施工内容也可粗可细，可繁可简，可多可少；可以是分项工程、分部工程，也可以是单位工程、单项工程。编制实施性的施工进度计划时，施工过程应划分细些，关键的施工内容不得遗漏；编制控制性的施工进度计划时，施工过程就不应分得过细，以免流水施工组织重点不突出，造成主次不分，从而给组织工作带来麻烦。划分的名称应尽可能与现行的有关定额相一致。

根据施工过程的性质与特点的不同，可分为三类施工过程：制备类施工过程、运输类施工过程和建造类施工过程。

制备类施工过程是指为制造建筑制品和半成品而进行的施工过程。例如，预制件的制作，砂浆、混凝土的制备，钢筋的加工等。

运输类施工过程是指把材料、制品和设备运送到工地仓库或在工地进行转运的施工过程。对不占用施工对象工作面、不影响工期的制备类施工过程和运输类施工过程，不必列入施工进度计划表；否则，应列入施工进度计划表。

建造类施工过程是指在施工对象的空间上进行的安装、砌筑、浇筑等施工过程，它是建筑施工的主导施工过程。该类施工过程既占用工作面又影响工期，在进行流水施工组织时，建造类施工过程必须列入施工进度计划。

从不同的角度研究施工过程时，可以对施工过程进行不同的分类，除上述三类外，还可将其分为主导施工过程、辅助施工过程、连续施工过程、间歇施工过程、简单施工过程、复杂施工过程等。

2. 流水强度 V

流水强度是指组织流水施工时，每一施工过程在单位时间内所完成的工程量，也称流水能力或生产能力。流水强度的计算分以下两种方法：

(1)机械施工过程的流水强度的计算：

$$V = \sum_{i=1}^{x} R_i S_i \tag{2-3}$$

式中，R_i 为某种主导施工机械的台数；S_i 为该种主导施工机械的台班生产率；x 为用于同一施工过程的主导施工机械的类型数。

(2)人工作业过程的流水强度的计算：

$$V=RS \tag{2-4}$$

式中，R 为每一施工过程投入的工人人数(不应大于工作面上允许容纳的最多人数)；S 为人工产量定额。

二、时间参数

1. 流水节拍

流水节拍 t 是指从事某一施工过程的专业施工队在一个施工段上的施工持续时间。它的大小关系着投入的劳动力、机械和材料的多少，决定着施工的速度和施工的节奏性。其数值的确定具有十分重要的意义。通常有三种方法确定流水节拍。

1)定额计算法

该法应用最为普遍，根据现有可投入的施工队人数或机械设备数，能够达到的产量定额或指标，能否满足工期要求来确定流水节拍。流水节拍可按式(2-5)确定：

$$t=\frac{Q}{SR}=\frac{P}{R} \tag{2-5}$$

式中，t 为某施工过程的流水节拍；Q 为某施工过程在某施工段上的工程量；P 为某施工过程在某施工段上所需的劳动量或机械量；S 为单位工日(或台班)的计划产量；R 为专业施工队的人数或机械台数。

流水节拍应取半天的整数倍，这样便于施工队伍安排工作，工作队在转换工作地点时，正好是上、下班时间，不必占用生产操作时间。

2)经验估算法

该法是对于无定额依据的应用新工艺、新材料的工程，根据过去的施工经验对流水节拍进行的估算。估算可按式(2-6)进行：

$$t=\frac{a+4c+b}{6} \tag{2-6}$$

式中，a 为某施工过程在某施工段上的估算最短施工持续时间；b 为某施工过程在某施工段上的估算最长施工持续时间；c 为某施工过程在某施工段上的估算正常施工持续时间。

3)工期估算法

该法是按已定工期要求，决定流水节拍的大小，再相应求出所需的资源量。此时应考虑操作工人必须有足够的工作面，以及资源供应强度是否可以得到保证。如果工期紧，节拍小，工作面不够就应增加工作班次，采用两班或三班工作制。确定流水节拍时，还应考虑材料、构件的订购和预制，供应与储备要与之相适应。

确定某施工过程在某施工段上的流水节拍时，如果同一施工过程的流水节拍不等，可采用估算法；如果同一施工过程的流水节拍均相等，可按式(2-7)计算：

$$t=\frac{T}{m} \tag{2-7}$$

式中，t 为流水节拍；T 为某施工过程的工期；M 为某施工过程划分的施工段数。

确定流水节拍后，再根据式(2-8)计算劳动力或施工机械需用量：

$$R=\frac{P}{t}=\frac{Q}{St} \tag{2-8}$$

2. 流水步距 K

前后相邻的两个施工过程先后投入施工的时间间隔，称为流水步距。流水步距的数目应比施工过程数少 1 个，施工过程数为 n 个，则流水步距数为 $n-1$ 个。

流水步距的大小对工期有很大影响，施工段一定时，流水步距越大，工期越长，流水步距越小，工期越短。流水步距应与流水节拍保持一定的关系，一般至少为一个或半个工作班。流水步距的确定应保证各施工过程的连续作业，同时，尽可能满足前后两个施工过程的施工时间的最大搭接。

3. 间歇时间 Z

流水施工中由于施工工艺的要求或施工组织的因素，在两个相邻的施工过程之间需要有必要的间歇，这种间歇时间分别称为工艺间歇时间和组织间歇时间。

1)工艺间歇时间 Z_1

例如，在柱子混凝土浇筑结束后，必须进行一定时间的养护，才能进行梁、板混凝土工程的施工。又如，水磨石地面必须要在石碴灰达到一定强度后才能开磨。这些由于工艺原因造成的不可避免的等待时间，就称为工艺间歇时间。

2)组织间歇时间 Z_2

例如，基槽挖好后，必须由建设单位、监理人员、质量监督部门和施工单位等共同进行基槽验收，只有当验收合格后才能进行下一道工序，这种工程验收或安全检查等由于施工组织因素所发生的施工等待时间也是不可避免的，称为组织间歇时间。

4. 搭接时间 C

搭接时间是指在工艺允许情况下，后续施工过程在规定的流水步距以内提前进入该施工段进行施工的时间。合理地安排搭接施工可以大大缩短工期，加快施工进度，是流水施工中常采用的施工组织方式。

5. 流水工期 T

流水工期是指在一个流水过程中，从第一个专业施工队进入第一个施工过程的第一个施工段开始，到最后一个专业施工队结束最后一个施工过程的最后一个施工段的施工所需的全部时间。

三、空间参数

1. 工作面

工作面是指施工对象上满足工人或机械设备进行正常施工操作的空间大小。一方面，工作面的大小决定了施工时可以安置的工人数量、机械的规格型号和数量。另一方面，每个工人或每台设备所需的工作面大小取决于单位时间内其完成的工作量的多少以及施工安全、施工质量的要求。在不同的施工过程中，对工作面有不同的表达方式，在基槽挖土施工中，可按延长米计量工作面，在墙面抹灰施工中，可按平方米计量工作面。工作面的确定是否合理将对施工效率产生较大影响。

工作面是随着施工的进展而产生的，既有横向的工作面，也有竖向的工作面，通常前一个施工过程的进行过程就是为下一个施工过程创造工作面的过程，工作面的形成方式、形成时间对流水施工的组织设计和流水工期都有影响。

每个工人或每台机械的工作面不能小于最小工作面的要求。否则，就不能发挥正常的施工效率，且不利于安全施工。因此，必须合理确定工作面。

2. 施工段数 m

施工段是指为了满足流水施工的需要，按照一定的规则把施工对象在平面上划分成的若干个工程量大致相等的施工区段。它是流水施工的重要参数之一。

由于专业施工队的施工力量有限，各专业施工队又不可能同时展开施工，因此，只有将体型庞大的施工对象化整为零，按照合理的工作面要求及合理的划分原则，进行施工段的划分，从而保证施工过程连续、均衡地开展流水作业施工。

施工段的划分数目过多，工作面不能充分得到利用，每一操作工人的有效工作范围减少，使劳动生产率降低；施工段数目划分过少，则会延长工期，无法有效保证各专业施工队进行连续地施工。因此施工段的划分数目应适当。

划分施工段一般应按以下原则进行：

(1)施工段的分界线应尽可能位于结构的界限，或对结构整体性影响小的部位，如温度缝、沉降缝、后浇带、门窗洞口或高低跨交界处等；结构对称或等分线处也往往是施工段的分界线。

(2)各施工段的工作量应大致相等，相差幅度不宜过大，一般在 10%～15%。

(3)每一施工段的工作面应满足正常组织流水作业的要求。

(4)某些工程的流水组织，施工段可以是一幢楼的一层的若干部分，也可以把有相同类型的若干幢楼组成的建筑群中的每一幢作为一个施工段，以满足不同范围内流水施工组织的需要。

(5)施工段的划分数目应适当。

(6)当分层组织流水施工时，一定要注意施工段数与施工过程数(或施工队数)的关系对流水施工的影响。下面结合实例分三种情况进行讨论，一个二层钢筋混凝土框架结构建筑，其钢筋混凝土工程由模板支设、钢筋绑扎和混凝土浇筑三个施工过程组成，分别由三个专业施工队进行施工，流水节拍均为 1 天。

第一种情况，各施工过程分为两个施工段时，施工段数小于施工过程数，即 $m=2$，$n=3$，$m<n$ 时。从图 2-4 中可以看出，支设模板的专业施工队不能在第一施工层施工结束后即第 3 天，立刻进入第二层的第一施工段进行施工，必须要间歇 1 天，以等待第一层的第一施工段混凝土浇筑的结束，从而造成窝工。同样，另外两个专业施工队也都要窝工，但各施工段上都连续地有工作队在施工，工作面没有出现空闲，工作面利用比较充分。

施工层	施工过程	施工进度/天						
		1	2	3	4	5	6	7
第一层	模板支设	①	②					
	钢筋绑扎		①	②				
	混凝土浇筑			①	②			
第二层	模板支设				①	②		
	钢筋绑扎					①	②	
	混凝土浇筑						①	②

图 2-4　施工进度($m<n$)

第二种情况，各施工过程分为三个施工段时，施工段数等于施工过程数，即 $m=n=3$ 时。从图 2-5 中可以看出，各专业施工队在第一层施工结束后都能立刻进入下一施工层进行施工，不会出现窝工现象。同时，各工作面也都得到充分利用，工作面没有出现空闲。

施工层	施工过程	施工进度/天							
		1	2	3	4	5	6	7	8
第一层	模板支设	①	②	③					
	钢筋绑扎		①	②	③				
	混凝土浇筑			①	②	③			
第二层	模板支设				①	②	③		
	钢筋绑扎					①	②	③	
	混凝土浇筑						①	②	③

图 2-5　施工进度($m=n$)

第三种情况，各施工过程分为四个施工段时，施工段数大于施工过程数，即$m=4$，$n=3$，$m>n$ 时。从图 2-6 中可以看出，当第一层的第一施工段上混凝土浇筑结束后，第二层的第一施工段并没有立刻投入模板支设的专业施工队，而是在第 4 天出现了施工段工作面的空闲，这是由于模板支设专业施工队在第一层的施工必须要到第 4 天才能结束，只能在第 5 天才可以投入到第二层的第一施工段进行作业。其他施工段也都由于类似原因分别出现了工作面的空闲。

施工层	施工过程	施工进度/天									
		1	2	3	4	5	6	7	8	9	10
第一层	模板支设	①	②	③	④						
	钢筋绑扎		①	②	③	④					
	混凝土浇筑			①	②	③	④				
第二层	模板支设					①	②	③	④		
	钢筋绑扎						①	②	③	④	
	混凝土浇筑							①	②	③	④

图 2-6　施工进度($m>n$)

对于施工队能连续工作，无窝工现象，可称其为流水施工在时间上连续，反之，可称其为时间不连续；对于各施工段都连续有施工队伍投入作业，施工段作业面没有出现空闲，工作面得到充分利用，可称其为流水施工在空间上连续，反之，可称其为空间不连续。

从以上三种情况的比较中，可得出以下结论：

(1)$m<n$ 时，流水作业在空间上连续，时间上不连续，工期最短。

(2)$m>n$ 时，流水作业在时间上连续，空间上不连续，工期较长；施工组织中往往也利用工作面出现空闲的这段时间，把它与必要的技术间歇时间结合在一起，反而使流水施工组织更加合理。

(3)$m=n$ 时，流水作业在时间和空间上都连续，工期也比较短，是最理想的一种安排。

因此，在有层间关系的工程中组织流水作业时，必须使施工段数大于或等于施工过程数(或施工队数)，用式(2-9)表示为

$$m \geqslant n, \text{或}\ m \geqslant \sum b \tag{2-9}$$

式中，m 为施工段数；n 为施工过程数；$\sum b$ 为施工队数。

3. 施工层数

施工层是指施工对象在垂直方向上划分的施工段。为方便组织施工，往往不仅要在平面上划分施工段，而且要在垂直方向上划分施工层。施工层的划分可以与结构层相一致，也可根据施工实际，按一定高度进行划分。

第三节　流水施工的组织方法

由于建筑产品之间的差异性，不同的建筑物或构筑物的结构复杂程度、平面位置以及工程性质都有区别，进行工程施工时就有不同的流水施工组织方式。根据流水节拍、流水步距等流水参数的特征可以对组织流水施工的方式进行分类，如图 2-7 所示。

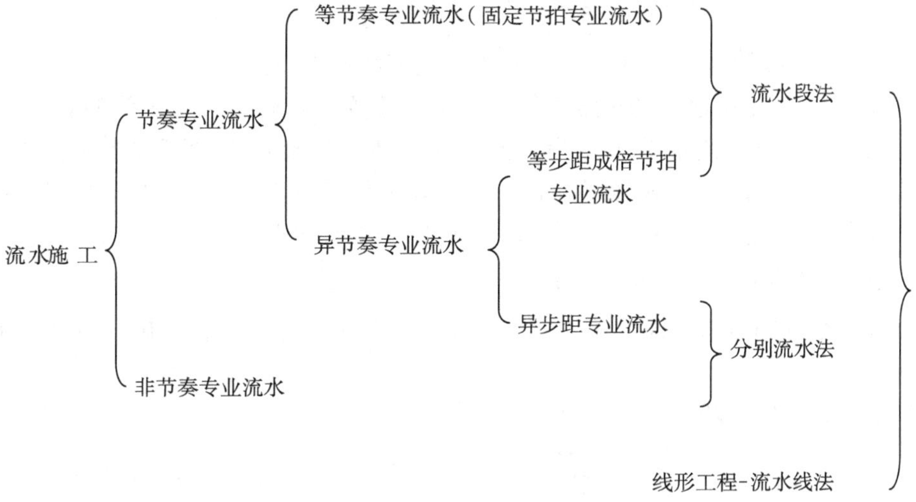

图 2-7　流水施工组织方式

一、流水段法

一般的建筑物都适于流水段法，流水段法就是把建筑物在平面上划分若干个施工区域，组织若干个专业施工队依次连续地在各区域中完成同样工作的流水作业方法。

1. 固定节拍专业流水

施工节奏取决于流水节拍，如果每一个施工过程本身在各施工段上的作业时间即流水节拍都相等，并且各施工过程相互之间的流水节拍也相等，就是等节奏专业流水形式，也称为全等节拍专业流水或固定节拍专业流水。

固定节拍专业流水施工的组织方法要求各施工过程的劳动量相差不大，并根据主要施工过程专业队的人数计算流水节拍；再根据此流水节拍，确定其他施工过程专业队的人数，并根据施工段的工作面因素进行适当调整。

固定节拍专业流水施工的特点是：流水节拍彼此相等，并且等于流水步距，为一固定值；施工的专业队数等于施工过程数；施工过程时间连续，空间也连续；各施工过程的施工速度相同，在施工进度垂直图表中，表现为一系列斜率相等的斜线。

固定节拍专业流水的施工工期可按式(2-10)和式(2-11)计算：

(1)无施工层时：

$$T=(m+n-1)K+\sum Z_1-\sum C \tag{2-10}$$

(2)有施工层时：

$$T=(mj+n-1)K+\sum Z_1-\sum C \tag{2-11}$$

式中，T 为工期；m 为施工段数；n 为施工过程数；j 为施工层数；K 为流水步距；Z_1 为同一施工层内的间歇时间(包括组织间歇和技术间歇时间)；C 为搭接时间。

施工段数应按前述原则合理划分，一般可按式(2-12)计算：

$$m_{\min}=n+\frac{\sum Z_1+\sum Z_2-\sum C}{K} \tag{2-12}$$

式中，$m_{\min}$为施工段数目最小值；Z_2 为施工层之间的间歇时间。

【例 2-3-1】 某二层建筑的现浇钢筋混凝土工程施工，施工过程分为模板支设、钢筋绑扎和混凝土浇筑，流水节拍均为 2 天，钢筋绑扎与模板支设可以搭接 1 天进行，钢筋绑扎后需要 1 天的验收和施工准备，之后才能浇筑混凝土，层间技术间歇为 2 天时间。试确定施工段数、计算总工期、绘制施工进度计划表。

解：由题意知：$t=2, n=3, \sum Z_1=1, \sum Z_2=2, j=2, \sum C=1$。

第一步，根据固定节拍流水施工流水步距与流水节拍相等的特点确定流水步距$K=t=2$(天)。

第二步，计算施工段。

$$m=n+\frac{\sum Z_1+\sum Z_2-\sum C}{K}=3+\frac{1+2-1}{2}=4(\text{段})$$

第三步，计算总工期。

$$T=(mj+n-1)K+\sum Z_1-\sum C=(4\times2+3-1)\times2+1-1=20(\text{天})$$

第四步，绘制施工进度计划表，如图 2-8 所示。

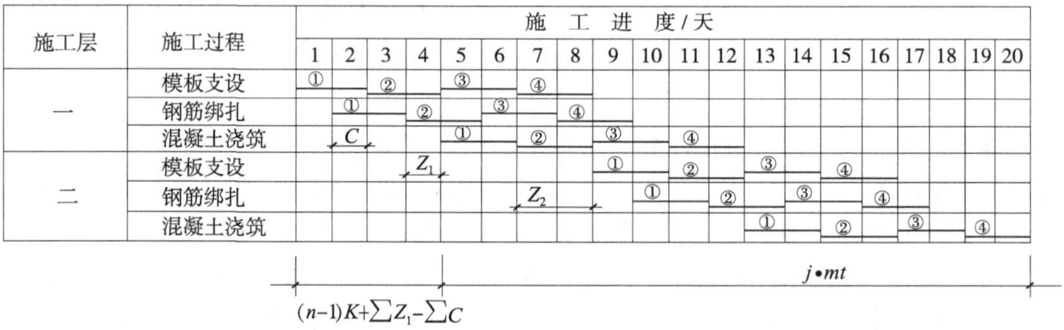

图 2-8 施工进度计划(一)

2. 等步距成倍节拍专业流水

由于工作面是一定的，而不同的施工过程的工艺复杂程度却不同，影响流水节拍的因素也较多，施工过程具有较强的不确定性，要做到不同的施工过程具有相同的流水节拍是非常困难的。因此，固定节拍专业流水的流水组织形式在实际施工中很难做到。通过合理安排，使同一施工过程的各施工段的流水节拍都相等，这是可以做到的。

不同的施工过程的流水节拍各自相等，并且均为某一个数的倍数，每个施工过程按其节拍的倍数关系成立相应数目的专业施工队，组织这些专业施工队进行流水施工的施工组织方式，就称为等步距成倍节拍专业流水，也可直接称为成倍节拍流水，或称加快成倍节拍流水。

等步距成倍节拍专业流水的特点是：各个施工过程各自的流水节拍相等；不同施工过程的流水节拍互不全等，但互成倍数且存在一个最大公约数；施工过程时间连续，空间也连续；专业施工队总数大于施工过程数；同一施工过程内，各施工段的施工速度相等。

针对每个施工过程成立的专业施工队数目可以按式(2-13)确定：

$$b_i=\frac{t_i}{K_0} \tag{2-13}$$

式中，b_i 为投入到施工过程 i 的专业施工队数；t_i 为施工过程 i 的流水节拍；K_0 为各施工过程流水节拍的最大公约数。

专业施工队总数可按式(2-14)确定：

$$N=\sum_{i=1}^{n}b_i \tag{2-14}$$

式中，N 为专业施工队总数；n 为施工过程数。

等步距成倍节拍专业流水施工的工期，可按式(2-15)和式(2-16)计算：

(1)无施工层时：

$$T=(m+N-1)K_0+\sum Z_1-\sum C \tag{2-15}$$

(2)有施工层时：

$$T=(mj+N-1)K_0+\sum Z_1-\sum C \tag{2-16}$$

【例 2-3-2】 某分部工程有三个施工过程，各施工过程流水节拍分别为 $t_1=1$ 天，$t_2=3$ 天，$t_3=2$ 天；试按等步距成倍节拍流水组织施工。

解：由题意知：无施工层，$\sum C=0,\sum Z_1=0,n=3$。

第一步，取各流水节拍的最大公约数为流水步距 $K_0=1$(天)。

第二步，求各施工过程的专业施工队数。

$$b_1=\frac{t_1}{K_0}=\frac{1}{1}=1(\text{队})$$

$$b_2=\frac{t_2}{K_0}=\frac{3}{1}=3(\text{队})$$

$$b_3=\frac{t_3}{K_0}=\frac{2}{1}=2(\text{队})$$

第三步，求专业施工队总数和施工段数。

专业施工队总数：

$$N=\sum_{i=1}^{3}b_i=1+3+2=6(\text{队})$$

施工段数：

$$m = N + \frac{\sum Z_1 + \sum Z_2 - \sum C}{K_0} = 6 + 0 = 6$$

第四步，计算总工期。

$$T = (m + N - 1)K_0 + \sum Z_1 - \sum C = (6 + 6 - 1) \times 1 = 11(\text{天})$$

第五步，绘制进度计划表。施工进度计划表如图 2-9 所示。

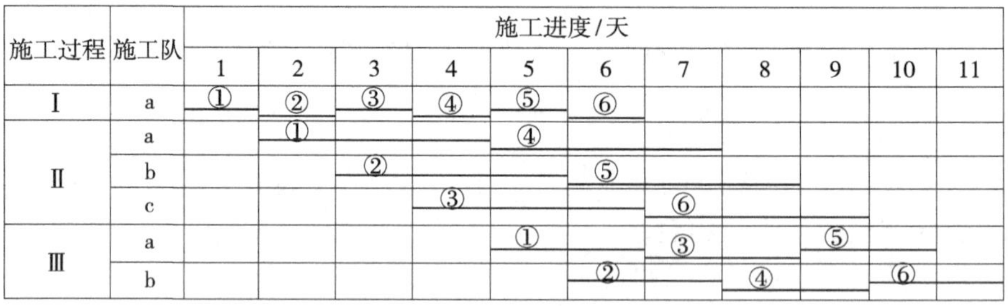

图 2-9　施工进度计划(二)

【例 2-3-3】 一幢二层房屋的抹灰施工，分为底层和面层两个施工过程进行，底层抹完需 2 天干燥后，才能抹面层，底层和面层的流水节拍分别为 2 天和 1 天。试组织成倍节拍专业流水。

解：由题意知：$t_1 = 2$ 天，$t_2 = 1$ 天，$n = 2$，$\sum Z_1 = 2$，$j = 2$。

第一步，流水步距 K_0 取流水节拍最大公约数 1 天。

第二步，计算各施工过程的专业施工队数和专业施工队总数。

专业施工队数：

$$b_1 = \frac{t_1}{K_0} = \frac{2}{1} = 2(\text{队})$$

$$b_2 = \frac{t_2}{K_0} = \frac{1}{1} = 1(\text{队})$$

专业施工队总数：

$$N = \sum_{i=1}^{2} b_i = 2 + 1 = 3(\text{队})$$

第三步，计算施工段数。

$$m = N + \frac{\sum Z_1 + \sum Z_2 - \sum C}{K_0} = 3 + \frac{2}{1} = 5$$

第四步，计算工期。

$$T = (mj + N - 1)K_0 + \sum Z_1 - \sum C = (5 \times 2 + 3 - 1) \times 1 + 2 = 14(\text{天})$$

第五步，绘制施工进度表。施工进度表如图 2-10 所示。

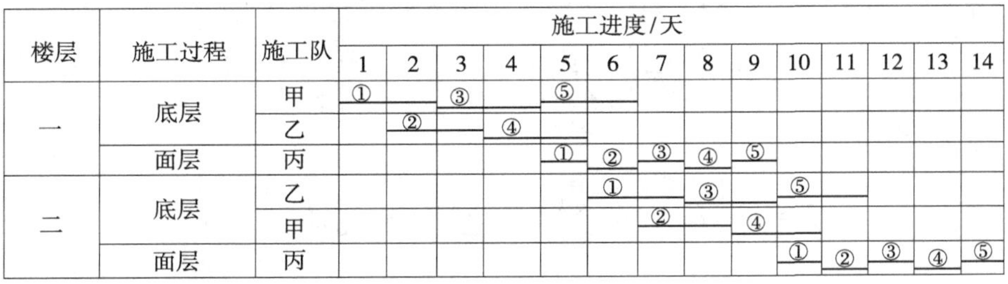

图 2-10　施工进度计划(三)

二、分别流水法

在实际工程中，与固定节拍专业流水和等步距成倍流水节拍相比，经常组织的流水形式是异步距专业流水和非节奏专业流水，这两种流水形式都属于分别流水施工组织方式。

分别流水施工组织方式的特点是：各施工过程之间流水节拍互不相同，同一施工过程中各施工段之间的流水节拍可以相同也可以不同；相邻施工过程之间的流水步距不相等；流水步距与其流水节拍同相邻施工过程相应施工段流水节拍的差有关；主要施工过程的流水作业在时间上连续，空间上可以不连续。按照分别流水的这两种形式组织施工，其关键在于流水步距的确定。

1. 异步距专业流水

如果同一施工过程的各施工段之间的流水节拍相等，而不同施工过程之间的流水节拍不相等，相邻施工过程的流水步距也不相等，则属异步距专业流水。在异步距专业流水中，如果不同施工过程之间的流水节拍不相等，但却互成倍数，则称之为异步距成倍节拍专业流水。

1）流水步距的确定

异步距专业流水的流水步距可以按以下两种情况进行考虑：

(1)紧前施工过程的流水节拍小于或等于紧后施工过程的流水节拍，即 $t_i \leqslant t_{i+1}$。

这种情况下，紧前施工过程在任何一个施工段的结束时间都先于或等于紧后施工过程在相应施工段的开始时间。为保证后续施工过程在各施工段上按照工艺顺序连续施工，就取紧前施工过程的流水节拍作为第 i 个与第 $i+1$ 个相邻两个施工过程之间的流水步距。即

$$K_{i,i+1}=t_i \tag{2-17}$$

(2)紧前施工过程的流水节拍大于紧后施工过程的流水节拍，即 $t_i > t_{i+1}$。

这种情况下，如果仍按式(2-17)确定的流水步距安排流水作业，就会出现两种局面，一是紧前工作尚未完成，在没有为今后工作提供工作面的条件下，紧后工作就已开始进行，这是违反施工工艺要求的；二是为了满足施工工艺要求，而使紧后工作在各施工段上的工作不连续，即时间不连续，造成窝工。为了保证后续施工过程在施工段上连续工作，即时间连续，同时又使施工过程符合施工工艺要求，流水步距应按式(2-18)进行确定：

$$K_{i,i+1}=t_i+(t_i-t_{i+1})(m-1)=mt_i-(m-1)t_{i+1} \tag{2-18}$$

综合式(2-17)和式(2-18)，可以将流水步距的确定合并写成：

$$K_{i,i+1}=\begin{cases}t_i, & t_i\leqslant t_{i+1}\\ mt_i-(m-1)t_{i+1}, & t_i>t_{i+1}\end{cases}\tag{2-19}$$

2)流水工期的计算

$$T=\sum_{i=1}^{n-1}K_{i,i+1}+\sum_{i=1}^{m}t_n^i+\sum Z_1+\sum Z_2-\sum C\tag{2-20}$$

式中，$\sum\limits_{i=1}^{n-1}K_{i,i+1}$ 为所有流水步距之和；$\sum\limits_{i=1}^{m}t_n^i$ 为后一个施工过程在各施工段上的流水节拍之和；$\sum Z_1$ 为层内间歇时间；$\sum Z_2$ 为层间间歇时间；$\sum C$ 为搭接时间。

【例 2-3-4】 某工程有 A、B、C、D 四个施工过程，划分为四个施工段，每个施工段的流水节拍分别为 $t_A=4$ 天，$t_B=3$ 天，$t_C=3$ 天，$t_D=4$ 天；施工过程 B 和 C 之间有 2 天技术间歇时间，施工过程 C 和 D 之间可以搭接 1 天，试求各施工过程间的流水步距及总工期。

解：由题意知：$m=4, n=4, \sum Z_1=2, \sum C=1$。

第一步，确定流水步距。

$\because\ t_A=4$ 天 $>t_B=3$ 天，$\therefore\ K_{A,B}=4\times4-(4-1)\times3=7$ 天

$\because\ t_B=3$ 天 $=t_C=3$ 天，$\therefore\ K_{B,C}=t_B=3$ 天

$\because\ t_C=3$ 天 $<t_D=4$ 天，$\therefore\ K_{C,D}=t_C=3$ 天

$$\sum_{i=1}^{3}K_{i,i+1}=K_{A,B}+K_{B,C}+K_{C,D}=7+3+3=13(\text{天})$$

第二步，计算总工期。

最后一个施工过程 D 在各施工段上的流水节拍之和为

$$\sum_{i=1}^{4}t_4^i=4\times4=16(\text{天})$$

总工期为

$$T=\sum_{i=1}^{3}K_{i,i+1}+\sum_{i=1}^{4}t_4^i+\sum Z_1+\sum Z_2-\sum C=13+16+2-1=30(\text{天})$$

第三步，绘制进度计划图表，进度计划如图 2-11 所示。

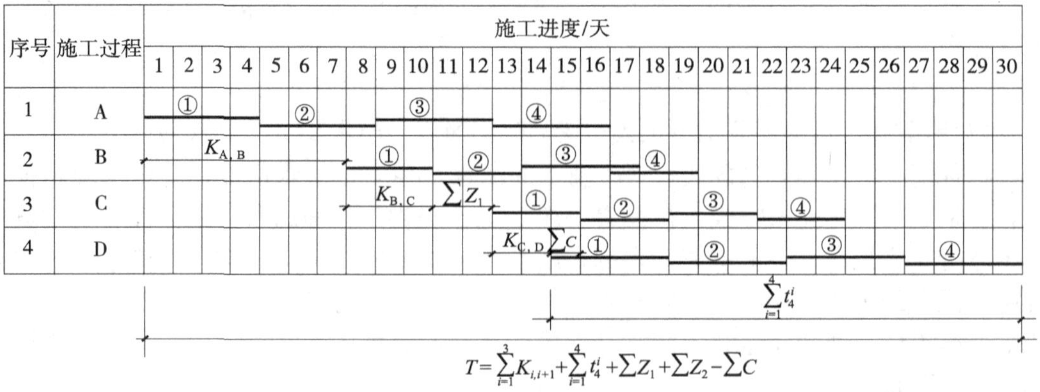

图 2-11 施工进度计划(四)

2. 非节奏专业流水

如果同一施工过程中各施工段之间的流水节拍不完全相等，不同施工过程之间的流水节拍也互不完全相等，流水节拍无规律可循，则属非节奏专业流水。非节奏流水是流水施工的普遍形式。

1)流水步距的确定

确定非节奏专业流水的流水步距，应该既满足施工工艺的要求，又满足施工组织的要求，保证施工过程在时间上的连续性，即保证各专业施工队都能连续施工，保证相邻两个施工对能够在开工时间上最大限度地、合理地进行搭接。

“累加数列错位相减取最大正差法”是在非节奏专业流水中计算流水步距的一种常用方法，它是由潘特考夫斯基提出的，因此，这种方法又被称为“潘特考夫斯基法”。利用该法求各施工过程的流水步距时，一般分为三个步骤：

(1)计算各施工过程流水节拍的累加数列；

(2)相邻施工过程流水节拍的累加数列错位进行相减，得到一个差数列；

(3)取定各差数列中的最大正值作为各相邻施工过程之间的流水步距。

2)计算施工工期

流水步距确定后，可按式(2-20)计算施工工期。

【例 2-3-5】 某工程有三个施工过程，划分为六个施工段，各施工过程在各施工段上的流水节拍不完全相同，各施工过程在各施工段上的流水节拍如表 2-2 所示。试按非节奏专业流水组织施工。

表 2-2　各施工段流水节拍(一)

施工过程	施工段					
	1	2	3	4	5	6
Ⅰ	3	3	2	2	2	2
Ⅱ	4	2	3	2	2	3
Ⅲ	2	2	3	3	3	2

解：(1)计算流水步距。

第一步，对各施工过程的流水节拍进行累加，得累加数列如表 2-3 所示。

表 2-3　流水节拍累加数列

施工过程	施工段					
	1	2	3	4	5	6
Ⅰ	3	6	8	10	12	14
Ⅱ	4	6	9	11	13	16
Ⅲ	2	4	7	10	13	15

第二步，对相邻两个累加数列进行错位相减。

Ⅰ与Ⅱ相减：

　　　3　6　8　10　12　14

一)　　　4　6　9　11　13　16

　　　3　2　2　1　1　1　−16

Ⅱ与Ⅲ相减：

　　　4　6　9　11　13　16

一)　　　2　4　7　10　13　15

　　　4　4　5　4　3　3　−15

第三步，分别取以上两个差数列的最大正值作为相邻施工过程间的流水步距。

$$K_{1,2}=\max\{3, 2, 2, 1, 1, 1, -16\}=3(\text{天})$$

$$K_{2,3}=\max\{4, 4, 5, 4, 3, 3, -15\}=5(\text{天})$$

(2)计算施工工期(图 2-12)。

$$\sum_{i=1}^{6} t_3^i = 2+2+3+3+3+2 = 15(\text{天})$$

$$\sum_{i=1}^{2} K_{i,i+1} = 3+5 = 8(\text{天})$$

$$T = \sum_{i=1}^{6} t_3^i + \sum_{i=1}^{2} K_{i,i+1} = 15+8 = 23(\text{天})$$

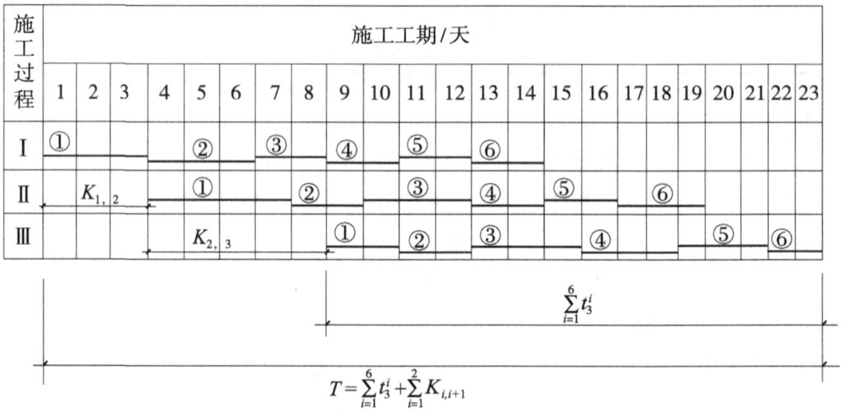

图 2-12　施工进度计划(五)

复习与思考

1. 三种施工组织方式分别有哪些特点？

2. 流水施工的工艺参数、时间参数和空间参数各有哪些？各是什么含义？

3. 当分层组织流水施工时，施工段数与施工过程数(或施工队数)之间的不同关系对流水施工的影响是怎样的？

4. 固定节拍专业流水、等步距成倍节拍专业流水、异步距专业流水和非节奏专业流水各有什么特点？

5. 各施工段的流水节拍如表 2-4 所示，试按非节奏流水组织施工，计算流水工期并绘制施工进度横道图。

表 2-4　各施工段流水节拍(二)

n \ m	①	②	③	④
一	4	3	1	2
二	2	3	4	2
三	2	4	2	1
四	1	2	1	1

6. 某工程施工过程数 $n=3$，施工段数 $m=6$，各施工过程的流水节拍分别为 $t_1=6\text{d}$，$t_2=4\text{d}$，$t_3=2\text{d}$，不考虑间歇时间，请组织流水施工，计算总工期并绘出施工进度横道图。

第三章

网络计划技术

网络计划技术是20世纪50年代开始于美国的一项科学的计划管理方法。20世纪50年代，美国杜邦公司的费雪(G. J. Fisher)与罗宾逊(J. A. Robison)相继提出了关键线路(critical path method，CPM)法的构想。1956年，该公司的沃克(M. R. Walker)在兰德公司凯利(J. E. Jr Kelly)的协助下研究开发了利用计算机技术安排工程进度计划的新方法即关键线路法。1957年将其成功应用于杜邦化工的项目计划管理中，取得了很好的经济效果。1958年，美国海军武器规划局在研制“北极星”导弹潜艇计划中采用了关键线路法，并在此基础上形成了以数理统计学为基础，以网络分析为主要内容，以计算机技术为手段的新的计划管理方法即计划评审技术(program evaluation and review technique，PERT)法。应用计划评审技术法使武器研制项目总进度提前了两年，成效十分显著。关键线路法和计划评审技术法是两种较早的网络计划方法。此后又相继产生了决策关键线路法(DCPM)、搭接网络计划法(OLN)、图示评审技术(GERT)、随机网络计划技术(QGERT)、风险型随机网络技术(VERT)等多种网络计划方法。自20世纪60年代以来，世界上的许多国家开始重视并推广使用网络计划技术。美国自1962年以来在政府项目中广泛采用网络计划技术，在1972年的“阿波罗”登月计划中也应用了网络计划技术。前苏联从1964年起相继颁布了一系列有关制定、应用网络计划技术的条例和文件，规定在所有大型建设工程中都必须采用网络计划技术。日本在1961年正式从美国引进网络计划技术，1968年日本建筑学会发表《网络施工进度和管理指南》，并在建筑业中广泛推广使用。网络计划技术在德国、英国等欧洲国家推行的也比较早，都在施工项目管理中取得了明显的经济效果。网络计划技术在缩短项目建设周期、项目成本控制、合理调配资源、统筹协调项目实施、项目决策等方面体现出的科学有效性，使网络计划技术被世界各国公认为是一种内容丰富、行之有效、应用广泛的现代生产管理的科学方法。

1963年，在我国著名科学家钱学森等的积极倡导下，网络计划技术在我国开始推广应用。1965年，我国著名数学家华罗庚教授将网络计划技术与其他科学管理方法相结合，结合我国当时的国情，根据“统筹兼顾、全面安排”的指导思想，在国民经济各部门中试点采用网络计划技术，并称其为“统筹方法”，此后在工业、农业、军事等领域开展了一系列卓有成效的推广活动。1981年成立了“中国优选法、统筹法与经济数学研究会”，1983 年在中国建筑学会支持下成立了建筑统筹管理研究会(2002 年更名为工程管理分会)，网络计划技术的应用与研究工作的开展，为提高我国经济管理、工程管理水平起到了积极的促进作用，在我国经济建设中发挥了重要作用。为规范网络计划技术在我国的实施推广，国家有关部门颁布了一系列标准、规程，目前正在执行的主要包括《网络计划技术常用术语》(GB/T13400.1—1992)、《网络计划技术网络图画法的一般规定》(GB/T13400.2—1992)、《网络计划技术在项目管理中应用的一般程序》(GB/T13400.3—1992)、《工程网络计划技术规程》(JGJ/T121—99)。

第一节　网络计划技术概述

一、网络计划技术的基本概念

网络计划技术是应用网络计划对项目的进度、资源、成本等方面进行适当地协调与安排，以保证项目目标顺利实现的一种科学的计划管理技术。网络计划是指用网络图表达任务构成、工作顺序并加注工作时间参数的进度计划。网络图是表达网络计划的基本工具和手段，是网络计划的具体体现形式。网络图是由箭线和节点组成的，用来表示工作流程的有向、有序网状的图形。

一个完整的网络计划过程由两个阶段组成，即初始计划阶段和优化调整阶段。首先找出各工作间相互制约、相互依赖、相互衔接的逻辑关系，估算完成各工作所需的时间，通过绘制的网络图计算各种时间参数，确定关键工作和关键线路。其次再根据时间、资源或成本等约束条件的要求，利用最优化原理等方法，对初始计划方案进行优化、调整和改善，直至找到最优网络计划方案。

最优网络计划的确定和网络计划的实施是不同的。网络计划技术的应用仅仅为项目目标的顺利实现提供了可能性，要保证项目目标的顺利实现还取决于项目施工组织是否合理、施工技术的选用是否得当等其他因素，网络计划技术作为一种计划管理方法对于建设项目的物资技术条件等方面的“硬”约束是无能为力的。由于网络计划实施过程中面临着诸多不确定性的因素，这些不确定性因素对网络计划的正常实施造成干扰，因此，网络计划实施过程中存在着要不断对其进行控制和调整的问题。

二、网络计划技术的特点

现代工程项目越来越体现出具有投资规模大、建设规模大、技术复杂程度高的特点。数十年来，在网络计划技术的应用过程中，人们真切地感受到网络计划技术所带来的巨大经济效益，尤其是伴随着计算机技术在工程建设领域的广泛应用，同 20 世纪 20 年代美国人甘特提出的甘特图(横道图)相比，网络计划技术更加显现出其优越性。其主要优点有：

(1)能够全面反映各工作之间相互制约、相互依赖和相互衔接的逻辑关系。

(2)能够通过时间参数计算找到关键线路，确定关键工作，有利于项目管理者抓住项目实施中的关键环节，统筹安排项目实施，避免项目建设在进度、成本和资源等方面的失衡。

(3)能够利用计算机技术，在客观条件发生变化时，及时对计划方案进行调整优化，尤其是对于复杂的计划方案的调整优化更具有便利性。

(4)能够通过网络计划的优化，进行不同计划方案的比选，确定出适合项目的最优方案。

(5)能够为项目管理提供较大的工程信息量，有利于项目管理者把握项目建设进展状况，明确项目建设中的得与失。

任何事物都是一分为二的，网络计划技术也同样存在一些欠缺，如绘制相对烦琐；不如横道图简单易懂，表达不够直观；不能清晰反映流水作业情况；对使用者素质要求较高等。然而，伴随着计算机技术的不断发展及其在施工管理中的广泛应用，网络计划技术在施工组织与管理中的优越性愈加得到鲜明的体现。

三、网络计划的分类

从不同的角度出发，可以将网络计划划分为不同的类型，目前常见的网络计划类型如表 3-1 所示。

表 3-1　网络计划分类

分类原则	类型	特点描述
按表示方法分	单代号网络计划	以每个节点表示一项工作，箭线仅表示工作间的逻辑关系
	双代号网络计划	以箭线及两端的节点表示一项工作
按目标数目分	单目标网络计划	仅有一个最终节点(目标)
	多目标网络计划	有多个最终节点(多个独立目标)
按有无时间坐标分	时标网络计划	有时间坐标的网络计划
	非时标网络计划	无时间坐标的网络计划
按工作性质分	肯定型网络计划	工作、工作之间的逻辑关系和工作持续时间三者都是肯定的
	非肯定型网络计划	工作、工作之间的逻辑关系和工作持续时间三者至少有一项是不肯定的
按编制层次分	总网络计划	以整个计划任务为对象编制的网络计划
	局部网络计划	以计划任务的一部分为对象编制的网络计划
按工作衔接特点分	普通网络计划	前后工作按首尾衔接方式连接
	搭接网络计划	前后工作间存在搭接时距
	流水网络计划	能够反映流水作业的网络计划

第二节　双代号网络计划

一、双代号网络计划的构成和基本符号

工程实践中按照表示方法对网络计划进行划分是较为普遍的，如表 3-1 所示，按照表示方法可以将网络计划分为双代号网络计划和单代号网络计划。双代号网络计划是

通过双代号网络图表达的，双代号网络图是以箭线及其两端节点的编号表示工作的网络图，其基本构成要素有三个：箭线、节点和线路。

1. 箭线

箭线主要用来代表一项工作或一个施工过程，并通过箭线连接一项工作或一个施工过程的起始节点和终止节点。箭线所代表的工作可大可小，在总网络计划中，箭线可以表示一个单位工程或一个工程项目，在局部网络计划中，箭线可以表示一个分项工程。一般在绘制双代号网络图时，往往在箭线的上方标注本工作名称，在箭线的下方标注本工作消耗的资源数(通常标注本工作持续时间，根据需要有时也标注资金成本或劳动力消耗等)，如图 3-1 所示。

图 3-1　箭线的标注

就某一箭线所表示的工作而言，可称其为本工作；称紧排在本工作之前的箭线所表示的工作为紧前工作，称紧排在本工作之后的箭线所表示的工作为紧后工作。如图 3-2 所示，视 B 工作为本工作时，A 工作就是紧前工作，C 工作就是紧后工作，视 C 工作为本工作时，B 工作就为紧前工作，D 工作就是紧后工作，可见紧前工作或紧后工作不是绝对的，要根据所选定的本工作而定。

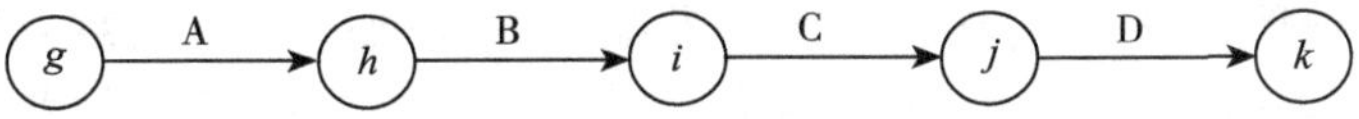

图 3-2　紧前工作和紧后工作

在非时标网络计划图中，箭线的长短与本工作消耗的资源数量之间并无联系；代表不同工作的箭线相互间在长度上也不存在比例关系，往往根据能够正确表达工作间的逻辑关系以及使所绘制的网络图清晰、美观来确定箭线的长短。

箭线的指向就是工作的进行方向，箭尾表示工作的开始，箭头表示工作的结束，箭线应按惯例从左指向右。通常情况下，完成一项工作需要消耗一定的物质资源，并且占用一定的时间和空间；有时一些工作仅仅耗用一定的时间，并无明显的物质资源消耗，如混凝土的自然养护，这时，也可以将其视为一项工作。针对以上情形下实际存在的工作，在绘制网络图时都可以用一条实箭线来表达。但在实际绘制双代号网络图时，出于逻辑关系表达上的需要，我们必须虚拟出一项或几项并不实际存在的工作，这种只表示前后相邻工作之间的逻辑关系，既不占用时间，也不耗用资源的虚拟工作称为虚工作。绘制双代号网络图时用一条一端带有箭头的虚线即虚箭线来表示。如图 3-3 中的工作 A、B、C、D 均是实际存在的工作即实工作，采用实箭线表示；$i—j$ 工作为虚工作，采用虚箭线表示。

2. 节点

节点是网络图中箭线端部的圆圈或其他形状的封闭图形。它是各箭线之间的连接

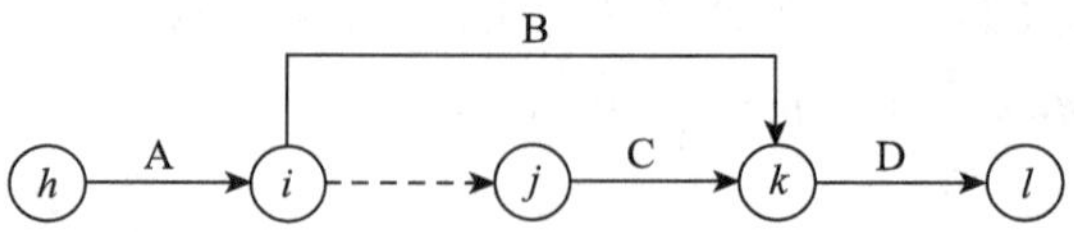

图 3-3 实箭线与虚箭线

点，代表各工作开始或结束的瞬间，节点本身并不消耗资源和时间；从左至右，节点应按照从左至右由小到大的顺序进行编号，各编号不得重复，并保证箭尾节点编号小于箭头节点编号，编号既可以连续也可以不连续；网络图中的第一个节点，表示一项任务的开始，称为起点节点；网络图中的最后一个节点，表示一项任务的完成，称为终点节点；其余的节点称为中间节点。任何一个中间节点都有指向其的箭线和从其引出的箭线，前者称为该节点的内向箭线，后者称为该节点的外向箭线，任何一个中间节点都是其内向箭线所表示的工作的终止节点，都是其外向箭线所表示的工作的起始节点。如图 3-4 所示，节点 1 和节点 6 分别为起点节点和终点节点，节点 2、节点 3、节点 4 和节点 5 均为中间节点；节点 2 的内向箭线有一条即 1—2，外向箭线有两条即 2—3 和 2—5；节点 2 既是箭线 1—2 的终止节点，又是箭线 2—3 与箭线 2—5 的起始节点。

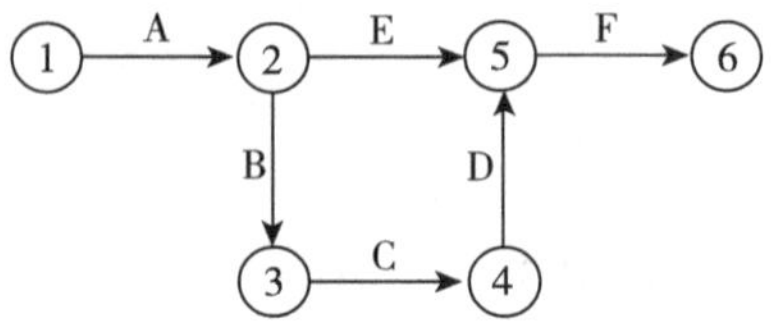

图 3-4 节点示意图

3. 线路

线路是指网络图中从起点节点开始，沿箭头方向顺序通过一系列箭线与节点，最后达到终点节点的通路。在一个网络图中，线路往往有许多条，各条线路上都有若干项工作，同一条线路上每项工作的持续时间之和，表明了该线路从起点节点到终点节点所需的持续时间，其中持续时间最长的线路称为该网络图的关键线路，其余的线路则称为非关键线路，关键线路上的工作称为关键工作。如图 3-5 所示，在网络图的三条线路中，线路 1—3—4—5 因持续时间最长为 12 天，所以此线路为关键线路，另外两条线路 1—2—4—5 和 1—4—5 持续时间分别为 8 天、7 天，均为非关键线路。

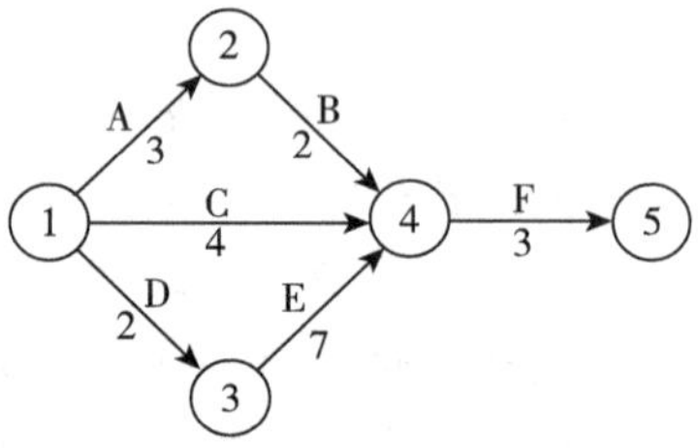

图 3-5 关键线路与非关键线路

由于关键线路持续时间长，因此，关键线路的持续时间就是整个计划任务的总工期。鉴于关键工作持续时间的长短对整个计划任务的完成会产生直接影响，项目管理者可以通过合理压缩关键工作的持续时间来调整计划任务的工期，当关键线路的持续时间缩短或非关键线路因拖延而使持续时间延长时，关键线路就可能转变成非关键线路，非关键线路就可能转变成关键线路，亦即关键线路与非关键线路在一定条件下可以相互转化。

在一个网络计划中，至少应该有一条关键线路，绘制网络图时常常用粗箭线或双箭线来凸显关键线路。

二、双代号网络图的绘制

(一)工作间的逻辑关系

在任何一项工程任务中，不同工作之间都存在着一定的顺序关系，某些工作的进行必须要受到其他工作完成情况的制约，必须以其他工作的完成为前提，或通过本工作的完成为其他工作的进行创造条件。这种工作之间相互制约或依赖的关系称为工作间的逻辑关系。

工作间的逻辑关系可以分为工艺关系和组织关系两种。工艺关系是指各生产性工作之间由施工工艺、施工技术决定的先后顺序关系，或非生产性工作之间由工作程序决定的先后顺序关系。组织关系是指出于资源调配的需要或组织安排的考虑而规定的工作先后顺序关系。

工作间的顺序关系在网络图上可以直观体现为先后关系、平行关系和交叉关系。先后关系表示各工作按先后顺序进行作业；平行关系表示若干项工作同时进行作业，很显然平行作业可以减少总时耗，但资源供应强度可能增加；交叉关系亦即交叉作业形式，它兼有先后关系与平行关系的特点，体现在网络图上就是增多对虚箭线(虚工作)的使用频率，是网络图绘制过程中容易产生表达错误的地方。

(二)双代号网络图中常见逻辑关系的表示方法

根据所表达的实际工作任务的繁简，网络图中各工作间逻辑关系既可能复杂也可能简单，要正确对各工作间的逻辑关系进行表示，必须很好地掌握不同逻辑关系的表示方法，表 3-2 中列出了网络图中常见逻辑关系的表示方法，这里虽然不可能包罗所有可能出现的逻辑关系，但复杂逻辑关系都是由表 3-2 中所示的简单逻辑关系所构成的，应用时可灵活组合。

表 3-2　网络图中常见逻辑关系的表示方法

序号	工作之间的逻辑关系	双代号网络图表示方法	单代号网络图表示方法
1	A、B、C 三项工作同时开始	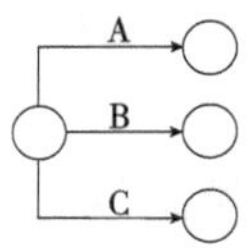	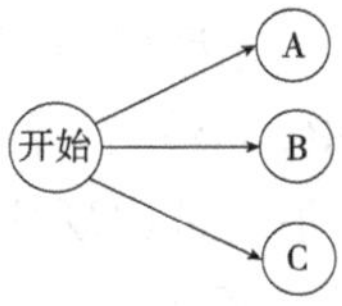
2	A、B、C 三项工作同时结束	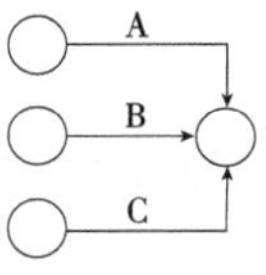	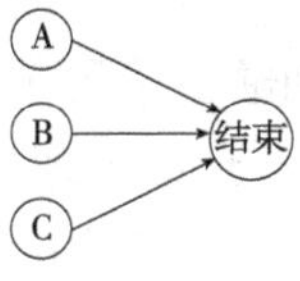

续表

序号	工作之间的逻辑关系	双代号网络图表示方法	单代号网络图表示方法
3	A 完成后进行 B 和 C	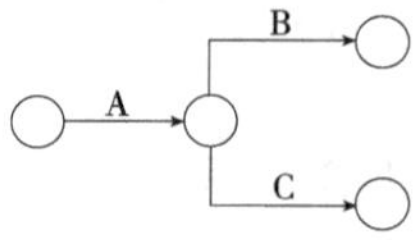	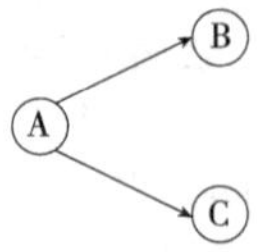
4	A、B 完成后进行 C	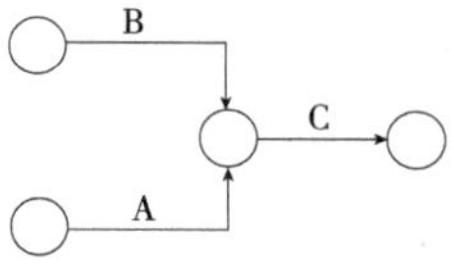	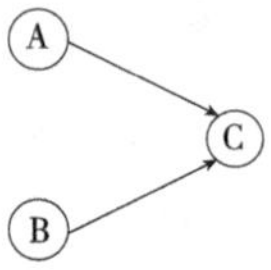
5	A、B 都完成后进行 C 和 D	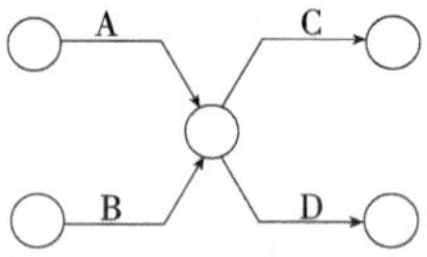	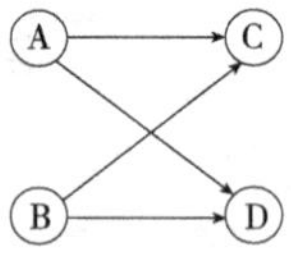
6	A 完成后进行 C A、B 都完成后进行 D	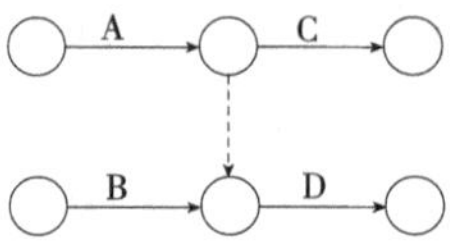	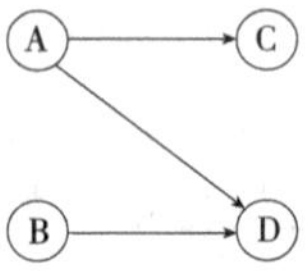
7	A、B 都完成后进行 D A、B、C 都完成后进行 E D、E 都完成后进行 F	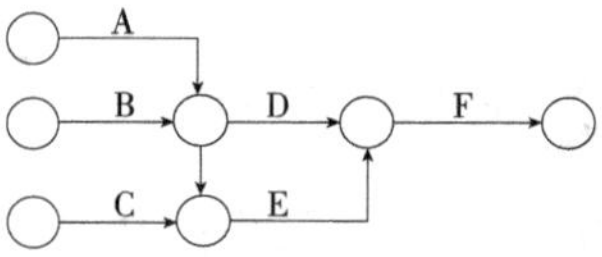	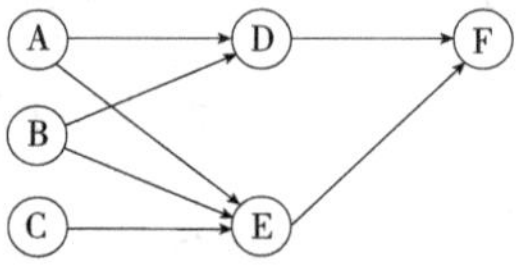
8	A 完成后进行 C B 完成后进行 E A、B 都完成后进行 D	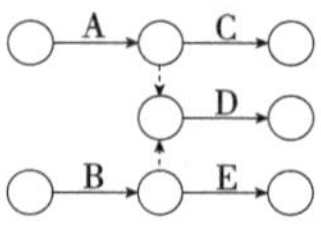	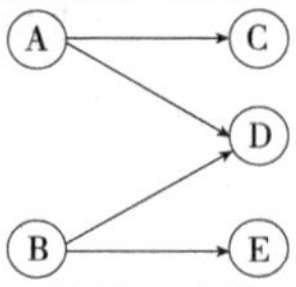

(三)绘制双代号网络图的基本规则

(1)必须正确反映各工作间的逻辑关系。

(2)不允许出现闭合的循环回路。图 3-6 中 A、B、C 三项工作就处在一个闭合的循环回路中,形成三者逻辑关系上的混乱。

(3)不允许出现相同编号的节点或相同编号的不同箭线。图 3-6 中有两个编号均为 6 的节点;表示 K、P 工作的两条箭线均为 7—8,箭线两端的节点编号相同。

(4)不允许出现没有箭头节点或箭尾节点的箭线。图 3-6 中表示 S 工作和 Q 工作的箭线分别缺少箭尾节点和箭头节点。

(5)不允许出现没有箭头的连线或双向箭头连线。图 3-6 中表示 H 工作的箭线没有箭头;表示 F 工作的箭线为双箭头。

(6)不允许从一条箭线中间直接引出另外一条箭线。图 3-6 中表示 E 工作的箭线不是从节点引出的,而是从表示 D 工作的箭线中间引出的。

(7)同一个工作不能在同一个网络图中反复出现两次。图 3-6 中 L 工作出现两次,分别由编号 9—11 和编号 8—10 的箭线表示。

(8)同一个网络图中只能有一个起点节点，单目标网络计划图中只允许有一个终点节点。图 3-6 中有两个起点节点 1 和 2，两个终点节点 11 和 12。

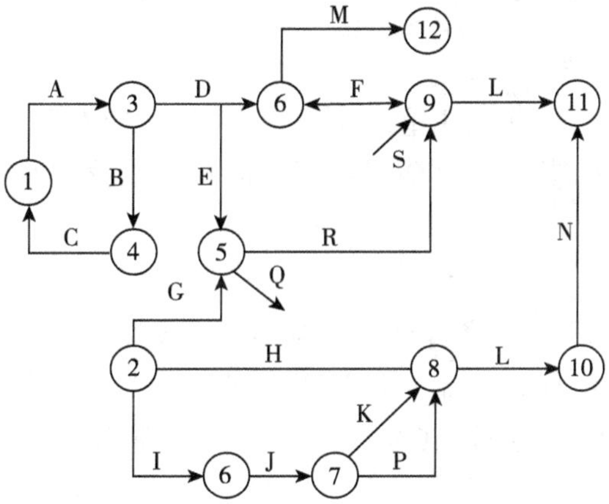

图 3-6　绘制规则示例

(9)尽量避免出现交叉的箭线，箭线必须交叉时可采用过桥法、指向法或断线法表示。如图 3-7 所示。

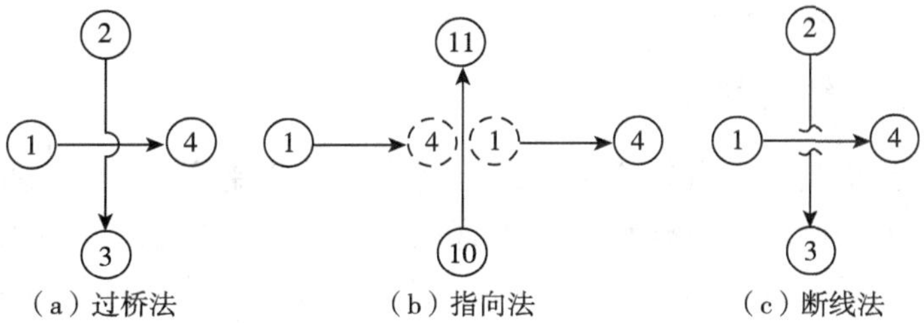

图 3-7　箭线交叉时的表示方法

(四)网络图的绘制步骤

(1)合理确定组成计划任务的各项工作，明确各项工作间的逻辑关系，明确将要通过网络图标示的各项数据值。

(2)选择网络图类型，确定网络图排列方式。

(3)按照从左至右的顺序，由起始工作开始依次绘制各项工作，直到终止工作完成。

(4)从起始工作向终止工作依次检查有无工作及逻辑关系的错漏。

(5)全面检查网络图绘制是否存在不符合绘图规则的地方，如果存在不妥之处应进行修正。

(6)按照节点编号规则进行节点编号。

(7)如果编制的网络计划比较复杂，工程规模较大，一般应先分别绘制各分部工程的局部网络图，然后再根据相互之间的逻辑关系进行连接，形成该工程的总体网络计划图。

(五)绘制双代号网络图应注意的问题

1. 层次清晰、重点突出

网络图绘制过程中往往首先注重的是逻辑关系的合理表达，其次还应当按照便于使用的原则对绘制出的网络图进行整理，使其能够清楚反映在工艺上或组织上的相互关系，使其层次清晰、重点突出。

2. 图面规整、流畅

网络图的绘制除了要满足前面介绍的基本规则外，一幅好的网络计划图应规整、流畅，令人赏心悦目。例如，绘制时尽量以水平箭线为主，竖向箭线为辅，尽量不使用斜箭线和曲箭线；避免使用逆向箭线，以免产生逻辑关系混乱；尽量减少箭线交叉等。

3. 合理使用虚工作

虚工作是为合理体现工作间的逻辑关系而虚拟的工作，它既不消耗时间也不消耗资源。虚工作的使用给网络图的绘制带来很大方便，但虚工作的使用不应过多、过滥，网络图绘制结束前应当检查虚工作的使用是否合理，删除多余的虚工作，这也是保证网络图绘制质量的重要一环。

(六)双代号网络图的排列

网络图的主要功能就是指导施工，因此网络图的绘制应通过适当的排列布局更加形象地体现出施工特点，从而有利于施工管理人员把握现场状况。网络图的排列方式很多，可以有施工工艺排列法、施工段排列法、楼层排列法、栋号排列法、作业单位排列法等。

例如，某基础工程施工有基坑开挖、垫层施工、基础砌筑和基坑土方回填四个施工过程，分成四个施工段组织流水施工，图 3-8 是该工程任务双代号网络图分别按施工工艺排列与按施工段排列的绘图示例。

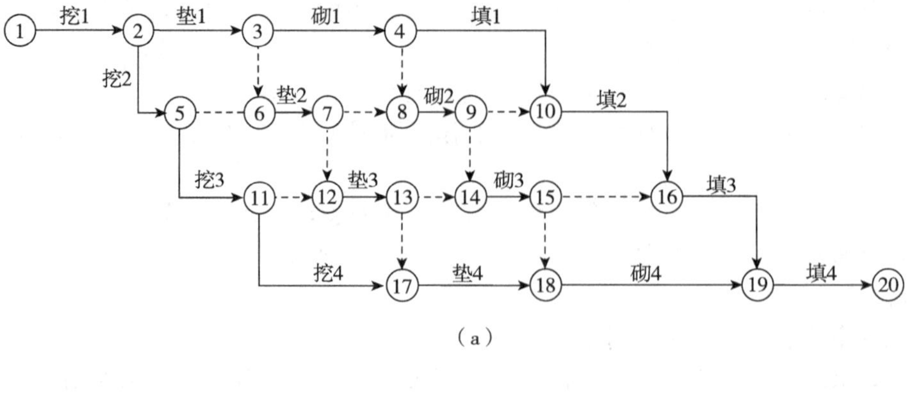

(a)

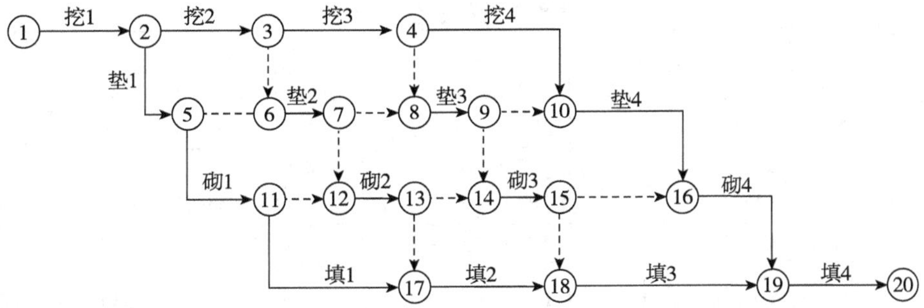

（b）

图 3-8　双代号网络图的排列

【例 3-2-1】　试根据工作逻辑关系表（表 3-3）绘制双代号网络图。

表 3-3　工作逻辑关系

工作	A	B	C	D	E	F	G	H	I	J	K	L	M
紧后工作	D、C	E、F	H、K	G、I	H、K	L	L	J	K	M	—	—	—

解：根据工作逻辑关系绘制的双代号网络图如图 3-9 所示。

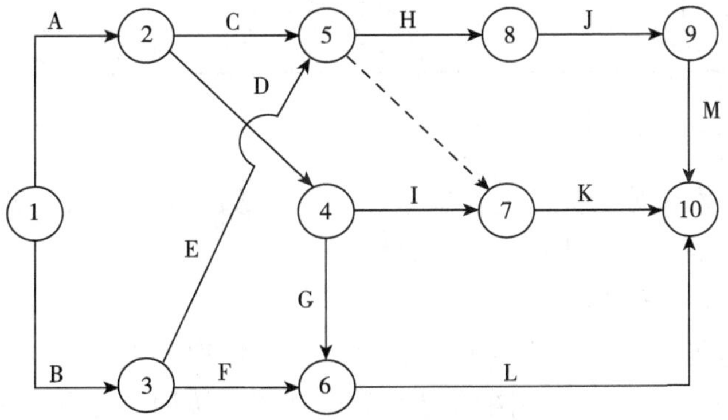

图 3-9　双代号网络图绘制示例

三、双代号网络图时间参数的计算

（一）时间参数的分类

没有时间参数的网络图只能算是一张施工组织和工艺流程图，要实现通过网络图对网络计划进行控制、优化和调整的目的，必须进行时间参数的计算，为确定计算工期、找出关键线路和非关键线路提供依据，使各项工作在时间上的相互关系得以明确，从而为施工管理人员进行科学决策提供帮助。时间参数可分为节点时间参数、工作时间参数和线路时间参数等。以 $i—j$ 工作为例，各时间参数的表示符号及其含义如表 3-4 所示。

表 3-4 时间参数分类

类别	名称	符号	含义
节点时间参数	节点最早时间	ET_i	以该节点为开始节点的各项工作的最早开始时间
	节点最迟时间	LT_i	以该节点为完成节点的各项工作的最迟完成时间
工作时间参数	工作持续时间	D_{i-j}	一项工作从开始到完成的时间
	工作最早开始时间	ES_{i-j}	各紧前工作完成后本工作有可能开始的最早时刻
	工作最早完成时间	EF_{i-j}	各紧前工作完成后本工作有可能完成的最早时刻
	工作最迟开始时间	LS_{i-j}	在不影响整个任务按期完成的前提下，工作必须开始的最迟时刻
	工作最迟完成时间	LF_{i-j}	在不影响整个任务按期完成的前提下，工作必须完成的最迟时刻
	总时差	TF_{i-j}	在不影响总工期的前提下，本工作可以利用的机动时间
	自由时差	FF_{i-j}	在不影响紧后工作最早开始时间的前提下，本工作可以利用的机动时间
	相干时差	IF_{i-j}	使紧后工作最早开始时间向后推迟，推迟范围不超过其最迟开始时间，本工作可以利用的机动时间
线路时间参数	线路时差	PF	非关键线路中可以利用的自由时差之和
	计算工期	T_c	根据时间参数计算所得到的工期
	要求工期	T_r	业主提出的项目工期
	计划工期	T_p	根据要求工期和计算工期所确定的作为实施目标的工期

(二)时间参数的计算

在网络计划技术传统的关键线路法中，时间参数的计算方法主要采用图上计算法，图上计算法又包括节点计算法和工作计算法。

1. 节点法计算时间参数

节点计算法是指先计算各节点的时间参数，再根据节点时间参数计算各工作的时间参数。节点最早时间应从网络图的起点节点开始，按照编号从小到大依次计算，直至终点节点。节点最迟时间应从网络图终点节点开始，沿着逆向箭线的方向，按照节点编号从大到小进行计算，直至起点节点。各时间参数的计算见表 3-5。

表 3-5 节点法计算时间参数

参数名称		计算公式	说明
节点最早时间 ET_i	起点节点 ET_i	$ET_i=0$	对起点节点的最早时间无规定时，通常取其为零。如另有规定，可按规定取值
	其他节点 ET_j	$ET_j=ET_i+D_{i-j}$	当节点 j 仅有一条内向箭线时，取该箭线箭尾节点的最早时间与该工作持续时间之和
		$ET_j=\max\{ET_i+D_{i-j}\}$	当节点 j 有多条内向箭线时，取各箭线箭尾节点的最早时间与各工作持续时间之和的最大值
计算工期	T_c	$T_c=ET_n$	取终点节点 n 的最早时间 ET_n 为计算工期

续表

参数名称		计算公式	说明
节点最迟时间 LT_i	终点节点 LT_n	$LT_n=T_p$	终点节点的最迟时间取网络计划的计划工期 T_p。对要求工期无特殊要求时可取 $T_p=T_c$，则有 $LT_n=T_c$，即 $LT_n=ET_n$
	其他节点 LT_i	$LT_i=LT_j-D_{i-j}$	当节点 i 仅有一条外向箭线时，节点 i 的最迟时间 LT_i 为箭头节点的最迟时间与该工作持续时间之差
		$LT_i=\min\{LT_j-D_{i-j}\}$	当节点 i 有多条外向箭线时，节点 i 的最迟时间 LT_i 为各箭线箭头节点的最迟时间与各工作持续时间之差的最小值
工作最早开始时间 ES_{i-j}		$ES_{i-j}=ET_i$	工作最早开始时间 ES_{i-j} 等于该工作起始节点的最早时间 ET_i
工作最早完成时间 EF_{i-j}		$EF_{i-j}=ES_{i-j}+D_{i-j}=ET_i+D_{i-j}$	工作最早完成时间是工作在最早开始时间开始进行，持续了 D_{i-j} 时间后才结束的时间
工作最迟完成时间 LF_{i-j}		$LF_{i-j}=LT_j$	工作最迟完成时间等于该工作结束节点的最迟时间
工作最迟开始时间 LS_{i-j}		$LS_{i-j}=LF_{i-j}-D_{i-j}=LT_j-D_{i-j}$	工作最迟开始时间应保证工作经过持续时间 D_{i-j} 不影响工作在最迟完成时间 LF_{i-j} 完成

2. 工作法计算时间参数

工作计算法是指不计算节点的时间参数，直接计算各工作的时间参数。各时间参数的计算见表 3-6。

表 3-6　工作法计算时间参数

参数名称	计算公式	说明
工作最早开始时间 ES_{i-j}	$ES_{i-j}=0$	当未规定开始节点的最早开始时间时，起始工作 $i—j$ 的最早开始时间取零
	$ES_{i-j}=ES_{h-i}+D_{h-i}$	当 $i—j$ 工作只有一个紧前工作 $h—i$ 时，$i—j$ 工作最早开始时间为紧前工作 $h—i$ 的最早开始时间与 $h—i$ 工作持续时间之和
	$ES_{i-j}=\max\{ES_{h-i}+D_{h-i}\}$	受逻辑关系的制约，当 $i—j$ 工作有多个紧前工作时，$i—j$ 工作最早开始时间应取各紧前工作最早开始时间与各紧前工作持续时间之和的最大值
工作最早完成时间 EF_{i-j}	$EF_{i-j}=ES_{i-j}+D_{i-j}$	$i—j$ 工作按最早开始时间 ES_{i-j} 开始进行，经过持续时间 D_{i-j} 完成工作时所对应的时间就是 $i—j$ 工作的最早完成时间。据此可有 $ES_{i-j}=EF_{h-i}$ 或 $ES_{i-j}=\max\{EF_{h-i}\}$
计算工期 T_c	$T_c=\max\{EF_{i-n}\}$	计算工期取各最后完成工作最早完成时间的最大值
工作最迟完成时间 LF_{i-j}	$LF_{i-n}=T_p$	对于最后完成的各项工作，取计划工期作为其最迟完成时间。当未规定要求工期 T_r 时，可取计划工期等于计算工期，即 $T_p=T_c$ 所以有 $LF_{i-n}=T_c$
	$LF_{i-j}=LF_{j-k}-D_{j-k}$	当 $i—j$ 工作仅有一个紧后工作 $j—k$ 时，其最迟完成时间取紧后工作最迟完成时间与紧后工作持续时间之差
	$LF_{i-j}=\min\{LF_{j-k}-D_{j-k}\}$	当 $i—j$ 工作有多个紧后工作时，其最迟完成时间取各紧后工作最迟完成时间与各紧后工作持续时间之差的最小值
工作最迟开始时间 LS_{i-j}	$LS_{i-j}=LF_{i-j}-D_{i-j}$	$i—j$ 工作的最迟开始时间应保证经过工作持续时间 D_{i-j} 不影响工作的最迟完成。据此可有 $LF_{i-j}=LS_{j-k}$ 或 $LF_{i-j}=\min\{LS_{j-k}\}$

3. 时差的计算

时差是指工作的机动时间，通过计算时差可以确定工作所具有的机动时间，从而可以使项目的组织管理者根据机动时间决定对工作进行压缩、延长等以保证项目目标的实现。采用图上计算法进行网络图时间参数计算时，需要计算的时差主要为总时差和自由时差。

总时差是指在不影响总工期的前提下，本工作可以利用的机动时间。自由时差是指在不影响其紧后工作最早开始时间的前提下，本工作可以利用的机动时间。通过图3-10可以帮助我们理解总时差、自由时差的含义，同时图3-10也反映了工作时间参数之间的关系。

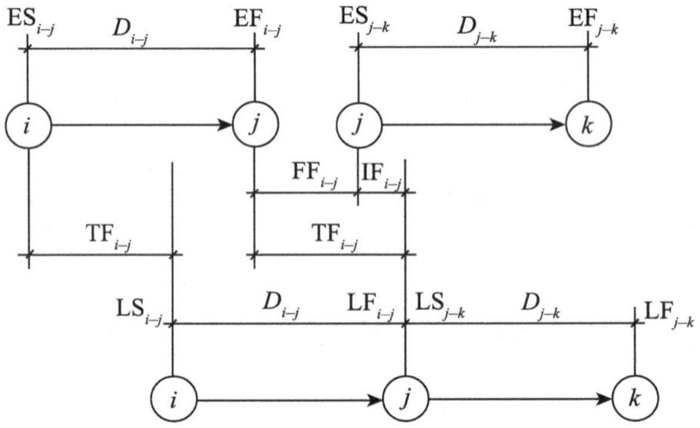

图3-10 时差关系

如图3-10所示，$i—j$ 工作可以推迟开始(完成)的时间范围极限是从 $i—j$ 工作最早开始(完成)时间到 $i—j$ 工作最迟开始(完成)时间，$i—j$ 工作在该时间段内推迟开始(完成)不会对总工期造成影响，亦即这个时间范围是 $i—j$ 工作可以利用的最大时间范围值，这个值就是总时差。因此，总时差可以表示为 $TF_{i—j}=LS_{i—j}-ES_{i—j}$ 或 $TF_{i—j}=LF_{i—j}-EF_{i—j}$。在总时差范围内有这样一个时间段，$i—j$ 工作的推迟开始不会影响其紧后工作 $j—k$ 在最早开始时间开始，这个时间段就是 $j—k$ 工作的最早开始时间至 $i—j$ 工作最早开始时间范围内去掉 $i—j$ 工作的持续时间，这个时间段即自由时差。它可以表示为

$$FF_{i—j}=ES_{j—k}-ES_{i—j}-D_{i—j}=ES_{j—k}-EF_{i—j}$$

对于网络图中的结束工作，利用上式计算自由时差时，取 $FF_{i—n}=ET_n-EF_{i—n}$。

在总时差范围内除有一个时间段为自由时差外，还有一个时间段称为相干时差，相干时差体现的是 $i—j$ 工作的推迟开始不影响总工期，但会影响其紧后工作 $j—k$ 在最早开始时间开始。相干时差可以表示为 $IF_{i—j}=TF_{i—j}-FF_{i—j}$ 或 $IF_{i—j}=LF_{i—j}-ES_{j—k}$。

关于时差有以下几点结论：

(1)如果总时差为零，说明工作没有机动时间，为关键工作。

(2)如果总时差为零，则自由时差和相干时差也都不存在。

(3)如果存在总时差，说明工作有可利用的机动时间，为非关键工作。

(4)总时差属于本工作，同时也为本工作所在的整条线路共有。

(5)自由时差一定小于或等于总时差，如果存在自由时差，说明本工作有可以自由利用的机动时间，并且利用自由时差不会对紧后工作产生影响。

4. 时间参数在网络图上的标注

在应用图上计算法计算时间参数时，时间参数可以按照图 3-11 进行标注。将工作名称和工作持续时间分别标注在箭线的上方和下方，将计算的工作时间参数标注在箭线上方，如果计算有节点时间参数，一般应将节点时间参数标注在节点圆圈上方，有时为构图方便将其标注在节点圆圈下方或侧面也可以；如果为虚工作则图中箭线应为虚箭线。

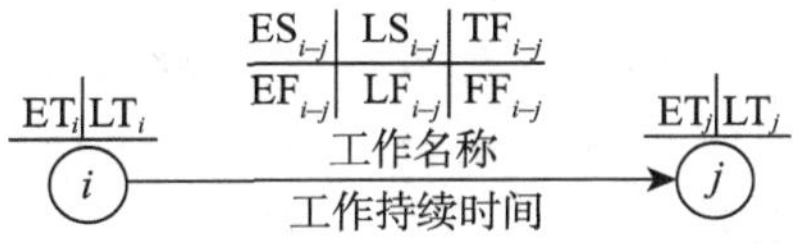

图 3-11 时间参数的标注

(三)关键线路的确定

在网络图中，线路时间最长的线路就是关键线路。通过时间参数计算也可判断关键线路，当计划工期与计算工期相等时，总时差为零的线路就是关键线路；当计划工期与计算工期不同时，总时差等于计划工期与计算工期之差的线路就是关键线路。关键线路上的工作就是关键工作。需要注意的是，在一个网络图中关键线路往往不止一条，但至少应该有一条。

【例 3-2-2】 请采用图上计算法计算双代号网络图(图 3-12)各节点时间参数和各工作时间参数，找出关键工作和关键线路，并指出计算工期。

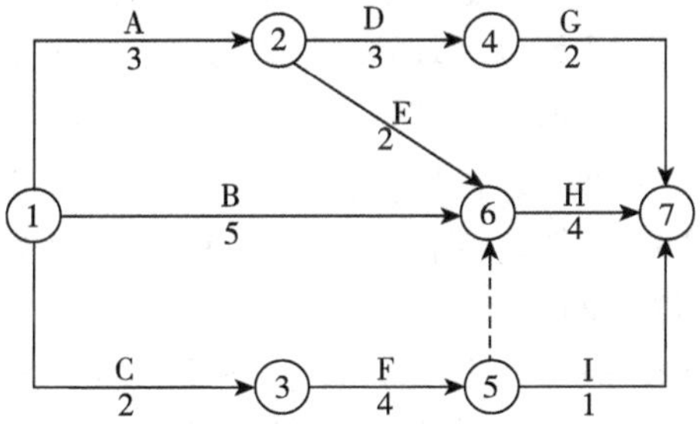

图 3-12 双代号网络图时间参数算例

解：(1)计算节点时间参数。

节点最早时间应从网络图的起点节点开始，按照编号从小到大依次计算，直至终点节点。由于没有规定起始节点的最早时间，因此，节点 1 最早时间可以取 $ET_1=0$。

根据公式 $ET_j=ET_i+D_{i-j}$，有

$$ET_2=0+3=3$$

$$ET_3=0+2=2$$

$$ET_4=3+3=6$$

$$ET_5=2+4=6$$

节点 6 有多条内向箭线，因此，应根据公式 $ET_j=\max\{ET_i+D_{i-j}\}$确定其最早时间，即 $ET_6=\max\{3+2，0+5，6+0\}=6$，同理，终点节点 7 的最早时间为 $ET_7=\max\{6+2，6+4，6+1\}=10$，则有计算工期 $T_c=ET_7=10$。

节点最迟时间应从网络图终点节点开始，逆着箭线的方向，按照节点编号从大到小进行计算，直至起点节点。因无要求工期，故节点 7 的最迟时间取 $LT_7=ET_7=10$。

根据公式 $LT_i=LT_j-D_{i-j}$，有 $LT_6=10-4=6$。

节点 5 有多条外向箭线，因此应根据公式 $LT_i=\min\{LT_j-D_{i-j}\}$确定其最迟时间即 $LT_5=\min\{6-0,\ 10-1\}=6$。同理，依次可得 $LT_4=8$，$LT_3=2$，$LT_2=4$，$LT_1=0$。

(2)计算工作时间参数。

首先计算各工作最早开始时间和最早完成时间，计算顺序是顺着箭线方向从起始工作开始依次计算。

A、B、C 工作为并列关系的三个起始工作，其最早开始时间均与起点节点 1 的最早时间相等，即 $ES_{1-2}=ES_{1-6}=ES_{1-3}=ET_1=0$。

根据公式 $ES_{i-j}=ET_i$ 有 D、E、F 工作的最早开始时间分别为 $ES_{2-4}=ET_2=3$，$ES_{2-6}=ET_2=3$，$ES_{3-5}=ET_3=2$。同理可得 $ES_{5-6}=6$，$ES_{4-7}=6$，$ES_{6-7}=6$，$EF_{5-7}=6$。

以上是按照节点法计算的，也可以按照工作法进行计算，根据公式 $ES_{i-j}=ES_{h-i}+D_{h-i}$，有

$$ES_{2-4}=ES_{1-2}+D_{1-2}=0+3=3$$
$$ES_{2-6}=ES_{1-2}+D_{1-2}=0+3=3$$
$$ES_{3-5}=ES_{1-3}+D_{1-3}=0+2=2$$
$$ES_{5-6}=ES_{3-5}+D_{3-5}=2+4=6$$
$$ES_{4-7}=ES_{2-4}+D_{2-4}=3+3=6$$
$$ES_{5-7}=ES_{3-5}+D_{3-5}=2+4=6$$

由于 H 工作有多个紧前工作，因此，H 工作的最早开始时间可根据公式 $ES_{i-j}=\max\{ES_{h-i}+D_{h-i}\}$进行计算，即

$$ES_{6-7}=\max\{ES_{2-6}+D_{2-6},\ ES_{1-6}+D_{1-6},\ ES_{5-6}+D_{5-6}\}$$
$$=\max\{3+2,\ 0+5,\ 6+0\}=6$$

根据前面计算所得各工作最早开始时间，可按照公式 $EF_{i-j}=ES_{i-j}+D_{i-j}$ 计算各工作最早完成时间：

$$EF_{1-2}=ES_{1-2}+D_{1-2}=0+3=3$$
$$EF_{1-6}=ES_{1-6}+D_{1-6}=0+5=5$$
$$EF_{1-3}=ES_{1-3}+D_{1-3}=0+2=2$$
$$EF_{2-4}=ES_{2-4}+D_{2-4}=3+3=6$$
$$EF_{2-6}=ES_{2-6}+D_{2-6}=3+2=5$$
$$EF_{3-5}=ES_{3-5}+D_{3-5}=2+4=6$$
$$EF_{5-6}=ES_{5-6}+D_{5-6}=6+0=6$$
$$EF_{4-7}=ES_{4-7}+D_{4-7}=6+2=8$$
$$EF_{5-7}=ES_{5-7}+D_{5-7}=6+1=7$$
$$EF_{6-7}=ES_{6-7}+D_{6-7}=6+4=10$$

下面计算各工作最迟开始时间和最迟完成时间，工作最迟时间参数是逆箭线方向，从网络图的结束工作向起始工作计算的。根据公式 $LF_{i-j}=LT_j$ 可得各工作最迟完成时间分别为

$$LF_{4-7}=LT_7=10$$
$$LF_{6-7}=LT_7=10$$
$$LF_{5-7}=LT_7=10$$
$$LF_{2-4}=LT_4=8$$
$$LF_{2-6}=LT_6=6$$
$$LF_{5-6}=LT_6=6$$
$$LF_{3-5}=LT_5=6$$
$$LF_{1-2}=LT_2=4$$
$$LF_{1-6}=LT_6=6$$
$$LF_{1-3}=LT_3=2$$

根据公式 $LS_{i-j}=LF_{i-j}-D_{i-j}$ 可得各工作最迟开始时间分别为

$$LS_{4-7}=LF_{4-7}-D_{4-7}=10-2=8$$
$$LS_{6-7}=LF_{6-7}-D_{6-7}=10-4=6$$
$$LS_{5-7}=LF_{5-7}-D_{5-7}=10-1=9$$
$$LS_{2-4}=LF_{2-4}-D_{2-4}=8-3=5$$
$$LS_{2-6}=LF_{2-6}-D_{2-6}=6-2=4$$
$$LS_{5-6}=LF_{5-6}-D_{5-6}=6-0=6$$
$$LS_{3-5}=LF_{3-5}-D_{3-5}=6-4=2$$
$$LS_{1-2}=LF_{1-2}-D_{1-2}=4-3=1$$
$$LS_{1-6}=LF_{1-6}-D_{1-6}=6-5=1$$
$$LS_{1-3}=LF_{1-3}-D_{1-3}=2-2=0$$

(3)计算时差。

首先根据公式 $TF_{i-j}=LS_{i-j}-ES_{i-j}$ 计算出各工作总时差分别为

$$TF_{1-2}=LS_{1-2}-ES_{1-2}=1-0=1$$
$$TF_{1-6}=LS_{1-6}-ES_{1-6}=1-0=1$$
$$TF_{1-3}=LS_{1-3}-ES_{1-3}=0-0=0$$
$$TF_{2-4}=LS_{2-4}-ES_{2-4}=5-3=2$$
$$TF_{2-6}=LS_{2-6}-ES_{2-6}=4-3=1$$
$$TF_{3-5}=LS_{3-5}-ES_{3-5}=2-2=0$$
$$TF_{5-6}=LS_{5-6}-ES_{5-6}=6-6=0$$
$$TF_{4-7}=LS_{4-7}-ES_{4-7}=8-6=2$$
$$TF_{6-7}=LS_{6-7}-ES_{6-7}=6-6=0$$
$$TF_{5-7}=LS_{5-7}-ES_{5-7}=9-6=3$$

再根据公式 $FF_{i-j}=ES_{j-k}-EF_{i-j}$ 计算出各工作自由时差分别为

$$FF_{1-2}=ES_{2-4}-EF_{1-2}=3-3=0$$

$$FF_{1-6}=ES_{6-7}-EF_{1-6}=6-5=1$$
$$FF_{1-3}=ES_{3-5}-EF_{1-3}=2-2=0$$
$$FF_{2-4}=ES_{4-7}-EF_{2-4}=6-6=0$$
$$FF_{2-6}=ES_{6-7}-EF_{2-6}=6-5=1$$
$$FF_{3-5}=ES_{5-7}-EF_{3-5}=6-6=0$$

G、H、I工作为结束工作，因此，可按公式 $FF_{i-n}=ET_n-EF_{i-n}$ 计算其自由时差，即

$$FF_{4-7}=ET_7-EF_{4-7}=10-8=2$$
$$FF_{6-7}=ET_7-EF_{6-7}=10-10=0$$
$$FF_{5-7}=ET_7-EF_{5-7}=10-7=3$$

在各时间参数计算过程中，按照时间参数标注方法，将以上各时间参数的计算结果随算随注在相应位置，见图 3-13。

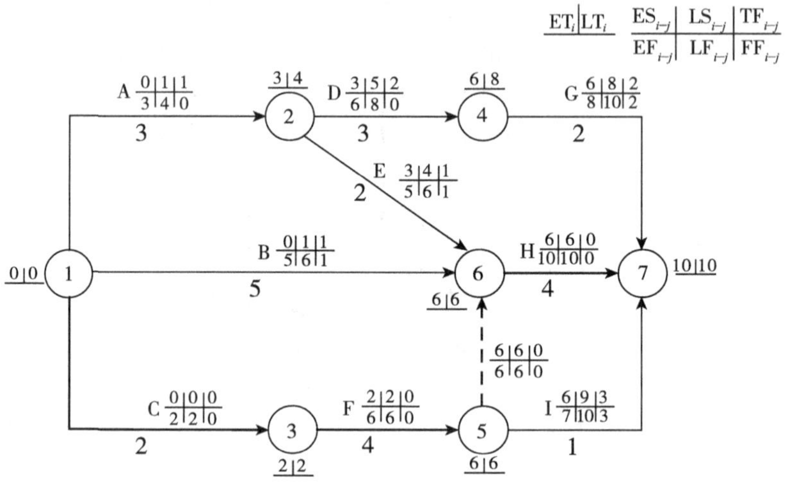

图 3-13　时间参数计算结果

(4)确定关键线路和关键工作。

通过观察时间参数计算结果可知，由总时差为零的工作组成的线路有一条，即 1—3—5—6—7，该条线路就是关键线路，如图 3-13 中双线所示，组成该条线路的 C、F、H 工作就是关键工作。

(5)确定计算工期。

关键线路的线路时间就是计算工期，本网络图的计算工期为 10 天。

四、双代号时标网络计划

(一)双代号时标网络计划的含义

前面我们所介绍的双代号网络计划通过标注在箭线下方的数字来表示工作持续时间，因此，在绘制双代号网络图时，并不强调箭线长短的比例关系，这样的双代号网

络图必须通过计算各个时间参数才能反映出各工作进展的具体时间情况，由于网络计划图中没有时间坐标，所以称其为非时标网络计划。如果将横道图中的时间坐标引入非时标网络计划，就可以很直观地从网络图中看出工作最早开始时间、自由时差以及总工期等时间参数，它结合了横道图与网络图的优点，应用起来更加方便、直观。我们称这种以时间坐标为尺度编制的网络计划为时标网络计划。

双代号时标网络计划由时标计划表和双代号网络图两部分组成。在时标计划表顶部或下部可单独或同时加注时标，时标单位可根据网络计划的具体需要确定为时、天、周、月或季等。

（二）双代号时标网络计划的绘制

双代号时标网络计划有两种绘制方法，一种是先绘制非时标网络计划图，再计算时间参数，然后在时标计划表中按照先关键线路后非关键线路的顺序，将网络计划图绘制出来；另一种是先不计算时间参数，直接在时标计划表中绘制网络图。

绘制双代号时标网络计划时应遵守以下方法和要求：

(1)时标网络计划宜按最早时间编制。

(2)节点圆圈的中心必须对准相应的时标位置。

(3)按照从左至右的顺序绘制，按照工作持续时间在时标表上绘制节点外向箭线，中间节点须在其所有内向箭线都绘制出来之后，按最长箭线定位；其余箭线用波浪线补齐。

(4)虚工作必须以垂直方向的虚箭线表示，如果虚箭线两端的节点在水平方向上有距离，则用波浪线作为其水平连线。

根据上述原则，将图 3-14 所示的双代号网络图按照最早时间绘制成时标网络计划，如图 3-15 所示。

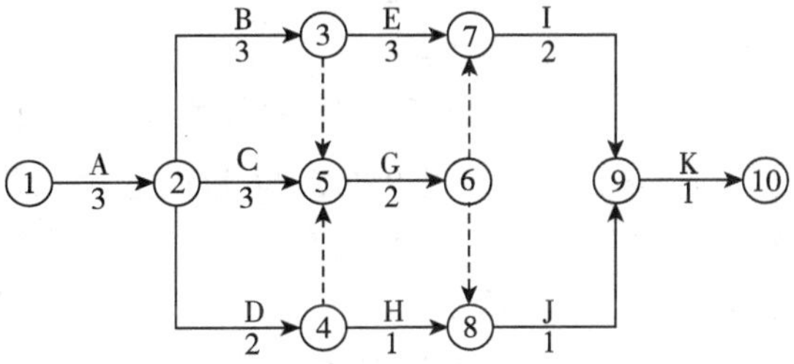

图 3-14　双代号网络计划图

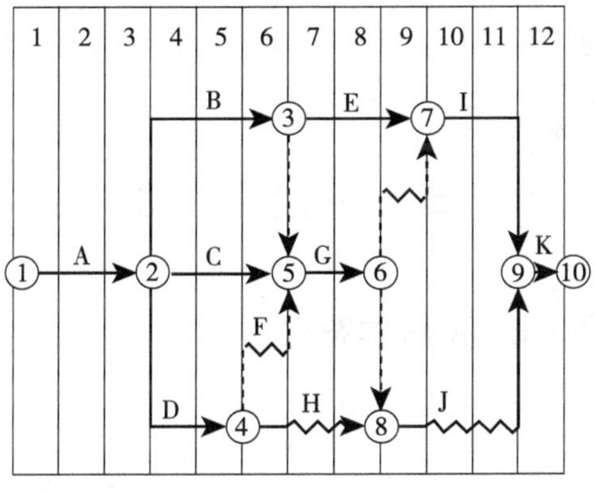

图 3-15　双代号时标网络图

(三)双代号时标网络计划的时间参数

1. 最早开始时间和最早完成时间的确定

在图 3-15 所示的双代号时标网络计划中，可以直接找到工作的最早开始时间和最早完成时间。每条实箭线的箭尾节点圆圈中心所对应的左侧时标值就是该工作的最早开始时间，实箭线向右的末端所对应的左侧时标值就是该工作的最早完成时间。例如，H 工作的最早开始时间和最早完成时间分别为 $ES_{4-8}=5$ 和 $EF_{4-8}=6$。

2. 自由时差的确定

在图 3-15 中，各工作的自由时差也可以直接找到。波浪线的水平投影所占时标数就是波浪线所在箭线代表的工作的自由时差；没有波浪线的工作自由时差为零。例如，H 工作波浪线水平投影所占时标数为两个，因此，H 工作的自由时差 $FF_{4-8}=2$。A、B、C、D、E、G、I、K 工作的自由时差都为零。

3. 总时差的确定

$i—j$ 工作的总时差等于其紧后工作 $j—k$ 总时差与本工作自由时差之和，如果 $i—j$ 工作有多个紧后工作，则取其紧后工作总时差的最小值与本工作自由时差之和，即 $TF_{i-j}=\min\{TF_{j-k}\}+FF_{i-j}$。因此，总时差的计算须从右向左进行，对于网络图最右端的结束工作可视其紧后工作的总时差为零。例如，K 工作的总时差 $TF_{9-10}=0+FF_{9-10}=0$，j 工作总时差 $TF_{8-9}=TF_{9-10}+FF_{8-9}=0+2=2$，H 工作总时差 $TF_{4-8}=TF_{8-9}+FF_{4-8}=2+2=4$。

4. 最迟开始时间和最迟完成时间的确定

$i—j$ 工作的最迟开始时间和最迟完成时间可由以下两个公式分别确定：$LS_{i-j}=ES_{i-j}+TF_{i-j}$；$LF_{i-j}=EF_{i-j}+TF_{i-j}$。例如，H 工作的最迟开始时间和最迟完成时间分别为 $LS_{4-8}=ES_{4-8}+TF_{4-8}=5+2=7$；$LF_{4-8}=EF_{4-8}+TF_{4-8}=6+2=8$。

5. 关键线路和计算工期的确定

从时标网络图起始节点到终点节点，由不包含波浪线的工作所组成的线路就是关键线路。终点节点圆圈中心左侧对应的时标值与起点节点圆圈中心左侧对应的时标值的差值为时标网络计划的计算工期。图 3-15 时标网络计划的计算工期为 12 天，关键线路是 1—2—3—7—9—10。

第三节　单代号网络计划

一、单代号网络计划的构成和基本符号

1. 单代号网络图的基本构成

单代号网络计划是通过单代号网络图来表达的网络计划，单代号网络图是以节点及其编号表示工作，以箭线表示工作之间逻辑关系的网络图。单代号网络图在构成上与双代号网络图是相同的，但其构成要素在含义上与双代号网络图不完全一致，单代

号网络图中的一个节点就代表一项工作，箭线仅仅表示工作间的逻辑关系。在单代号网络图中，没有双代号网络图中的虚箭线所表示的虚工作，但可以有虚拟的起始节点或终止节点。

2. 单代号网络图的基本符号

单代号网络图的基本符号包括节点和箭线，如图 3-16 所示。节点可以用圆圈或方框表示，节点也须从左至右，由小到大进行编号，由于每个节点就代表一项工作，因此，在节点圆圈或方框内除标注节点编号外，还须注明工作名称以及工作持续时间，如果是虚拟的起始节点或终止节点，在工作名称的标注位置注上"开始"或"结束"即可。箭线应绘制成直线、斜线或折线，沿箭线方向表示工作进展的方向和工作间的逻辑关系，在单代号网络图中没有虚箭线。

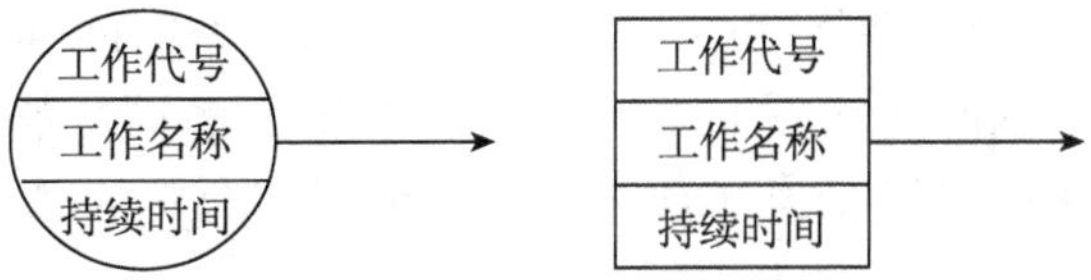

图 3-16 单代号网络图的基本符号

二、单代号网络图的绘制

双代号网图的绘制规则在单代号网络图中基本都是适用的，只是需要注意，为了在单目标网络计划图中避免出现两个或两个以上起始节点或终止节点，需要设置虚拟的起始节点或终止节点。单代号网络图常见逻辑关系的表示方法可见表 3-2。

【例 3-3-1】 根据所给各工作间的逻辑关系表(表 3-7)绘制单代号网络图。

表 3-7 各工作间的逻辑关系表

工作代号	A	B	C	D	E	F	G	H
紧后工作	C、D	E	F	G、H	H	G	—	—
持续时间	3	2	4	2	5	3	1	2

解：根据表 3-7 所绘制的单代号网络图如图 3-17 所示。

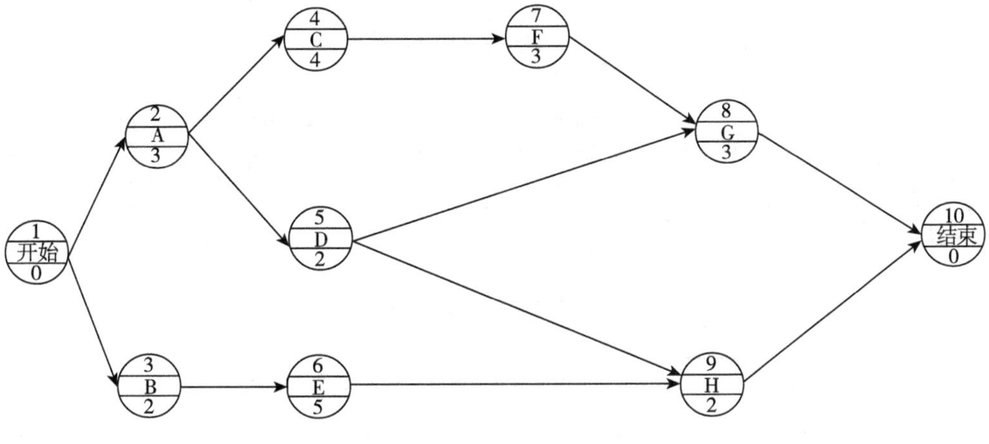

图 3-17 单代号网络图绘制示例

三、单代号网络计划时间参数的计算

1. 单代号网络计划时间参数的内容

单代号网络图时间参数的计算内容和计算方法与双代号网络图十分类似，只是在单代号网络图中引入了时间间隔这个时间参数。单代号网络计划中，相邻两项工作 i 和 j 的时间间隔 $LAG_{i,j}$ 是指 j 工作的最早开始时间 ES_j 与其紧前工作 i 的最早完成时间 EF_i 的差值。单代号网络图各时间参数的具体计算公式见表 3-8。

表 3-8　单代号网络图时间参数计算表

参数名称	计算公式	说明
工作最早开始时间 ES_i	$ES_i=0$	当未规定开始节点的最早开始时间时，起点节点 i 所代表的起始工作的最早开始时间取零
	$ES_i=\max\{ES_h+D_h\}$	受逻辑关系的制约，当 i 工作有多个紧前工作时，i 工作最早开始时间应取各紧前工作最早开始时间与各紧前工作持续时间之和的最大值
工作最早完成时间 EF_i	$EF_i=ES_i+ +D_i$	i 工作按最早开始时间 ES_i 开始进行，经过持续时间 D_i 完成工作时所对应的时间就是 i 工作的最早完成时间。据此可有 $ES_i=\max\{ES_h+D_h\}=\max\{EF_h\}$
计算工期 T_c	$T_c=EF_n$	计算工期等于终点节点的最早完成时间
时间间隔 $LAG_{i,j}$	$LAG_{i,j}=ES_j-EF_i$	工作 i 和工作 j 的时间间隔 $LAG_{i,j}$ 取 j 工作的最早开始时间 ES_j 与其紧前工作 i 的最早完成时间 EF_i 的差值
工作总时差 TF_i	$TF_n=T_p-EF_n$	终点节点 n 所代表的结束工作的总时差等于计划工期 T_p 与终点节点的最早完成时间 EF_n 的差值。如果对计划工期没有要求，可以取计划工期等于计算工期，则有 $TF_n=T_c-EF_n=0$
	$TF_i=\min\{TF_j+LAG_{i,j}\}$	终点节点以外的其他节点的工作总时差 TF_i 取其各紧后工作总时差 TF_j 与相应各时间间隔 $LAG_{i,j}$ 之和的最小值
工作自由时差 FF_i	$FF_n=T_p-EF_n$	终点节点 n 所代表的结束工作的自由时差等于计划工期 T_p 与终点节点最早完成时间 EF_n 的差值。如果对计划工期没有要求，可以取计划工期等于计算工期，则有 $FF_n=T_c-EF_n=0$
	$FF_i=\min\{LAG_{i,j}\}$	终点节点以外的其他节点的工作自由时差 FF_i 取其与各紧后工作时间间隔的最小值
工作最迟完成时间 LF_i	$LF_n=T_p$	对于最后完成的工作，取计划工期作为其最迟完成时间。当未规定要求工期 T_r 时，可取计划工期等于计算工期，即 $T_p=T_c$，所以有 $LF_n=T_c$
	$LF_i=\min\{LS_j\}$	对其他工作 i 的最迟完成时间，取各紧后工作最迟开始时间的最小值
	$LF_i=EF_i+TF_i$	i 工作的最迟完成时间还可取 i 工作的最早完成时间与 i 工作的总时差之和
工作最迟开始时间 LS_i	$LS_i=LF_i-D_i$	i 工作的最迟开始时间应保证经过工作持续时间 D_i 不影响工作的最迟完成
	$LS_i=ES_i+TF_i$	i 工作的最迟开始时间还可取 i 工作的最早开始时间与 i 工作的总时差之和

通过表 3-8 可以看出，单代号网络图时间参数可以按照 ES_i—EF_i—T_c— $LAG_{i,j}$—TF_i—FF_i—LF_i— LS_i 的顺序进行计算，其中 TF_i和 LF_i是按逆箭线方向计算的。

2. 单代号网络计划时间参数的标注

单代号网络计划时间参数可以按照图 3-18 所示的形式进行标注。

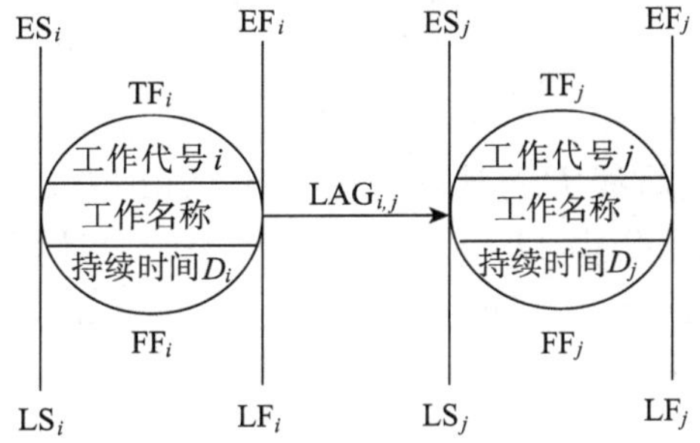

图 3-18　单代号网络计划时间参数的标注

3. 关键工作和关键线路的确定

单代号网络计划中确定关键工作的方法与双代号网络计划相同，取总时差最小的工作为关键工作。由关键工作组成的线路为关键线路，关键线路上所有工作之间的时间间隔均应为零。

【例 3-3-2】 计算图 3-19 所示单代号网络计划时间参数，并确定关键线路。

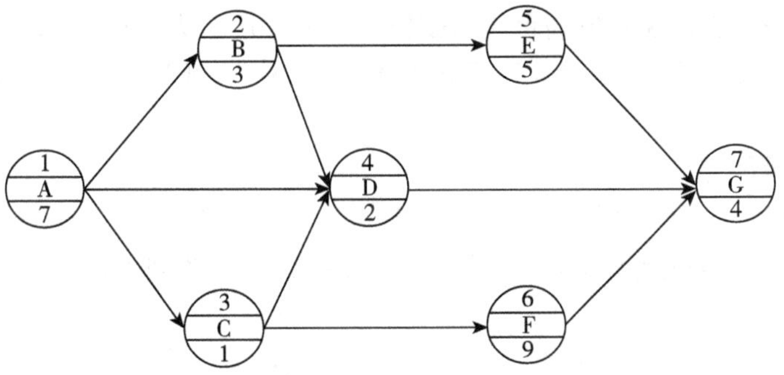

图 3-19　单代号网络计划时间参数计算示例

解：(1)计算最早时间参数。

A 工作为起始工作，取其最早开始时间 $ES_1=0$，根据公式 $EF_i=ES_i+D_i$有 A 工作最早完成时间 $EF_1=ES_1+D_1=0+7=7$。

B 工作最早开始时间可根据公式 $ES_i=\max\{ES_h+D_h\}=\max\{EF_h\}$计算，有 $ES_2=EF_1=7$。

B 工作最早完成时间 $EF_2=ES_2+D_2=7+3=10$。

C 工作最早开始时间 $ES_3=EF_1=7$。最早完成时间 $EF_3=ES_3+D_3=7+1=8$。

D 工作最早开始时间根据公式 $ES_i=\max\{ES_h+D_h\}=\max\{EF_h\}$ 有 $ES_4=\max\{EF_1,EF_2,EF_3\}=\max\{7,10,8\}=10$，最早完成时间 $EF_4=10+2=12$。

同理，可以计算 E、F、G 工作的最早时间参数分别为 $ES_5=10$，$EF_5=15$，$ES_6=$

8，$EF_6=17$，$ES_7=17$，$EF_7=21$。

(2)确定计算工期。

根据公式 $T_c=EF_n$，计算工期 $T_c=EF_7=21$。

(3)计算时间间隔。

根据公式 $LAG_{i,j}=ES_j-EF_i$ 计算相邻各工作之间时间间隔，计算结果标注在各箭线上，如图 3-20 所示。

(4)计算总时差。

总时差需从右至左逆箭线方向计算，先计算结束 G 工作的总时差，根据 $TF_n=T_c-EF_n$ 有 $TF_7=0$。根据公式 $TF_i=\min\{TF_j+LAG_{i,j}\}$计算其他各工作总时差分别为 $TF_6=0+0=0$，$TF_5=0+2=2$，$TF_4=0+5=5$，$TF_3=\min\{5+2，0+0\}=0$，$TF_2=\min\{2+0，5+0\}=2$，$TF_1=\min\{2+0，5+3，0+0\}=0$。

(5)计算自由时差。

根据公式 $FF_i=\min\{LAG_{i,j}\}$计算各工作自由时差分别为 $FF_1=\min\{0，3，0\}=0$，$FF_2=\min\{0，0\}=0$，$FF_3=\min\{2，0\}=0$，$FF_4=5$，$FF_6=0$。G 工作为结束工作，根据公式 $FF_n=T_c-EF_n$，有 $FF_7=21-21=0$。

(6)计算最迟时间参数。

最迟完成时间应从右至左逆箭线计算，先计算 G 工作最迟时间参数，根据公式 $LF_n=T_c$ 有 G 工作最迟完成时间 $LF_7=21$，根据公式 $LS_i=LF_i-D_i$ 有 G 工作最迟开始时间 $LS_7=21-4=17$。其他工作最迟完成时间可根据公式 $LF_i=\min\{LS_j\}$进行计算。经计算，其他工作的最迟完成时间和最迟开始时间分别为 $LF_6=17$，$LS_6=8$，$LF_5=17$，$LS_5=12$，$LF_4=17$，$LS_4=15$，$LF_3=8$，$LS_3=7$，$LF_2=12$，$LS_2=9$，$LF_1=7$，$LS_1=0$。

(7)确定关键线路。

通过上面的计算可知，A、C、F、G 工作为关键工作，线路 A—C—F—G 为关键线路。如图 3-20 中加粗线所示。各参数计算结果如图 3-20 所标注。

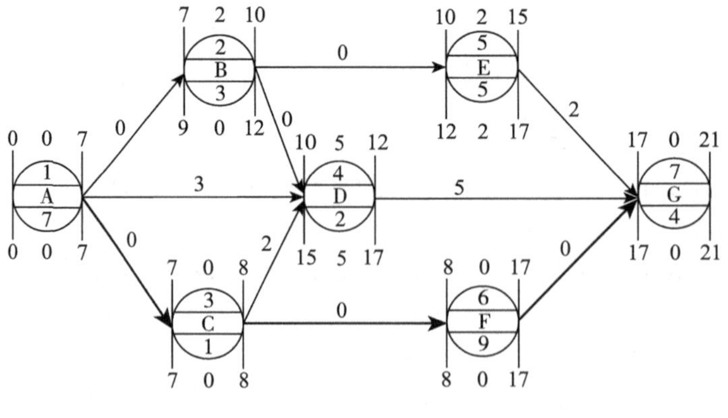

图 3-20　单代号网络计划时间参数计算

第四节　单代号搭接网络计划

我们在前面所学习的网络计划中，各项工作之间的关系都是顺序衔接关系，即本工作只有在其紧前工作全部完成之后才能开始。但是，在工程实际中往往在紧前工作开始一段时间后，就能够为本工作提供工作面，具备了一定的空间条件、工艺条件和组织条件时，本工作就可以插入，而不必等到紧前工作完全结束。毫无疑问，这样的施工进度计划安排使得工作间形成了一种搭接关系，按照搭接关系组织施工可以缩短工期。合理表达工作间这种搭接关系的单代号网络图就是单代号搭接网络计划图，单代号搭接网络计划图是单代号搭接网络计划的具体体现。

一、单代号搭接网络图的搭接关系种类及其基本符号

单代号搭接网络图中，工作之间的基本搭接关系是通过紧前工作的开始或完成时间与本工作的开始或完成时间之间在时间上的距离即时距来体现的，因此，形成了四种基本类型的单代号搭接网络图的搭接关系。单代号搭接网络图搭接关系的具体类型以及表达符号可以见表 3-9。

表 3-9　单代号搭接网络图的搭接类型及其表达符号

搭接类型	搭接网络图	含义
开始到开始 STS	(i) —STS=a→ (j)	i 工作开始 a 后 j 工作才能开始，即 i 工作与 j 工作由开始到开始的时距是 a
开始到结束 STF	(i) —STF=b→ (j)	i 工作开始 b 后 j 工作才能结束，即 i 工作与 j 工作由开始到结束的时距是 b
结束到开始 FTS	(i) —FTS=c→ (j)	i 工作结束 c 后 j 工作才能开始，即 i 工作与 j 工作由结束到开始的时距是 c
结束到结束 FTF	(i) —FTF=d→ (j)	i 工作结束 d 后 j 工作才能结束，即 i 工作与 j 工作由结束到结束的时距是 d
组合型	(i) —STS=a FTF=d→ (j)	i 工作开始 a 后 j 工作才能开始，同时，i 工作结束 d 后 j 工作才能结束，即 i 工作与 j 工作由开始到开始的时距是 a，由结束到结束的时距是 d

本工作 i 与紧前工作 j 之间的时距关系不一定仅有一种，有时也可能同时存在几种时距关系，表 3-9 的搭接类型中所列的组合型表示的就是这种情况。

二、单代号搭接网络图的绘制

单代号搭接网络图的绘制与单代号网络图基本相同，用节点表示工作，而箭线及其上面的时距符号表示相邻工作间的逻辑关系，没有虚工作，但可以有虚拟的开始节点和结束节点，可以用 S_t 和 F_{in} 分别作为虚拟的起始节点和结束节点的代号。为避免在单代号搭接网络图中出现两个以上起点节点，如果没有与本工作的开始有关的类型箭线指向本工作，则应在本工作和起点节点之间另外增加 FTS 型的虚箭线；同理，为避

免在单代号搭接网络图中出现两个以上终点节点，如果没有与本工作的结束有关的类型箭线从本工作引出，则应在本工作和终点节点之间另外增加 FTS 型的虚箭线。

【例 3-4-1】 根据所给各工作间的逻辑关系表(表 3-10)绘制单代号搭接网络图。

表 3-10　各工作间的逻辑关系表

工作	S_t	A			B	C		D		E	F	G	H
持续时间	0	6			8	14		10		10	14	4	4
紧后工作	A	B	C	D	E	E	F	F	G	H	H	—	—
时距关系	—	STS=2	FTF=3	FTF=2	FTS=2	STS=7	STS=3 FTF=6	FTF=13	FTS=0	STS=4	STS=2	—	—

解：根据表 3-10 所绘制的单代号搭接网络图如图 3-21 所示。

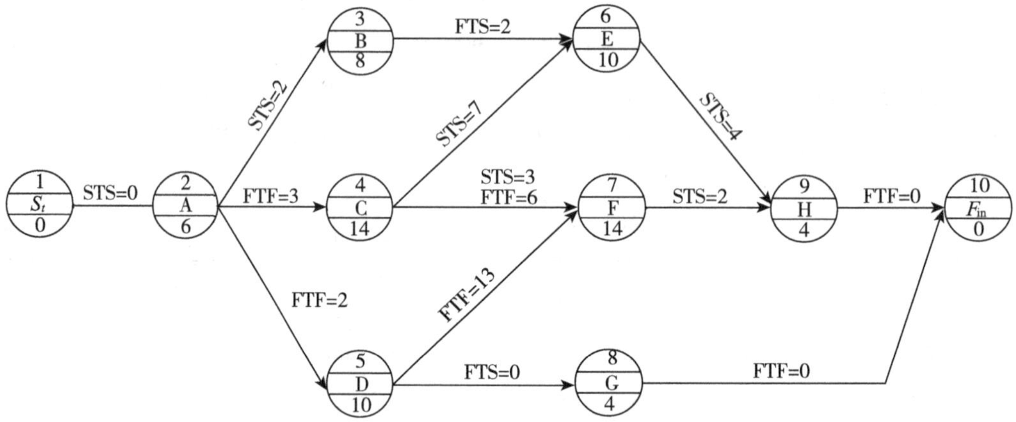

图 3-21　单代号搭接网络图绘制示例

三、单代号搭接网络图时间参数的计算

1. 单代号搭接网络计划时间参数的内容

由于单代号搭接网络计划中需要考虑前后工作间搭接类型和时距的限制，因此，在单代号搭接网络计划时间参数计算过程中也需要考虑搭接类型和时距。单代号搭接网络计划时间参数的计算与单代号网络计划时间参数的计算不完全相同，具体计算方法见表 3-11。

表 3-11　单代号搭接网络图时间参数计算表

紧前工作 i 与紧后工作 j 的搭接类型	STS	STF	FTS	FTF	组合型
最早时间参数	$ES_j=ES_i+STS$ $EF_j=ES_j+D_j$	$EF_j=ES_i+STF$ $ES_j=EF_j-D_j$	$ES_j=EF_i+FTS$ $EF_j=ES_j+D_j$	$EF_j=EF_i+FTF$ $ES_j=EF_j-D_j$	按照不同搭接类型分别计算最早时间参数，从中取最大值

续表

紧前工作 i 与紧后工作 j 的搭接类型	STS	STF	FTS	FTF	组合型
计算工期 T_c	计算工期 T_c 取与终点节点相联系的各紧前工作最早完成时间的最大值				
最迟时间参数	$LS_i=LS_j-STS$ $LF_i=LS_i+D_i$	$LS_i=LF_j-STF$ $LF_i=LS_i+D_i$	$LF_i=LS_j-FTS$ $LS_i=LF_i-D_i$	$LF_i=LF_j-FTF$ $LS_i=LF_i-D_i$	按照不同搭接类型分别计算最迟时间参数，从中取最小值
时间间隔 $LAG_{i,j}$	$LAG_{i,j}=ES_j$ $-ES_i-STS$	$LAG_{i,j}=EF_j$ $-ES_i-STF$	$LAG_{i,j}=ES_j$ $-EF_i-FTS$	$LAG_{i,j}=EF_j$ $-EF_i-FTF$	按照相邻工作之间的不同搭接类型分别计算，从中取最小值
工作总时差 TF_i	终点节点总时差取 $TF_n=T_p-EF_n$，如果未规定要求工期可取计划工期等于计算工期即 $T_p=T_c$，则 $TF_n=T_c-EF_n=0$				
	除终点节点以外的 i 工作总时差等于其各紧后工作总时差与其同各紧后工作时间间隔之和的最小值即 $TF_i=\min\{TF_j+LAG_{i,j}\}$				
工作自由时差 FF_i	终点节点自由时差取 $FF_n=T_p-EF_n$，如果未规定要求工期可取计划工期等于计算工期即 $T_p=T_c$，则 $FF_n=T_c-EF_n=0$				
	除终点节点以外的工作的自由时差等于其同各紧后工作时间间隔的最小值即 $FF_i=\min\{LAG_{i,j}\}$				

需要注意的是，在计算最早时间参数时，如果没有另外规定，一般取起始节点的最早开始时间为零；凡与虚拟的起始节点相联系的工作最早开始时间都为零；如果计算所得 ES_j 值为负数，需将该工作与起始节点之间用虚箭线相连，时距关系取 STS=0，则 $ES_j=0$；如果 j 工作有多个紧前工作，则应分别计算最早时间参数并取最大值；如果某一与终点节点没有箭线联系的中间节点的最早完成时间等于或大于终点节点的最早完成时间，则应将该中间节点与终点节点以虚箭线相连，搭接关系取 FTF=0，然后重新计算终点节点的最早完成时间。

在计算最迟时间参数时，如果没有另外规定，一般取终点节点的最迟完成时间为计算工期，即等于其最早完成时间；凡与终点节点相连的工作最迟完成时间均与终点节点最迟完成时间相同；如果 j 工作有多个紧后工作，则应分别计算最迟时间参数并取最小值；如果某一与终点节点没有箭线联系的中间节点的最迟完成时间等于或大于终点节点的最迟完成时间，则应将该中间节点与终点节点以虚箭线相连，搭接关系取 FTF=0，然后重新计算该中间节点最迟完成时间。

显然，在单代号搭接网络图时间参数的计算中，最早时间参数是从左至右顺着箭线方向计算的，最迟时间参数和时差是从右至左逆箭线方向计算的。由于工作之间有搭接关系的存在，因此，需要根据时间参数计算的阶段性结果对网络图中的一些工作关系进行修正，如表 3-11 中所列，在某些情况下需在节点之间增加虚箭线以保证计算的合理性。

2. 单代号搭接网络计划时间参数的标注

单代号搭接网络计划时间参数可以按照图 3-22 所示的形式进行标注。

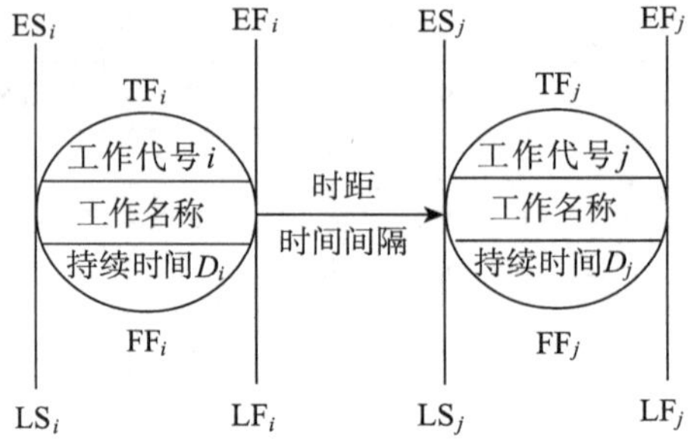

图 3-22　单代号搭接网络计划时间参数的标注

3. 关键工作和关键线路的确定

总时差为最小的工作应为关键工作；从起点节点到终点节点均为关键工作，且线路上所有工作的时间间隔均为零的线路应为关键线路。

【例 3-4-2】 计算图 3-21 所示单代号搭接网络图时间参数并确定计算工期、关键工作和关键线路。

解：(1)计算最早时间参数。最早时间参数应从左向右顺着箭线方向计算。

S_t 为起始节点，取最早开始时间 $ES_1=0$，则 $EF_1=ES_1+D_1=0+0=0$。

A 工作与起始节点相连，有 $ES_2=ES_1=0$，$EF_2=ES_2+D_2=0+6=6$。

B 工作与 A 工作之间的时距 STS=2，则 $ES_3=ES_2+STS=0+2=2$，$EF_3=ES_3+D_3=2+8=10$。

C 工作与 A 工作之间的时距 FTF=3，则 $EF_4=EF_2+FTF=6+3=9$，$ES_4=EF_4-D_4=9-14=-5<0$。

将 C 工作与起始节点用虚箭线相连(图 3-23)，搭接关系取为 STS=0，所以有 $ES_4=0$，则 $EF_4=ES_4+D_4=0+14=14$。

D 工作与 A 工作之间的时距 FTF=2，则 $EF_5=EF_2+FTF=6+2=8$，$ES_5=EF_5-D_5=8-10=-2<0$。

将 D 工作与起始节点用虚箭线相连(图 3-23)，搭接关系为 STS=0，所以有 $ES_5=0$，则 $EF_5=ES_5+D_5=0+10=10$。

E 工作有 B、C 两个紧前工作，应分别计算后取最大值。

E 工作与 B 工作之间的时距 FTS=2，则 $ES_6=EF_3+FTS=10+2=12$。

E 工作与 C 工作之间的时距 STS=7，则 $ES_6=ES_4+STS=0+7=7$，即 $ES_6=\max\{12, 7\}=12$，$EF_6=ES_6+D_6=12+10=22$。

F 工作有 C、D 两个紧前工作，并且，F 工作与 C 工作之间有两个时距关系，应分别计算后取最大值。

F 工作与 C 工作之间按照时距 STS=3 计算，则 $ES_7=ES_4+STS=0+3=3$；按照时距 FTF=6 计算，则 $EF_7=EF_4+FTF=14+6=20$，$ES_7=EF_7-D_7=20-14=6$。

F 工作与 D 工作之间的时距 FTF＝13，则 $EF_7=EF_5+FTF=10+13=23$，$ES_7=EF_7-D_7=23-14=9$。

取 $ES_7=\max\{3, 6, 9\}=9$，$EF_7=ES_7+D_7=9+14=23$。

G 工作与 D 工作之间的时距 FTS＝0，则 $ES_8=EF_5+FTS=10+0=10$，$EF_8=ES_8+D_8=10+4=14$。

H 工作有 E、F 两个紧前工作，应分别计算后取最大值。

H 工作与 E 工作之间的时距 STS＝4，有 $ES_9=ES_6+STS=12+4=16$。

H 工作与 F 工作之间的时距 STS＝2，有 $ES_9=ES_7+STS=9+2=11$。则 $ES_9=\max\{16, 11\}=16$，$EF_9=ES_9+D_9=16+4=20$。

F_{in}为虚拟的终点节点，其最早开始时间应等于紧前工作的最早完成时间，本例中F_{in}有 H、G 两个紧前工作，则有最早开始时间 $ES_{10}=\max\{EF_8, EF_9\}=\max\{14, 20\}=20$，最早完成时间 $EF_{10}=ES_{10}+D_{10}=20+0=20$。然而，观察各中间节点可以发现，E、F 工作的最早完成时间分别为 22、23 均大于 20，显然，中间节点的最早完成时间大于终点节点的最早完成时间是不符合逻辑的。因此，应通过虚箭线分别将 E、F 工作与终点节点相连(图 3-23)，使 E、F 工作与终点节点建立联系，时距均为 FTF＝0，重新计算终点节点的最早开始时间和最早完成时间有 $ES_{10}=\max\{22, 23, 20, 14\}=23$，$EF_{10}=ES_{10}+D_{10}=23+0=23$。

将各工作最早时间参数的计算结果标注在网络图上，如图 3-23 所示。

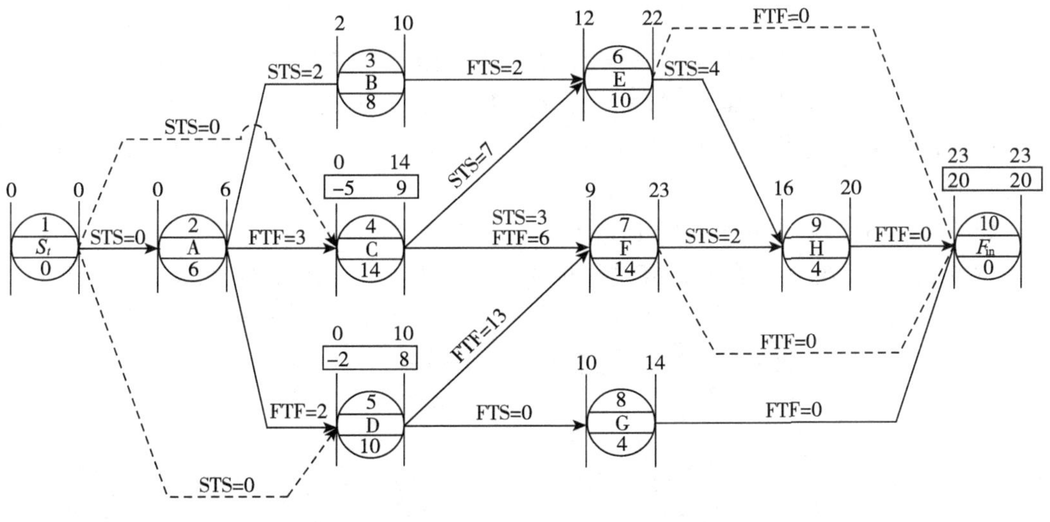

图 3-23　最早时间参数的计算

(2)确定计算工期。通过最早时间参数的计算可知计算工期为 $T_C=23$。

(3)计算最迟时间参数。最迟时间参数应从右至左逆着箭线方向计算。

F_{in}为虚拟的终点节点，取最迟完成时间等于最早完成时间，$LF_{10}=EF_{10}=23$，最迟开始时间 $LS_{10}=LF_{10}=23$。

E、F、G、H 工作均与终点节点 F_{in}相连，因此，它们的最迟完成时间均与 F_{in}的最迟完成时间相同，即 $LF_6=LF_7=LF_8=LF_9=LF_{10}=23$，所以，E、F、G 工作与 H

工作的最迟开始时间分别为 $LS_6=LF_6-D_6=23-10=13$，$LS_7=LF_7-D_7=23-14=9$，$LS_8=LF_8-D_8=23-4=19$，$LS_9=LF_9-D_9=23-4=19$。

D 工作的紧后工作为 F、G，因此，需分别计算取最小值。

D 工作与 F 工作的时距为 FTF=13，有 $LF_5=LF_7-FTF=23-13=10$。

D 工作与 G 工作的时距为 FTS=0，有 $LF_5=LS_8-FTS=19-0=19$。

D 工作的最迟完成时间为 $LF_5=\min\{10, 19\}=10$，最迟开始时间 $LS_5=LF_5-D_5=10-10=0$。

C 工作的紧后工作为 E、F，因此，需分别计算取最小值。

C 工作与 E 工作的时距为 STS=7，有 $LS_4=LS_6-STS=13-7=6$。

C 工作与 F 工作的时距为 STS=3，FTF=6，也需分别计算。

由 STS=3 有 $LS_4=LS_7-STS=9-3=6$。

由 FTF=6 有 $LF_4=LF_7-FTF=23-6=17$，则 $LS_4=LF_7-D_4=17-14=3$。

C 工作的最迟开始时间为 $LS_4=\min\{6, 6, 3\}=3$，最迟完成时间 $LF_4=LS_4+D_4=3+14=17$。

B 工作的紧后工作为 E，由 FTS=2 有 B 工作的最迟完成时间 $LF_3=LS_6-FTS=13-2=11$，最迟开始时间 $LS_3=LF_3-D_3=11-8=3$。

A 工作的紧后工作为 B、C、D，因此，需分别计算取最小值。

A 工作与 B 工作的时距为 STS=2，有 $LS_2=LS_3-STS=3-2=1$ 则 $LF_3=LS_3+D_3=1+6=7$。

A 工作与 C 工作的时距为 FTF=3，有 $LF_2=LF_4-FTF=17-3=14$。

A 工作与 D 工作的时距为 FTF=2，有 $LF_2=LF_5-FTF=10-2=8$。

A 工作的最迟完成时间为 $LF_2=\min\{7, 14, 8\}=7$，最迟开始时间 $LS_2=LF_2-D_3=7-6=1$。

起始节点 S_t 的最迟开始时间 $LS_1=0$，最迟完成时间 $LF_1=0$。

将各工作最迟时间参数的计算结果标注在网络图上，如图 3-24 所示。

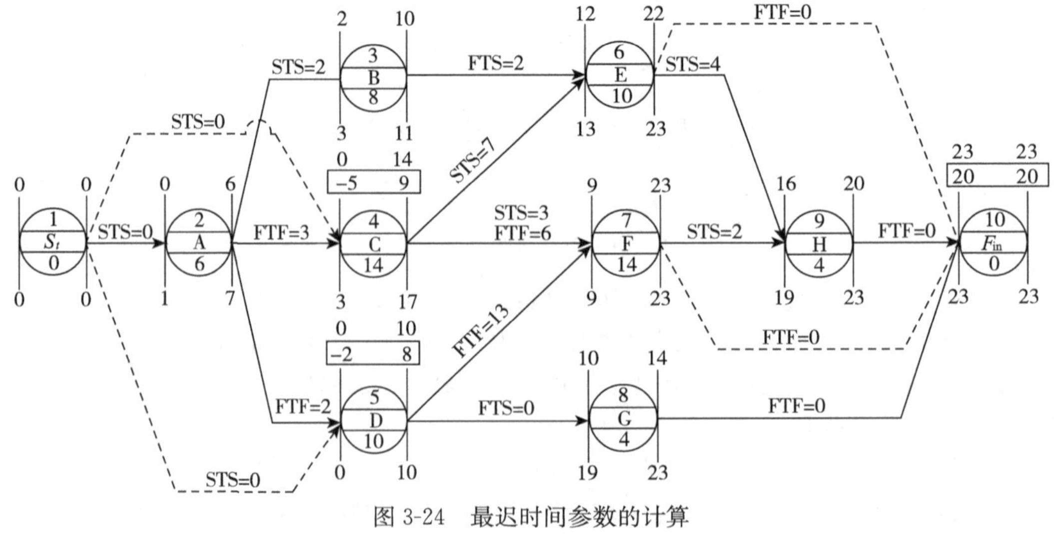

图 3-24　最迟时间参数的计算

(4)计算时间间隔。

$LAG_{1,2}=ES_2-ES_1-STS=0-0-0=0$

$LAG_{1,4}=ES_4-ES_1-STS=0-0-0=0$

$LAG_{1,5}=ES_5-ES_1-STS=0-0-0=0$

$LAG_{2,3}=ES_3-ES_2-STS=2-0-2=0$

$LAG_{2,4}=EF_4-EF_2-FTF=14-6-3=5$

$LAG_{2,5}=EF_5-EF_2-FTF=10-6-2=2$

$LAG_{3,6}=ES_6-EF_3-FTS=12-10-2=0$

$LAG_{4,6}=ES_6-ES_4-STS=12-0-7=5$

$LAG_{4,7}=\min\{ES_7-ES_4-STS, EF_7-EF_4-FTF\}=\min\{9-0-3, 23-14-6\}=3$

$LAG_{5,7}=EF_7-EF_5-FTF=23-10-13=0$

$LAG_{5,8}=ES_8-EF_5-FTS=10-10-0=0$

$LAG_{6,10}=EF_{10}-EF_6-FTF=23-22-0=1$

$LAG_{6,9}=ES_9-ES_6-STS=16-12-4=0$

$LAG_{7,9}=ES_9-ES_7-STS=16-9-2=5$

$LAG_{7,10}=EF_{10}-EF_7-FTF=23-23-0=0$

$LAG_{8,10}=EF_{10}-EF_8-FTF=23-14-0=9$

$LAG_{9,10}=EF_{10}-EF_9-FTF=23-20-0=3$

(5)计算总时差。

终点节点的总时差 $TF_{10}=0$

H 工作总时差 $TF_9=TF_{10}+LAG_{9,10}=0+3=3$

G 工作总时差 $TF_8=TF_{10}+LAG_{8,10}=0+9=9$

F 工作总时差 $TF_7=\min\{TF_{10}+LAG_{7,10}, TF_9+LAG_{7,9}\}=\min\{0+0, 3+5\}=0$

E 工作总时差 $TF_6=\min\{TF_{10}+LAG_{6,10}, TF_9+LAG_{6,9}\}=\min\{0+1, 3+0\}=1$

D 工作总时差 $TF_5=\min\{TF_8+LAG_{5,8}, TF_7+LAG_{5,7}\}=\min\{9+0, 0+0\}=0$

C 工作总时差 $TF_4=\min\{TF_7+LAG_{4,7}, TF_6+LAG_{4,6}\}=\min\{0+3, 1+5\}=3$

B 工作总时差 $TF_3=TF_6+LAG_{3,6}=1+0=1$

A 工作总时差 $TF_2=\min\{TF_3+LAG_{2,3}, TF_4+LAG_{2,4}, TF_5+LAG_{2,5}\}$

$=\min\{1+0, 3+5, 0+2\}=1$

起始节点的总时差 $TF_1=0$

(6)计算自由时差。

起始节点的自由时差 $FF_1=\min\{LAG_{1,2}, LAG_{1,4}, LAG_{1,5}\}=\min\{0, 0, 0\}=0$

A 工作自由时差 $FF_2=\min\{LAG_{2,3}, LAG_{2,4}, LAG_{2,5}\}=\min\{0, 5, 2\}=0$

B 工作自由时差 $FF_3=LAG_{3,4}=0$

C 工作自由时差 $FF_4=\min\{LAG_{4,6}, LAG_{4,7}\}=\min\{5, 3\}=3$

D 工作自由时差 $FF_5=\min\{LAG_{5,7}, LAG_{5,8}\}=\min\{0, 0\}=0$

E 工作自由时差 $FF_6=\min\{LAG_{6,10}, LAG_{6,9}\}=\min\{1, 0\}=0$

F 工作自由时差 $FF_7=\min\{LAG_{7,9}, LAG_{7,10}\}=\min\{5, 0\}=0$

G 工作自由时差 $FF_8 = LAG_{8,10} = 9$

H 工作自由时差 $FF_9 = LAG_{9,10} = 3$

终点节点 F_{in}的自由时差取 $FF_{10} = 0$

(7)确定关键工作和关键线路。

单代号搭接网络计划中总时差最小的工作就是关键工作；关键线路是从起始节点到终点节点均为关键工作，并且所有工作的时间间隔均为 0。据此可知，本例中关键线路为 S_t—D—F—F_{in}。

以上时间参数计算及关键线路如图 3-25 所示。

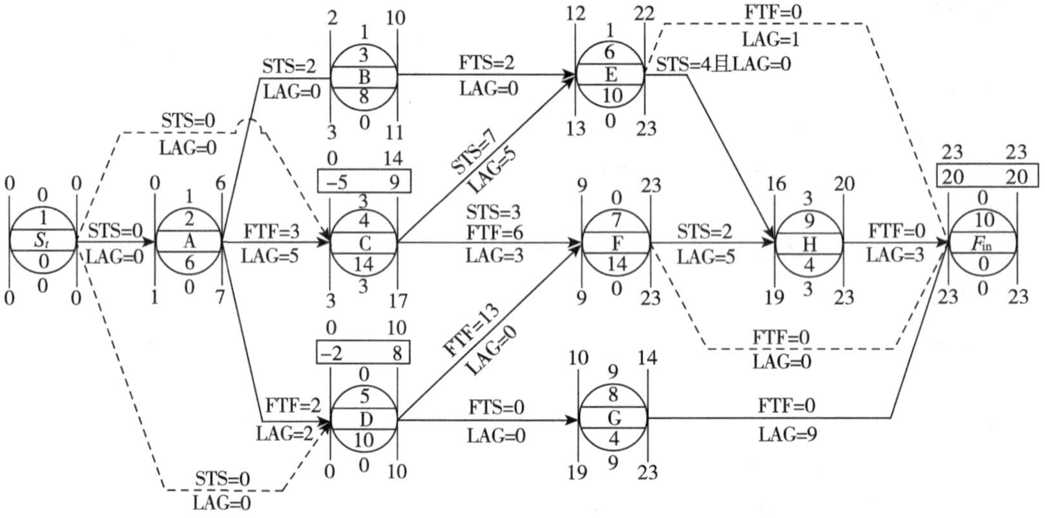

图 3-25 单代号搭接网络计划时间参数的计算

网络计划技术中的双代号网络计划具有直观、易懂、简便、实用等特点，因此，在我国的工程实践中，人们更多地习惯于推广使用双代号网络计划。需要注意的是，这种重视双代号网络计划忽视单代号网络计划的做法是片面的，因为在现实工作中，网络计划图中的各项工作之间的关系往往并不是简单的顺序关系，而更多地会出现工作间的搭接；网络计划也不会仅仅是简单的局部网络，更多的是规模较大的由多个局部网络所构成的整体网络，网络计划中工作间的关系比较复杂，这种情况下采用双代号网络计划必须借助虚工作，而恰当地使用单代号网络计划可以避免采用虚工作，起到简化网络计划图的作用，也可以使工作间的搭接关系表达得更加清晰，甚至进行网络计划优化时也会减少工作量。随着人们对单代号网络计划认识的进一步加深，单代号网络计划与单代号搭接网络计划在工程实践中的应用一定会越来越广泛。

复习与思考

1. 网络计划技术有何特点？它是怎样分类的？
2. 双代号网络计划的基本构成要素有哪些？
3. 什么是虚工作？虚工作有哪些特点？
4. 解释关键线路和非关键线路的含义。

5. 双代号网络计划的时间参数有哪些？这些参数的含义是什么？

6. 计算总时差和自由时差有什么意义？二者之间有何关系？

7. 什么是双代号时标网络计划？绘制双代号时标网络计划应遵循哪些要求？

8. 试比较双代号网络图与单代号网络图的异同。

9. 单代号搭接网络图中有几种搭接类型？这些搭接类型的含义是什么？

10. 已知各工作间的逻辑关系如表 3-12 所示，试分别绘制其双代号网络计划图和单代号网络计划图。

表 3-12　工作间逻辑关系

工作	A	B	C	D	E	F	G	H	I	J	K	L
紧前工作	—	A	A	C	B	B	F	E，G	F	D	C，H	I
紧后工作	B、C	E、F	D、K	J	H	G、I	H	K	L	—	—	—

11. 计算图 3-26 所示双代号网络计划的时间参数，确定其总工期，找出关键工作和关键线路。

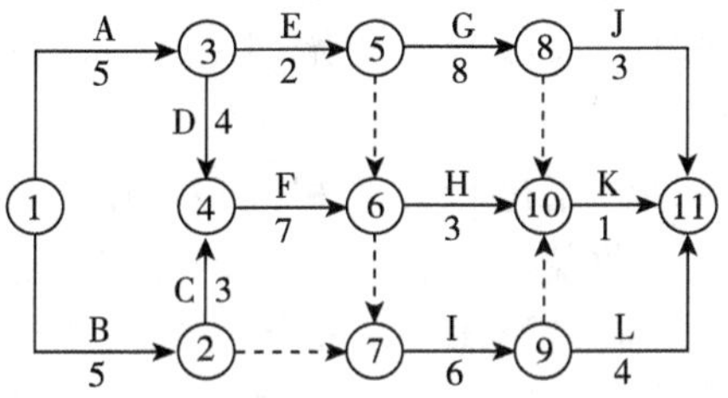

图 3-26　双代号网络计划

12. 计算图 3-27 所示单代号搭接网络图的时间参数，并确定关键线路。

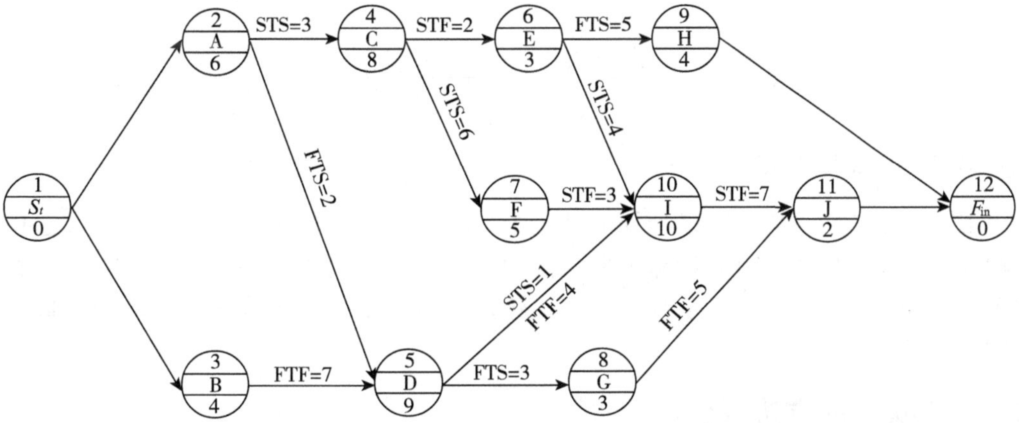

图 3-27　单代号搭接网络图

第四章

网络计划优化基础

根据工程实际需要，能够正确地绘制不同类型的网络计划图，通过计算时间参数找出关键线路和关键工作，确定计算工期，这仅仅是运用网络计划进行工程项目施工管理的第一步，此时的网络计划只能称做初始网络计划。还应进一步检查初始网络计划是否满足施工项目在目标工期、成本控制、资源供应等多种约束条件的要求，绝大多数情况下，需要对初始网络计划进行修改和调整，使之满足既定的约束条件，以求用最少的资源消耗获得最大的收益，这种网络计划才是满意方案。总之，通过时间参数的调整，按照工期、资源、成本等某一衡量指标的要求，不断地修改和调整初始网络计划，寻求最满意方案的过程就称为网络计划的优化。理论上它既包括单一目标的优化，也包括多目标的综合优化；然而，建立能够同时满足包括工期、资源、成本、质量等多个优化目标的数学模型还是网络计划技术理论研究中有待解决的问题。本章主要介绍工期优化、工期-成本优化和工期-资源优化。

第一节　工期优化

一、工期优化的概念

工期优化是指在初始网络计划的基础上，按照一定的约束条件要求，通过选择压缩的方法反复调整网络图的计算工期，使初始网络计划的工期不断缩短，直至达到要求工期的过程。工期优化属于单一目标优化，也是网络计划优化理论中的一种最基本的优化内容。

二、工期优化的方法与步骤

在工程实际中，经常遇到初始网络计划的计算工期超过要求工期的情况。此时，可以通过改变施工工艺、增加人工、材料和机械设备的投入等措施加快施工进度，工期优化方法可以帮助施工项目管理人员所采取的缩短工期的措施更有针对性、更有效率。目前，人们最常用的工期优化方法是选择压缩法，其主要优化步骤为：

(1)确定初始网络计划的关键线路、关键工作和计算工期。

(2)根据要求工期确定计算工期应压缩的工期数。

(3)确定各关键工作可以压缩的工作持续时间。压缩后的工作持续时间不能小于工作的最短持续时间，同时，应保证持续时间压缩后的工作仍为关键工作。

(4)选择适宜的关键工作对其工作持续时间进行压缩。所谓适宜的关键工作是指工作持续时间压缩后对质量影响不大、费用增加最少同时又有充足备用资源的关键工作。可以根据各项工作持续时间压缩后对质量影响程度、费用增加程度和资源充足程度进行综合考虑，并以优先系数的形式对此加以量化，优先系数小的工作可以优先压缩。

(5)按上述步骤进行工期压缩后，若计算工期还不能满足要求工期，可重复进行压缩直至达到要求工期。

如果反复压缩后依然不能满足要求工期，则须对原组织方案进行调整或审定要求工期的合理性。

【例 4-1-1】 如图 4-1 所示的网络计划，箭线下括号内数据为各工作的最短持续时间，括号外数据为各工作正常持续时间。箭线上括号内的数据为各工作的压缩优先系数，要求工期为 15 天。试对其进行工期优化。

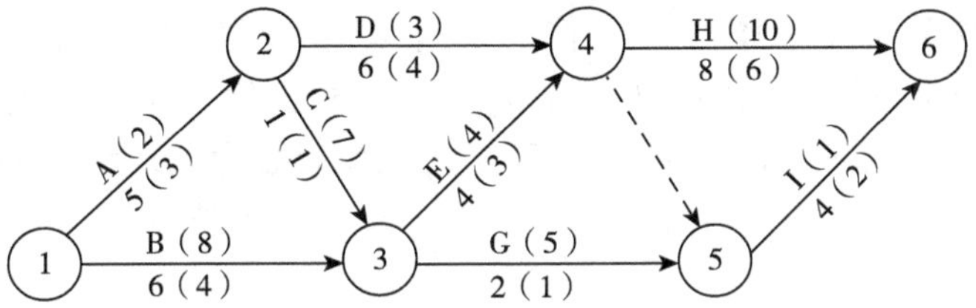

图 4-1　工期优化示例

解：(1)确定关键线路和计算工期。按各工作正常持续时间计算图示网络计划总工期，T_C=19 天，关键线路为 1—2—4—6，A、D、H 工作为关键工作。

(2)第一次优化。

比较各关键工作优先系数大小，A 工作优先系数为 2 最小，取 A 工作为工作持续时间压缩对象，可压缩时间为 $\Delta T=5-3=2$ 天，则 A 工作持续时间取 3 天，据此，重新计算总工期得 T_{C1}=18 天，关键线路变为 1—3—4—6，为保证 A 工作仍为关键工作，A 工作的工作持续时间只能压缩 1 天，即取 A 工作的持续时间为 4 天，关键线路成为两条：1—2—4—6 和 1—3—4—6，计算工期 T_{C1}=18 天，如图 4-2 所示。

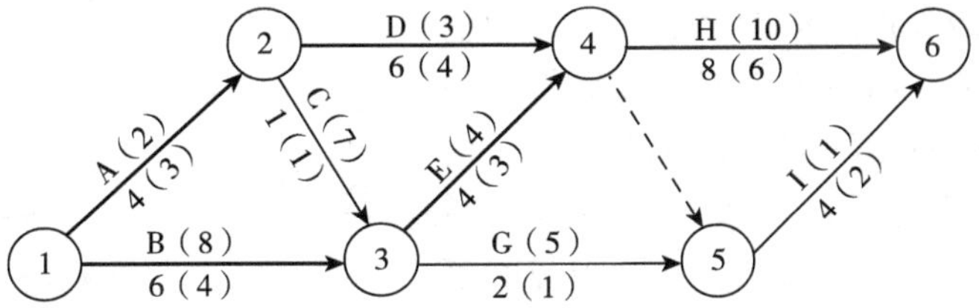

图 4-2　第一次优化结果

(3)第二次优化。

由于第一次优化后，关键线路成为两条，因此，第二次优化时，应保证两条线路的工期同时被压缩，这就需要考虑将被压缩工作进行合理组合，为了便于比较优先系数可以采用列表法，如表 4-1 所示。

表 4-1　优化方案比选

优化方案	压缩对象	压缩对象优先系数
a	H	10
b	D、E	7
c	A、B	10
d	A、E	6
e	B、D	11

由表 4-1 可知，优化方案 d 的优先系数最小，因此选择 d 方案，即 A、E 工作同时进行压缩，A 工作和 E 工作都只有 1 天可以压缩，即压缩天数为 $\Delta T=4-3=1$ 天，则计算工期为 $T_{C2}=17$ 天，关键线路未变。

(4)第三次优化。

经过前面的优化，A 工作与 E 工作已没有可继续压缩的空间。根据表 4-1 可知，只能在方案 a 与方案 e 两者之间进行选择，显然，根据优先系数的比较应选择方案 a，即以 H 工作作为进一步优化的对象。H 工作的压缩天数为 $\Delta T=8-6=2$ 天，关键线路未变，计算工期为 $T_{C3}=15$ 天，满足要求工期，至此优化结束。

第二节　工期-成本优化

一、工期-成本优化的内容

在工程建设中，人们希望在尽可能缩短工期的同时付出的成本最低，如何从多个施工方案中在要求工期内选取成本最低的方案，或者在成本最少的条件下确定方案的最优工期，都属工期-成本优化问题。

工程成本由工程直接费用和间接费用组成。由直接用于工程上的人工、材料、机械等所发生的费用就是直接费用；发生在施工组织管理方面的费用就是间接费用。当需要缩短工期时，单位时间内投入到工程上的人工、材料、机械等资源量就会增大，亦即引起直接费用的增加。而由于工期的缩短将在一定程度上减少间接费用的支出。反之，在一定范围内随着工期的拖延，直接费用将有所减少，而间接费用将有所增加。直接费用与间接费用相叠加就构成了工程总成本。图 4-3 所示的工期-成本关系曲线就表示了直接费用、间接费用与工程成本之间的这种关系，以及它们在一定范围内随工期的变化而变动的情况。

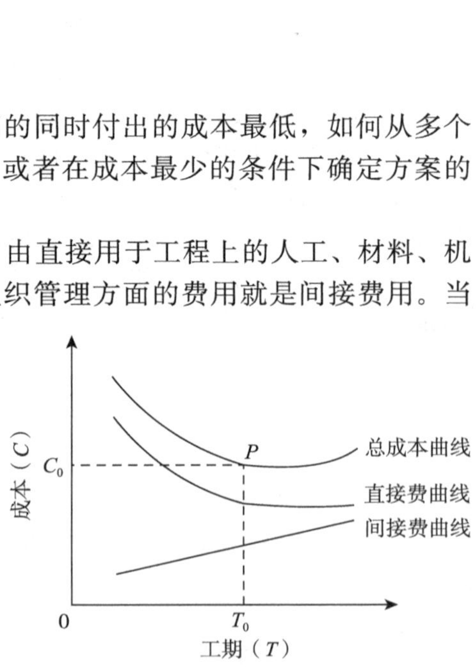

图 4-3　工期-成本关系曲线

从图 4-3 所示的曲线中可知，在总成本曲线上一定有一点 P 能够使工期与总成本达到最优，P 点所对应的工期-成本方案就是最优方案。

毫无疑问，任何一个工作的持续时间都不可能随着该工作直接费用支出的增加而无限度地缩短，总有一点使直接费用的支出达到一定程度时工作持续时间不能再缩短，此时所对应的时间称为该工作的最短持续时间，工作最短持续时间用 DC 表示，相应的直接费用为 CC；直接费用最低时的工作持续时间称为正常工作时间，正常工作时间用 DN 表示，相应的直接费用为 CN，工作持续时间与直接费用关系曲线如图 4-4 所示。

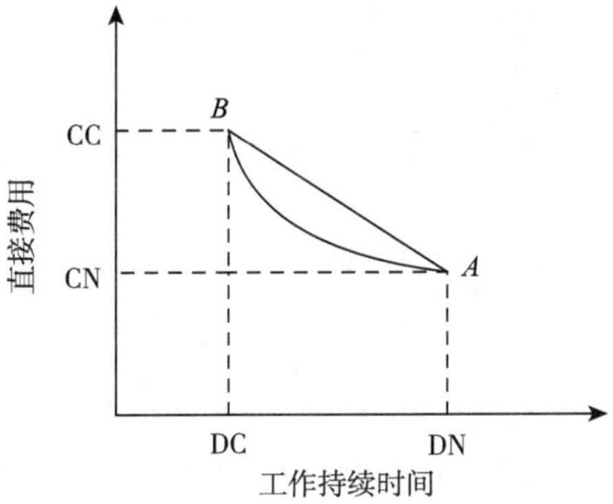

图 4-4　工作持续时间与直接费用关系曲线

某些工作的持续时间与直接费用的关系是非连续型的，如不同吊装设备的选择分别对应不同的施工费用，相应地有不同的工作持续时间。这样，只有几种可供选择的方案。

某些工作的持续时间与直接费用的关系是连续型的，即任何一个直接费用的变化都会找到相对应的工作持续时间的变化，如图 4-4 所示，二者的关系不一定是一元线性关系，但为了简化计算，一般将二者的关系简化为一元线性关系。则在双代号网络计划中 $i—j$ 工作单位时间内直接费用的增加值(或减少值)即直接费率可以表示为

$$\Delta C_{i-j}=\frac{\mathrm{CC}_{i-j}-\mathrm{CN}_{i-j}}{\mathrm{DN}_{i-j}-\mathrm{DC}_{i-j}}$$

式中，ΔC_{i-j} 为 $i—j$ 工作的直接费率；CC_{i-j} 为将 $i—j$ 工作持续时间缩短为最短持续时间后，完成该工作所需直接费用；CN_{i-j} 为在正常条件下完成 $i—j$ 工作所需的直接费用；DN_{i-j} 为 $i—j$ 工作的正常持续时间；DC_{i-j} 为 $i—j$ 工作的最短持续时间。

二、工期-成本优化的方法

工期-成本优化的基本思路就是找出能使计划工期缩短的关键线路，被压缩持续时间的关键工作应当满足因工期缩短而引起的间接费用减少额超过直接费用的增加额，由于压缩工期时总成本增加额等于直接费用增加额减去间接费用的减少额，因此，为保证工期缩短不引起总成本的增加，亦即使总成本增加额小于等于零，只有压缩那些直接费率小于间接费率的关键工作。如果同时有多条关键线路，需要多条关键线路同时缩短相同时间，才能保证总工期压缩同样时间。此时，必须找出能同时缩短各条关

键线路相同时间长度的各工作组合中直接费率之和最小的工作组合。

以下通过示例来说明寻求总成本最低的最优工期的方法和步骤。

【例 4-2-1】 某工程双代号网络计划如图 4-5 所示，箭线上方括号内外分别为各工作最短时间直接费用与正常工作时间直接费用，箭线下方括号内外分别为各工作最短工作时间和正常工作时间，间接费率为 $V=34$ 元/天，试确定该网络计划总成本最低的工期。

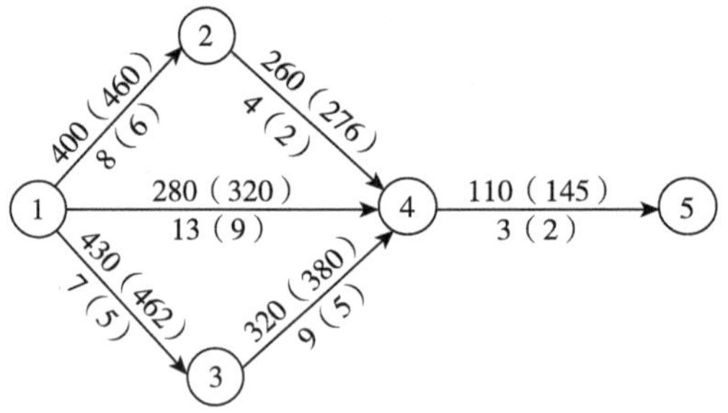

图 4-5　工期-成本优化示例

解：第一步，按照各工作正常持续时间计算出总工期，找出关键线路。经计算可知，本案例总工期为 $T=19$ 天，关键线路为 1—3—4—5。

第二步，根据公式 $\Delta C_{i-j}=\dfrac{CC_{i-j}-CN_{i-j}}{DN_{i-j}-DC_{i-j}}$ 计算出各工作直接费率，可用列表法计算，如表 4-2 所示。

表 4-2　直接费率计算表

工作名称	CC_{i-j}	CN_{i-j}	DN_{i-j}	DC_{i-j}	ΔC_{i-j}
1—2	460	400	8	6	30
1—3	462	430	7	5	16
1—4	320	280	13	9	10
2—4	276	260	4	2	8
3—4	380	320	9	5	15
4—5	145	110	3	2	35

第三步，优化(选择压缩对象、确定压缩时间)。

第一次优化，从关键线路 1—3—4—5 中选择压缩对象，显然，1—3、3—4、4—5 工作中直接费率小于间接费率 V 的有 1—3、3—4 工作，而二者中又以 3—4 工作的直接费率最小 $\Delta C_{3-4}=15<\Delta C_{1-3}=16$，因此，选择 3—4 工作作为压缩对象。

下面确定 3—4 工作的压缩时间 ΔT。为保证压缩后关键线路 1—3—4—5 仍为关键线路，因此有 $\Delta T=\min\{9-5, 7+9-13\}=3$ 天，则 3—4 工作的持续时间压缩为 6 天，重新计算工期有 $T=16$ 天，关键线路变为两条即 1—3—4—5 和 1—4—5。

第二次优化，两条关键线路只有同时被压缩才能满足要求，由于 4—5 工作的直接费率 $\Delta C_{4-5}=35>V$，因此，考虑 1—4 工作与 1—3 工作、3—4 工作的组合。

两种组合中 $\Delta C_{1-4}+\Delta C_{1-3}=10+16=26<V$，$\Delta C_{1-4}+\Delta C_{3-4}=10+15=25<26$，所以选择 1—4 工作与 3—4 工作的组合进行压缩，压缩时间为 $\Delta T=\min\{6-5,\ 13-9,\ 13-12\}=1$ 天。

即在本次优化中需将 1—4 工作与 3—4 工作分别同时压缩 1 天，此时网络计划图如图 4-6 所示，总工期为 $T=15$ 天，关键线路变成三条即 1—3—4—5、1—4—5 和 1—2—4—5。

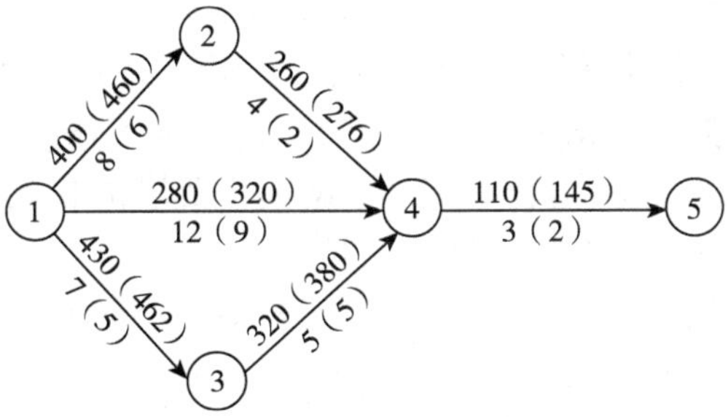

图 4-6　第二次优化结束

第三次优化，三条关键线路需同时压缩，因 3—4 工作已经没有可压缩时间，因此不再考虑压缩 3—4 工作，考虑将线路 1—3—4—5 中的 1—3 工作与线路 1—2—4—5 中的 1—2、2—4 工作以及线路 1—4—5 中的 1—4 工作分别进行组合，从表 4-3 中可知方案 b 的工作组合方式不会引起总成本的增加，因此选择该方案中的工作为压缩对象。

表 4-3　工作组合方案表

方案	工作组合	直接费率组合	与间接费率 V 的关系
a	1—2、1—4、1—3	30+10+16=56	大于
b	2—4、1—4、1—3	8+10+16=34	等于

确定压缩时间 $\Delta T=\min\{7-5,\ 12-9,\ 4-2\}=2$ 天，亦即将 2—4 工作、1—4 工作和 1—3 工作分别同时压缩 2 天，此时总工期为 $T=13$ 天。显然，如果继续压缩将使直接费用增加额超过间接费用的减少额，导致总成本增加，所以，满足总成本最低的最优工期为 $T=13$ 天。至此优化结束。

第三节　工期-资源优化

项目建设过程中，强调施工过程在空间上和时间上的连续性的同时，资源使用的均衡性也很重要，要尽可能避免资源使用强度的大起大落。工期-资源优化的主要目的就是研究在资源使用均衡性要求与工期要求互为约束条件的情况下，如何使双方尽可能达到最优，从而使二者能够得到兼顾。也就是说工期-资源优化主要解决两个方面的问题，一是如何在资源供应有限的条件下，使工期尽可能缩短；二是如何在工期不变的条件下，使资源的使用尽可能均衡。

一、资源有限，工期最短的优化

资源有限，工期最短的优化可按以下步骤进行：

(1)按照最早时间参数绘制时间坐标网络图，从左至右逐日计算资源每日需用量 R_t，并绘制资源动态曲线。

(2)比较资源每日需用量 R_t 与资源限量 R，若 $R_t \leqslant R$，则不必进行调整；若 $R_t > R$，则说明当日资源用量超出资源限量，必须对网络计划进行调整。

(3)对 $R_t > R$ 的时间段进行分析，在满足工作间逻辑关系的前提下，考虑将该时间段内平行进行的工作调整为按先后顺序进行，即将某项工作移至另一项工作之后进行，从而达到降低该时间段内资源高峰值，满足 $R_t \leqslant R$ 要求的目的。显然，工作关系由平行施工改为顺序施工，这必将导致工期的延长。

(4)在多个可能的调整方案中按照使工期延长值最小的方案进行计划调整。如图4-7所示，A 工作与 B 工作具有搭接关系，因在此关系下存在 $R_t > R$，故考虑将 B 工作移至 A 工作之后，则工期的延长值 ΔT_{ab} 可按下式计算：

$$\Delta T_{ab} = \mathrm{EF}_a + D_b - \mathrm{LF}_b = \mathrm{EF}_a - (\mathrm{LF}_b - D_b) = \mathrm{EF}_a - \mathrm{LS}_b$$

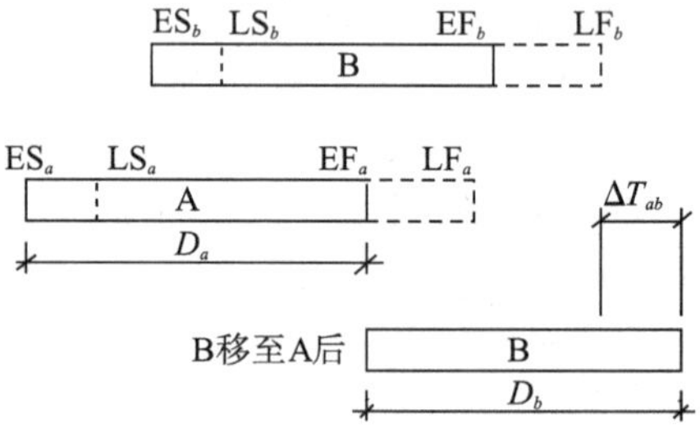

图 4-7 工期延长值的计算

将 $R_t > R$ 时间段内的工作两两进行排列，找出可能的各种调整方案，逐一计算其工期延长值，找出其中工期延长值最小的 ΔT_{ab}，按照其相应的方案进行工作关系调整，直到本时间段内满足 $R_t \leqslant R$ 为止。

(5)按照上述方法针对下一个 $R_t > R$ 的时间段进行调整，如此循环，直到所有时间段都满足 $R_t \leqslant R$ 为止。

(6)绘制优化后的网络计划图。

二、工期固定，资源均衡的优化

工期固定，资源均衡的优化可按以下步骤进行：

(1)计算时间参数，找出关键线路、关键工作和非关键工作。按照最早时间参数绘制时间坐标网络图，从左至右逐日计算资源每日需用量，并绘制资源动态曲线。

(2)由右至左，按照非关键工作最早开始时间由迟到早的顺序，对非关键工作进行调整，同一完成节点的工作先调整开始时间较迟的工作。调整优化可以采用方差值最小原理进行。

设在[0，T]的工期范围内，资源平均需要量为 R_m，某时的资源需要量为 R_t，则方

差 E 越小资源越均衡，方差 E 可以表示为

$$
\begin{aligned}
E &= \frac{1}{T}\sum_{t=1}^{T}(R_t - R_m)^2 \\
&= \frac{1}{T}[(R_1 - R_m)^2 + (R_2 - R_m)^2 + \cdots + (R_t - R_m)^2] \\
&= \frac{1}{T}(\sum_{t=1}^{T}R_t^2 + TR_m{}^2 - 2R_m\sum_{t=1}^{T}R_t)
\end{aligned}
$$

式中，$R_m = \dfrac{R_1 + R_2 + \cdots + R_T}{T} = \dfrac{1}{T}\sum_{t=1}^{T}R_t$。则有 $E = \dfrac{1}{T}(\sum_{t=1}^{T}R_t^2 + TR_m^2 - 2TR_m^2) = \dfrac{1}{T}\sum_{t=1}^{T}R_t^2 - R_m^2$。

显然，由于 T 和 R_m 是常数，若使方差 E 最小，只能想办法使 $\sum_{t=1}^{T}R_t^2$ 最小。由于总工期是固定的，所以只能在自由时差范围内调整某些非关键工作的开始时间，通过后移某些非关键工作的开始时间，使某些时间段内偏高或偏低的资源用量获得调整，从而使整个网络计划的资源使用趋向均衡。

例如，非关键工作 $i—j$ 在第 i 天开始，在第 j 天结束。为了满足资源均衡性的要求，考虑将该工作后移，当将其向右移一天时，那么第 i 天的资源用量 将减少 r_{i-j}，而第 $j+1$ 天的资源用量将增加 r_{i-j}，其余各天的资源用量不变。此时，方差变化值为

$$
\Delta E = \frac{1}{T}[(R_i - r_{i-j})^2 - R_i^2] - \frac{1}{T}[(R_{j+1} - r_{i-j})^2 - R_{j+1}^2] = \frac{2r_{i-j}}{T}(R_{j+1} - R_i + r_{i-j})
$$

为了通过某些非关键工作的后移使整个网络计划方差最小，就必须满足 $\Delta E \leqslant 0$，即满足 $R_i \geqslant R_{j+1} + r_{i-j}$。因此，只要有 $R_i \geqslant R_{j+1} + r_{i-j}$ 成立，就可以将 $i—j$ 工作继续后移一天，直至不再有 $R_i \geqslant R_{j+1} + r_{i-j}$ 成立，或将 $i—j$ 工作自由时差全部用完为止。

(3)如果 $\Delta E > 0$，只能说明在自由时差范围内 $i—j$ 工作不能再向后移一天，并不意味着 $i—j$ 工作不能后移 K 天，这需要进一步判断。是否可以后移 K 天的判别式为

$$
\Delta E_1 + \Delta E_2 + \cdots + \Delta E_k \leqslant 0, 即\sum_{m=0}^{k-1}R_{i+m} \geqslant \sum_{n=m+1}^{k}(R_{j+n} + r_{i-j})
$$

式中，$m=0$，1，2，…，$k-1$；$n=0$，1，2，…，k。

如果判别式成立，则 $i—j$ 工作可以一次向后移 K 天。如此反复进行判断、调整，直到将 $i—j$ 工作自由时差全部用完为止。

(4)按上述方法从右至左，将所有非关键工作都进行过一次判断、调整后，需要从右至左再次进行判断，分析是否可以作第二次调整，直到不能再次继续调整下去为止，以保证通过多次调整最终使方差达到最小。

【例 4-3-1】 某工程网络计划如图 4-8 所示，箭线上方数字为作业时间，箭线下方括号内数字为某种资源日消耗量。试对此网络计划进行工期固定-资源均衡的优化。

解：第一步，首先计算时间参数，找出关键线路、关键工作和非关键工作。计算结果如表 4-4 所示。

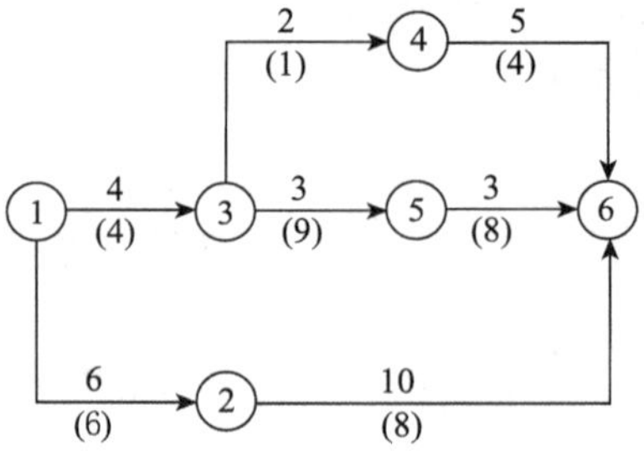

图 4-8 某工程网络计划

表 4-4 时间参数计算表

工作 (i—j)	作业时间 (D_{ij})	基本时间参数				时差		关键工作
		ES	EF	LS	LF	TF	FF	
1—2	6	0	6	0	6	0	0	√
1—3	4	0	4	5	9	5	0	
2—6	10	6	16	6	16	0	0	√
3—4	2	4	6	9	11	5	0	
3—5	3	4	7	10	13	6	0	
4—6	5	6	11	11	16	5	5	
5—6	3	7	10	13	16	6	6	

根据表 4-4 可知，关键线路为 1—2—6，关键工作为 1—2、2—6 工作，总工期为 16 天。

其次，按照工作最早开始时间绘制出时间坐标网络计划图以及相应的资源动态曲线。如图 4-9 所示。

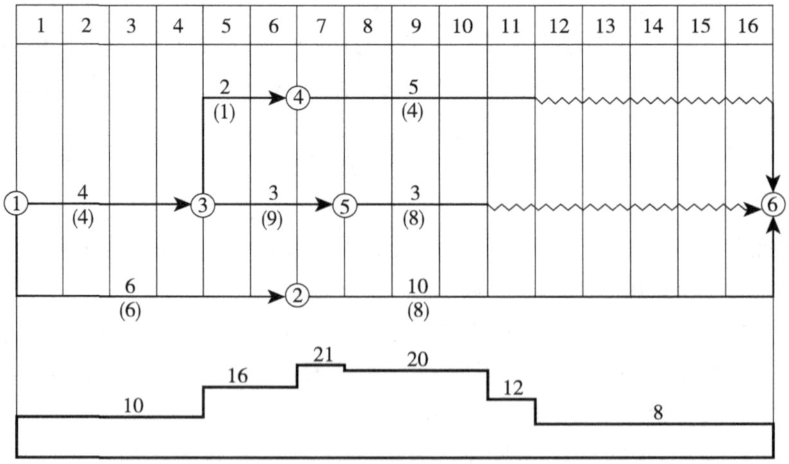

图 4-9 时间坐标网络图

第二步，由右至左，调整非关键工作。

以节点 6 为终止节点的工作有 5—6、4—6 工作，由于 $ES_{5-6}>ES_{4-6}$，所以先调整

5—6 工作，其时间参数为 $ES_{5-6}=7$，$EF_{5-6}=10$，$FF_{5-6}=6$。

下面逐日判断 5—6 工作是否满足 $R_i \geqslant R_{j+1}+r_{i-j}$。

$R_8=20$ 等于 $R_{11}+r_{5-6}=12+8=20$；故 5—6 工作可右移 1 天，从第 9 天开始。

$R_9=20$ 大于 $R_{12}+r_{5-6}=8+8=16$；故 5—6 工作可再右移 1 天，从第 10 天开始。

$R_{10}=20$ 大于 $R_{13}+r_{5-6}=8+8=16$；故 5—6 工作可再右移 1 天，从第 11 天开始。

$R_{11}=20$ 大于 $R_{14}+r_{5-6}=8+8=16$；故 5—6 工作可再右移 1 天，从第 12 天开始。

$R_{12}=16$ 等于 $R_{15}+r_{5-6}=8+8=16$；故 5—6 工作可再右移 1 天，从第 13 天开始。

$R_{13}=16$ 等于 $R_{16}+r_{5-6}=8+8=16$；故 5—6 工作可再右移 1 天，从第 14 天开始。

至此，5—6 工作的自由时差全部用完，5—6 工作没有再后移的可能，此时网络计划的时间坐标网络图及其资源动态曲线如图 4-10 所示。

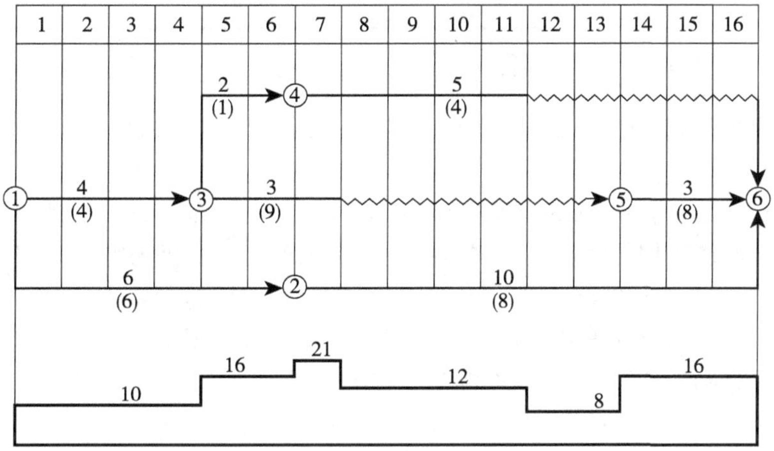

图 4-10　5—6 工作调整结束

下面以图 4-10 为基础对 4—6 工作进行调整，其时间参数为 $ES_{4-6}=6$，$EF_{4-6}=11$，$FF_{4-6}=5$，逐日判断 4—6 工作是否满足 $R_i \geqslant R_{j+1}+r_{i-j}$。

$R_7=21$ 大于 $R_{12}+r_{4-6}=8+4=12$，故 4—6 工作可以右移 1 天，从第 8 天开始。

$R_8=12$ 等于 $R_{13}+r_{4-6}=8+4=12$，故 4—6 工作可以再右移 1 天，从第 9 天开始。

$R_9=12$ 小于 $R_{14}+r_{4-6}=16+4=20$，故 4—6 工作不能再右移 1 天。

$R_9+R_{10}=24$ 小于$(R_{14}+r_{4-6})+(R_{15}+r_{4-6})=20+20=40$，故 4—6 工作不能再右移 2 天。

$R_9+R_{10}+R_{11}=36$ 小于$(R_{14}+r_{4-6})+(R_{15}+r_{4-6})+(R_{16}+r_{4-6})=20+20+20=60$，故 4—6 工作不能再右移 3 天。

至此，在 4—6 工作的自由时差范围内，4—6 工作的调整结束，此时网络计划的时间坐标网络图及其资源动态曲线如图 4-11 所示。

下面以图 4-11 为基础调整 3—5 工作，由于前面进行的调整工作使 3—5 工作的自由时差发生改变，应对其重新进行计算，$FF_{3-5}=ES_{5-6}-EF_{3-5}=13-7=6$，$ES_{3-5}=4$，$EF_{3-5}=7$。逐日判断 3—5 工作是否满足 $R_i \geqslant R_{j+1}+r_{i-j}$。

$R_5=16$ 小于 $R_8+r_{3-5}=8+9=17$，故 3—5 工作不能右移 1 天。

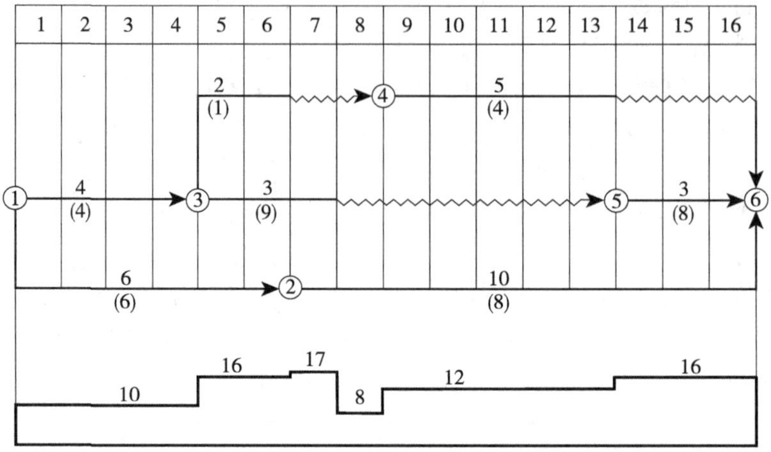

图 4-11　4—6 工作调整结束

$R_5+R_6=32$ 小于$(R_8+r_{3-5})+(R_9+r_{3-5})=17+21=38$，故 3—5 工作不能再右移 2 天。

同理可断，3—5 工作也不能再右移 3、4、5、6 天，即在自由时差范围内 5—6 工作不能后移，网络计划的时间坐标网络图及其资源动态曲线仍为图 4-11 所示。

下面以图 4-11 为基础调整 3—4 工作，由于前面进行的调整工作使 3—4 工作的自由时差发生改变，应对其重新进行计算，$FF_{3-4}=ES_{4-6}-EF_{3-4}=8-6=2$，$ES_{3-4}=4$，$EF_{3-4}=6$。逐日判断 3—4 工作是否满足 $R_i \geqslant R_{j+1}+r_{i-j}$。

$R_5=16$ 小于 $R_7+r_{3-4}=17+1=18$，故 3—4 工作不能右移 1 天。

$R_5+R_6=32$ 大于$(R_7+r_{3-4})+(R_8+r_{3-4})=18+9=27$，故 3—4 工作可以右移 2 天。

3—4 工作的自由时差刚好用完，此时网络计划的时间坐标网络图及其资源动态曲线如图 4-12 所示。

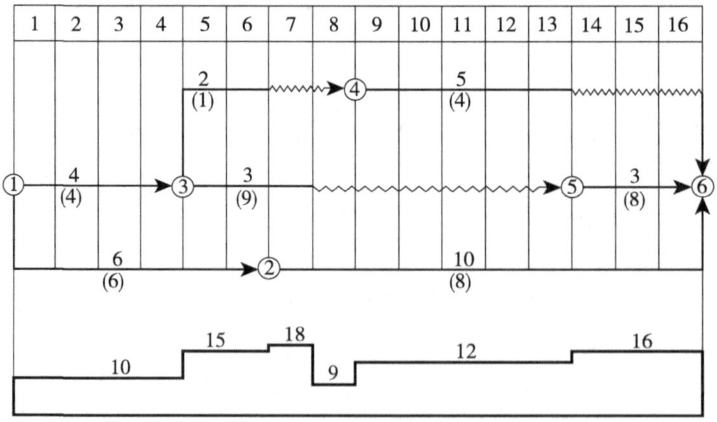

图 4-12　3—4 工作调整结束

各工作在自由时差范围内均已无法再进行调整，因此，图 4-12 所示的就是最优方案的时间坐标网络计划以及资源动态曲线。该工程工期固定条件下的资源均衡优化完成。

通过表 4-5 可知，网络计划经工期-资源优化后，方差值大大降低，提高了资源使用的均衡性。这里所给的仅仅是一个简单的示例，工程实际中所面对的要比这复杂得多，需要进行很多次的反复调整，才能获得最优方案，优化过程复杂，计算量巨大。因此，可利用相关软件在计算机上进行优化工作，既提高优化的可靠程度，也大大提高优化效率。

表 4-5　网络计划优化前后方差值的比较

方案	平均资源需要量 $R_m=\frac{1}{T}\sum_{t=1}^{T}R_t$	方差 $E=\frac{1}{T}\sum_{t=1}^{T}R_t^2-R_m^2$
初始方案	(4×10+2×16+21+3×20+12+5×8)/16=12.81	$(4\times10^2+2\times16^2+21^2+3\times20^2+12^2+5\times8^2)/16-12.81^2=24.47$
优化后方案		$(4\times10^2+2\times15^2+18^2+9^2+5\times12^2+3\times16^2)/16-12.81^2=7.34$

网络计划的优化过程是在一定的约束条件下，反复调整时差等参数，不断改进计划方案，使施工组织与管理方案趋于最优的过程。这一过程不是一次可以完成的，而是伴随不断变化的施工实际不断变动的一种动态调整过程，这一烦琐工作依靠手工操作是不可想象的，这也是长期以来网络计划的优化没有在工程实践中得到普及的重要原因，当计算机技术在施工组织与管理中得到更广泛的应用时，网络计划的优化才会具备实际操作的可能。网络计划技术在施工组织与管理中的应用层次也将提高到更高水平上来。

网络计划优化的目的是使施工项目整体趋向最优，而任何一项工程都是由许多分项工程所构成的，项目整体最优并不是各分项工程最优的简单叠加，应当以项目整体最优为指导，优化各分项工程，这就是说在项目优化过程中应当注意处理好整体与局部的关系，不能为局部利益而损害整体利益。

复习与思考

1. 什么是网络计划的优化？网络计划的优化主要包括哪几方面内容？
2. 简述利用选择法进行工期优化的基本步骤。
3. 工期-成本优化的基本思路是什么？
4. 绘制并解释工期-成本曲线。
5. 工期-资源优化主要解决哪两方面问题？
6. 某网络计划如图 4-13 所示，箭线上括号外数据为正常工作时间直接费，括号内数据为最短工作时间所需直接费，箭线下括号外数据为正常工作时间（时间单位：日），括号内数据为最短工作时间，已知间接费率为 $V=34$ 千元/日。试确定此网络计划总成本最低的工期。

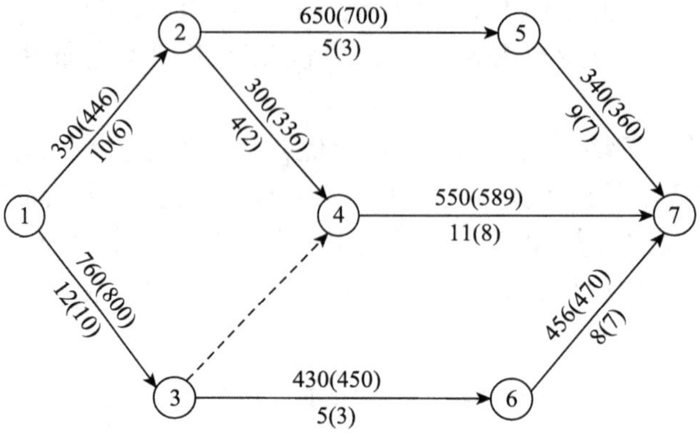

1
2
3
4
5
6
7
390(446)
10(6)
760(800)
12(10)
650(700)
5(3)
300(336)
4(2)
550(589)
11(8)
430(450)
5(3)
340(360)
9(7)
456(470)
8(7)

图 4-13 某网络计划

第五章

施工组织总设计

第一节　施工组织总设计概述

一、施工组织总设计概念及其作用

施工组织总设计(general construction organization plan)是以若干单位工程组成的群体工程或特大型项目为主要对象编制的施工组织设计，对整个项目的施工过程起统筹规划、重点控制的作用。用于对各单位工程或特大型项目的施工组织进行总体性指导、协调和阶段性目标控制与管理。它涉及范围较广，内容比较概括、粗略。施工组织总设计是编制单位工程施工组织设计的依据，同时也是编制年(季)度施工计划的依据。

施工组织总设计一般是在施工总承包单位的项目负责人主持下进行编制的，适用于特大型工程、群体工程或住宅小区。

施工组织总设计在建设工程中具有重要的统筹规划作用、协调控制作用和指导作用，其主要作用有以下几点：

(1)从全局出发，为整个项目的施工阶段做出全局性的战略部署和通盘规划；

(2)为做好全场性施工准备、组织人员和物质资源供应等提供依据；

(3)确定设计方案施工的可行性和经济合理性；

(4)为建设单位编制建设计划提供依据；

(5)为施工单位编制施工计划和单位工程施工组织设计提供依据；

(6)解决各施工单位相互搭接及公共部分等需要协调的问题；

(7)为组织全工地性施工提供科学方案和实施步骤。

二、施工组织总设计的编制依据

为了保证施工组织总设计的编制工作顺利进行并提高质量，使设计文件更能结合实际情况，更好地发挥施工组织总设计的作用，应根据下列编制依据进行施工组织总设计编制。

与工程建设有关的法律、法规和文件。关于工程建设报建程序有关规定，关于征收工作有关规定，关于工程项目实行建设监理有关规定，关于工程建设管理机构资质管理有关规定，关于工程造价管理有关规定，关于工程设计、施工和验收有关规定。具体包括：

(1)国家现行的有关标准和技术经济指标，包括国家现行的施工及验收规范、操作规程、定额、技术规定和技术经济指标。

(2)工程所在地区行政主管部门的批准文件，建设单位对施工的要求。国家批准的工程项目建设计划、可行性研究报告、工程项目一览表、分期分批施工项目和投资计划、主管部门的批件等。

(3)工程施工合同或招标投标文件。施工单位上级主管部门下达的施工任务计划、招投标文件及签订的工程承包合同、工程材料和设备的订货合同等。

(4)工程设计文件及有关资料。建设项目的初步设计与扩大设计或技术设计的有关图纸、设计说明书、建筑总平面图、建设地区区域平面图、建筑竖向设计、总概算或修正概算等。

(5)工程施工范围内的现场条件，工程地质及水文地质、气象等自然条件。其包括：建设地区的地形、地貌、工程地质及水文地质、气象等自然条件；交通运输、能源、预制构件、建筑材料、水电供应及机械设备等技术经济条件；建设地区的政治、经济、文化、生活、卫生等社会生活条件。

(6)与工程有关的资源供应情况。

(7)施工企业的生产能力、机具设备状况、技术水平等。

(8)类似施工项目经验资料。其包括类似施工项目成本控制资料、工期控制资料、质量控制资料、施工项目安全环保控制资料等。

三、施工组织总设计编制内容和程序

(一)施工组织总设计的编制内容

施工组织设计的任务和作用决定施工组织设计的内容。不同类型的施工组织设计的内容各不相同。但无论是群体工程还是单个的工程，其内容都应具有规模性及控制性。施工组织总设计的主要内容如下：①工程概况；②总体施工部署；③施工总进度计划；④总体施工准备与主要资源配置计划；⑤主要施工方法与措施；⑥施工总平面布置。

(二)施工组织总设计的编制程序

施工组织总设计编制程序如图 5-1 所示。

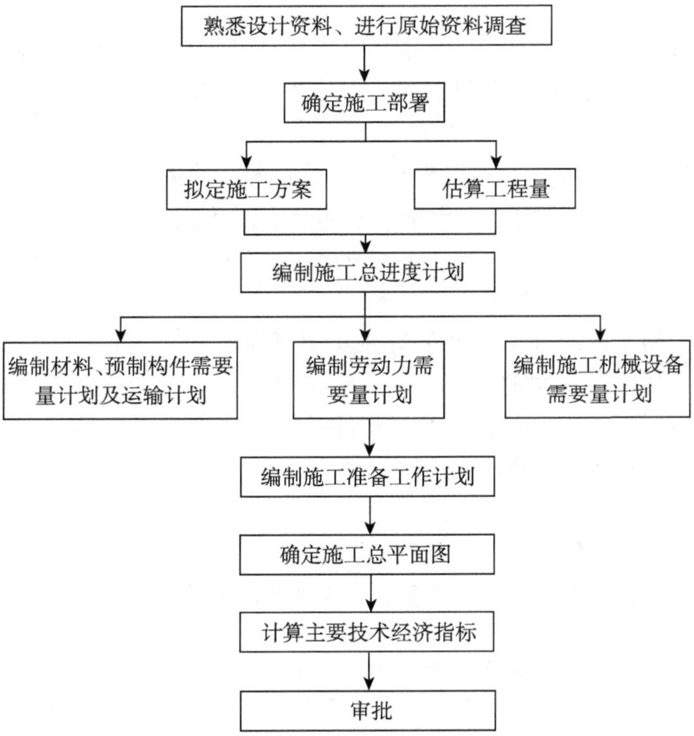

图 5-1　施工组织总设计编制程序

第二节　工程概况

施工组织总设计中的“工程概况”是一个总的说明部分，是对拟建建设项目或建筑群所做出的一个简单扼要、突出重点的文字介绍。一般描述建设项目的主要情况和项目主要施工条件。

一、建设项目主要情况

建设项目主要情况应包括下列内容：

(1)建设项目名称、性质、地理位置和建设规模；

(2)建设项目的建设、勘察、设计和监理等相关单位的情况；

(3)建设项目设计概况；

(4)建设项目承包范围及主要分包工程范围；

(5)建设项目施工合同或招标文件对项目施工的重点要求；

(6)建设项目其他应说明的情况。

二、建设项目主要施工条件

在考虑了建设项目主要情况的基础上，要结合实际情况考虑该项目的主要施工条件，具体内容如下：

(1)建设项目建设地点气象状况。简要介绍项目建设地点的气温，雨、雪、风和雷电等气象变化情况，冬、雨季的期限和冬季土的冻结深度等情况，以及地震级别及其危害程度。

(2)建设项目施工区域地形和工程水文地质状况。简要介绍建设项目施工区域地形地貌变化和绝对标高，地质构造、土的性质和类别、地基土的承载力，河流流量和水质、最高洪水和枯水期的水位，地下水位的高低变化、含水层的厚度、流向、流量和水质等情况。

(3)建设项目施工区域地上、地下管线及相邻的地上、地下建(构)筑物情况。

(4)与建设项目施工有关的道路、河流等状况。

(5)当地建筑材料、设备供应和交通运输等服务能力状况。

(6)当地供电、供水、供热和通信能力状况。

(7)其他与施工有关的主要因素。

在对上述情况进行综合分析的基础上，提出施工组织总设计中的施工部署、施工总进度计划和施工总平面图等需要注意和解决的重大问题。

第三节　总体施工部署

施工部署是对项目实施过程做出的统筹规划和全面安排，包括项目施工主要目标、施工顺序及空间组织、施工组织安排等。

总体施工部署是对整个建设项目从全局上做出的统筹规划和全面安排，它主要解决影响建设项目全局的重大战略问题。

总体施工部署的内容和侧重点根据建设项目的目的、性质、规模和客观条件的不同而有所区分。一般应包括：对建设项目的宏观部署、对建设项目施工总目标的要求，对建设项目的重点和难点进行简要分析，明确总承包单位的管理组织机构形式，对于项目中开发和使用的新技术、新工艺做出部署，对主要分包项目施工单位的资质和能力提出明确要求等。

一、宏观部署

(1)确定建设项目施工总目标。设立建设项目施工总目标包括设立工期、质量、安全生产、文明施工、消防和环境管理等目标。

(2)根据建设项目施工总目标的要求，确定项目分阶段(期)交付的计划。在保证建设项目施工总目标的前提下，实行分期分批建设。建设工期是施工的时间总目标，在满足工期要求的大前提下，科学地划分独立交工系统，对建设项目中相对独立的投产或交付使用子系统，实行分期分批建设并进行合理的搭接，既可使各具体项目迅速建成，尽早投入使用，又可在全局上实现施工的连续性和均衡性，减少暂设工程数量，降低工程成本，充分发挥国家项目建设投资的效果。

(3)统筹安排各类项目施工，保证重点，兼顾其他，确保建设项目按期投产。按照各建设项目的重要程度，应优先安排的工程项目有以下几点：①按生产工艺要求，须先期投入生产或起主导作用的建设项目。②工程量大、施工难度大、工期长的项目。③运输系统、动力系统。例如，厂区内外道路、铁路和变电站等。④生产上需先期使用的机修车间、办公楼及部分家属宿舍等。⑤供施工使用的建设项目。例如，采砂场、木材加工厂、各种构件加工厂、混凝土搅拌站等施工附属企业及其他为施工服务的临时设施。⑥应注意已完成工程的生产与使用和在建工程的施工互不妨碍，生产、施工两方便。

(4)施工的合理顺序及空间组织。一般建设项目均应按照先地下后地上，先主体后围护，先结构后装修，先土建后设备的原则进行安排。例如，地下管线和修筑道路的程序，应该先铺设管线，后在管线上修筑道路。

二、拟定主要项目的施工方案

施工方案是以分部(分项)工程或专项工程为主要对象编制的施工技术与组织方案，用以具体指导其施工过程。

施工组织总设计中要拟定一些主要的单项工程、单位工程及特殊的分项工程的施工方案。目的是为了组织和调集施工力量，合理准备资源，为施工的顺利开展和工程现场的合理布置提供依据。其主要内容包括确定施工工艺流程、选择大型施工机械和主要施工方法等。施工方案中重点解决下述问题。

1)重点单位工程的施工方案

要通过技术经济比较确定单位工程的施工方案，如深基础施工用哪种支护结构、地下水如何处理、挖土方式如何、混凝土结构工程用预制或现浇方法施工、采用什么类型的模板(如滑升模板、大模板、爬升模板)等。

2)主要工种工程的施工方案

确定主要工种工程(如土方、桩基础、混凝土、砌体、结构安装、预应力混凝土工程等)的施工案例，如何提高生产效率，提高工程质量、降低造价和保证施工安全。

3)施工机械的选择

在施工机械的选择上，应注意施工机械的可能性、实用性、经济合理性。应使主导机械的性能既能满足工程的需要，又能发挥其效能，在各个工程上能够实现综合流水作业，减少其拆、装、运的次数，以充分发挥主导施工机械的工作效率。

三、明确施工任务划分与组织安排

在明确施工项目管理体制、机构的条件下，划分各参与施工单位的工作任务，明确总包与分包的关系，建立施工现场统一的组织领导机构及职能部门，确定综合和专业化的施工队伍，明确各单位之间的分工协作关系，划分施工阶段，确定各单位分期分批的主攻项目和穿插项目。

四、编制施工准备工作计划

根据施工开展程序和主要工程项目方案，编制好施工项目全场性的施工准备工作计划。其主要内容包括以下几点：

(1)安排好场内外运输、施工用主要干道、水电气来源及其引入方案；

(2)安排场地平整方案和全场性排水、防洪；

(3)安排好生产和生活基地建设，包括商品混凝土搅拌站、预制构件厂、钢筋、木材加工厂、金属结构制作加工厂、机修厂等以及职工生活设施等；

(4)安排建筑材料、成品、半成品的货源和运输、储存方式；

(5)安排现场区域内的测量工作，设置永久性测量标志，为放线定位做好准备；

(6)编制新技术、新材料、新工艺、新结构的试验计划和职工技术培训计划；

(7)冬、雨季施工所需要的特殊准备工作。

五、项目管理组织机构

项目管理组织机构，是施工单位为完成施工项目建立的项目施工管理机构。项目管理组织机构见表 5-1。

表 5-1 项目管理组织机构

姓名	职务	学历	职称	年龄	备注

六、项目管理组织机构体系

项目管理组织机构体系如图 5-2 所示。

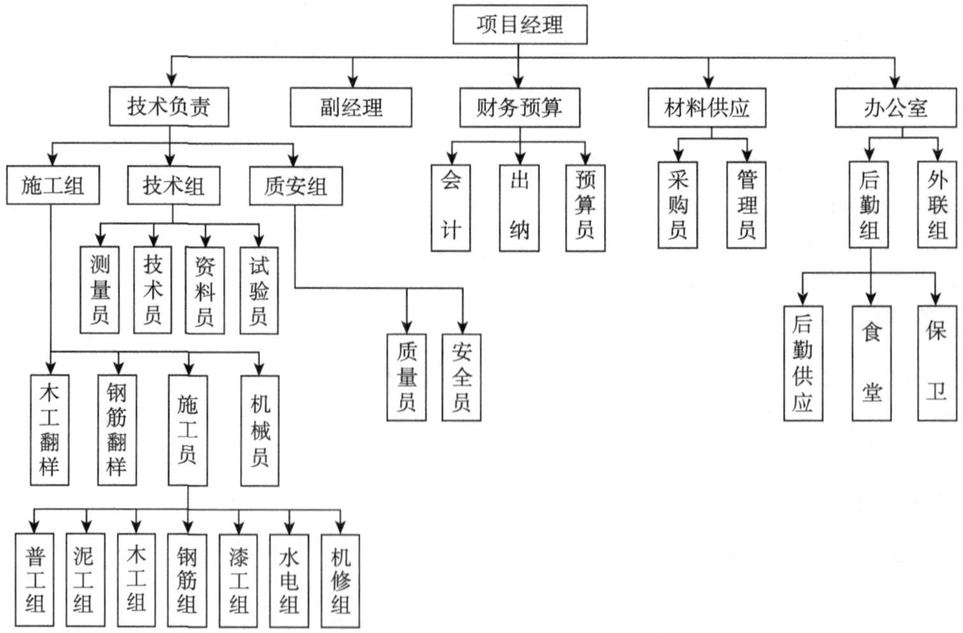

图 5-2 项目管理组织机构体系

七、项目管理组织机构职能

(1)项目经理接受公司的直接管理，对本工程的质量、进度、成本、安全文明施工、环境保护负全部责任，以经济手段为纽带，以行政监督手段为制约原则，确保项目各类人员在组织行动、上岗尽职、分工合作、保证质量进度目标等方面将组织管理措施落实到位。

(2)技术负责人对本工程的质量、安全负全面技术责任，负责督促贯彻执行国家及地方的规范、规程和全面质量管理，负责各分项施工方案的编制以及施工过程中的检查、检验、试验等工作，确保施工过程中的质量始终处于受控状态，并负责提供完备的技术资料。

(3)项目质量工程师负责对项目各分部分项工程的工艺进行检验、督促、跟班检查，发现问题，提出纠正措施，及时纠正处理。同时向技术负责人汇报工程的动态质量情况，对工程质量负管理责任，负责各分项分部工程的质量统计和建筑资料的收集、整理工作。

(4)项目安全工程师对本工程的安全管理、措施落实、文明施工负责，负责日常的安全检查，督促、整改，发现问题提出处理意见，并向项目经理随时汇报安全生产、文明施工的动态管理情况，并做好原始资料及安全文明施工资料的收集归档工作。

(5)施工负责人应根据本工程的总体质量策划，负责分项工程的工艺设计，详细具体地实施工程的施工管理及各工程间的协调，隐蔽工程的验收、记录签证及归档工作，确保每一道工艺达到目标要求。

(6)材料负责人应按合同要求，做好材料购进、检验、试验直至运至现场的一切工作，并做好一切相关证件的验收归档、发放工作。

(7)安装负责人对本工程的水、电安装进度，成本，安全文明，施工成品的保护负全部责任，组织好水、电安装人员，分工协作，保证水、电安装质量及进度目标。

第四节 施工总进度计划

施工进度计划是为实现项目设定的工期目标，对各项施工过程的施工顺序、起止时间和相互衔接关系所做的统筹策划和安排。

施工总进度计划是施工现场各项施工活动在时间上的体现。编制的基本依据是施工部署中的施工方案和工程项目的开展程序。其作用在于确定各个建筑物主要工种、准备工作和全工地性工程的施工期限及其开工和竣工的日期，从而确定建筑施工现场上劳动力、材料、成品、半成品、施工机械的需要数量和调配情况，以及现场临时设施的数量、水电供应数量和能源、交通的需要数量等。

施工总进度计划可用横道图表达，也可用网络图表达。当用横道图表达时，施工总进度计划中施工项目的排列可按施工部署确定的工程展开顺序排列，如表 5-2 所示。

表 5-2 施工总进度计划表

序号	单项工程名称	建安指标		设备安装指标/t	工程造价/万元			施工进度					
		单位	数量		合计	建筑工程	设备安装	第一年				第二年	第三年
								1	2	3	4		

网络图表达施工总进度计划的目的是控制总工期，因此，一般以整个建设项目为总目标，各个单位工程为子目标，每个子目标再划分为若干个施工阶段目标，这些目标反映在网络计划的各个节点上，用有时间坐标的网络图表达，则更加直观和明了。

一、列出工程项目一览表并计算工程量

1)计算目的

施工总进度计划主要通过控制各主要工程时期，以及各单位工程之间的搭接关系和时间来确定各主要施工工程、准备工程和全工地性工程的开工、竣工日期。按工程的开展顺序和单位工程计算主要实物工程量。此时计算工程量的目的是为了确定施工方案和主要施工工程所需要的运输机械，主要施工过程的流水施工，计算劳动力和技术物资的需要量等。因此，工程量只需概算即可。

2)计算依据

计算工程量，可按初步(或扩大初步)设计图纸并根据各种定额手册进行计算。常用的定额资料有以下几种：

(1)万元、10 万元投资工程量、劳动力及材料消耗扩大指标。

(2)概算指标或扩大结构定额。这两种定额都是预算定额的进一步扩大。

(3)标准设计或已建房屋、构筑物的资料。

将算出的工程量填入统一的工程量汇总表中，如表 5-3 所示。

表 5-3 工程量汇总表

工程分类	工程项目名称	结构类型	建筑面积	栋数	概算投资	主要实物工程量				
						土方工程	砖石工程	钢筋混凝土工程	装饰工程	…

二、确定各单位工程的施工期限

由于各施工单位的施工技术与施工管理水平、机械化程度、劳动力和材料供应情况等不同，建筑物的施工期限差别较大。因此，应根据各施工单位的具体条件，并考虑建筑物的建筑结构类型、体积大小和现场地形地质、施工条件环境等因素加以确定。此外，也可参考有关的工期定额来确定各单位工程的施工期限。

三、确定各单位工程的开、竣工时间和相互搭接关系

在确定了总的施工期限、施工程序和各系统的控制期限及搭接关系后，就可以对每一个单位工程的开工、竣工时间进行具体确定。通过对各主要建筑物的工期进行计算分析，具体安排各建筑物的搭接施工时间。尽量使主要工种的工人能连续、均衡地施工。通常应考虑以下各主要因素：

1)保证重点，兼顾一般

在安排进度时，要分清主次、抓住重点，同期进行的项目不宜过多，以免分散有限的人力物力。

2)要满足连续、均衡的施工要求

在安排施工进度时，应尽量使各工种施工人员、施工机械在全工地内连续施工，同时尽量使劳动力、施工机具和物质消耗量在全工地上达到均衡，避免出现突出的高峰和低谷，以利于劳动力的调度和原材料供应。为达到这种要求，可以在工程项目之间组织大流水施工。另外，为实现连续均衡施工，还要留出一些后备项目，如宿舍、附属或辅助车间、临时设施等，作为调节项目，穿插在主要项目的流水中。

3)要满足生产工艺要求

工业企业的生产工艺系统是串联各个建筑物的主动脉。要根据工艺所确定的分期分批建设方案，合理安排各个建筑物的施工顺序，使土建施工、设备安装和试生产在时间和数量的比例上均衡、合理，以缩短建设周期，尽快发挥投资效益。

4)认真考虑施工总平面图的空间关系

工业企业建设项目的建筑总平面设计，应在满足有关规范要求的前提下，使各建筑物的布置尽量紧凑，这可以节省占地面积，缩短场内各种道路、管线的长度；但同时建筑物密集，也会导致施工场地狭小，使场内运输、材料构件堆放、设备拼装和施工机械布置等产生困难。为减少这方面的困难，除采取一定的技术措施外，还可以对相邻建筑物的开工时间和施工顺序进行调整，以避免或减少相互干扰。

5)全面考虑各种条件限制

在确定各建筑物施工顺序时，还应考虑各种客观条件的限制，如施工企业的施工力量、各种原材料、机械设备的供应情况、设计单位提供图纸的时间、各年度建筑投资数量等，对各项建筑物的开工时间和先后顺序予以调整。同时，由于建筑施工受季节、环境影响较大，因此经常会对某些项目的施工时间提出具体要求，从而对施工的时间和顺序安排产生影响。

6)合理安排施工顺序

在施工顺序上，应本着先地下后地上、先深后浅、先地下管线后筑路的原则，使进行主要工程所必需的准备工作能够及时完成。

7)考虑气候条件

应考虑当地的气候条件，尽可能地减少冬季、雨季施工而产生的附加费用。

此外，编制施工总进度计划还要遵守防火、技术安全和生产卫生、环境保护等规定。

四、安排施工总进度计划

施工总进度计划可以用横道图表达，也可以用网络图表达。施工总进度计划只是起控制作用，不必绘制得过细。当用横道图表达总季度计划时，项目的排列可按施工总体方案所确定的工程展开程序排列。横道图上应表达出各施工项目的开工、竣工时间及其施工持续时间。网络图中关键工作、关键线路、逻辑关系、持续时间和时差等信息一目了然。

五、总进度计划的调整与修正

施工总进度计划表绘制完成后，将同一时期各项工程的工作量加在一起，用一定的比例绘制在施工总进度计划的底部，即可得出建设项目工作量动态曲线。若曲线上存在较大的高峰或低谷，则表明在该时间里各种资源的需求量变化较大，需要调整一些单位工程的施工速度或开工、竣工时间，以便消除高峰或低谷，使各个时期的工作量尽可能达到平衡。

在编制了各个单位工程的施工进度以后，有时需对施工总进度计划进行必要的调整；在实施过程中，也应随着施工的进度及时做出必要的调整；对于跨年度的建设项目，还应根据年度国家项目建设投资情况，对施工进度计划予以调整。

第五节　总体施工准备与主要资源配置计划

一、施工准备工作计划

总体施工准备应包括技术准备、现场准备和资金准备等。提出分工期施工的规模、期限和任务分工；提出“七通一平”完成时间；及时做好土地征用、居民拆迁和障碍物的清除工作；按照建筑物总平面图做好现场测量控制网；了解和掌握施工图出图计划、设计意图和拟采用的新结构、新材料、新工艺，并组织进行试制和试验工作；编制单位工程施工组织设计和研究有关施工技术措施；暂设工程的设置；组织材料、设备、构件、加工品、机具等的申请、订货、生产和加工工作。总体施工准备工作计划如表 5-4 所示。

表 5-4　总体施工准备工作计划

序号	准备工作名称	准备工作内容	主办单位	协办单位	完成日期	负责人

二、综合劳动力需要量计划

综合劳动力需要量计划是规划暂设工程和组织劳动力进场的依据。编制时首先根据工程量汇总表中分别列出的各个建筑物分工种的工程，查预算定额，便可得到各个建筑物几个主要工种的劳动量工日数，再根据总进度计划表中各单位工程分工种的持续时间，得到某单位工程在某段时间里平均劳动力数。按同样方法可计算出各个建筑物的各主要工种在各个时期的平均工人数。将总进度计划表纵坐标方向上各单位工程同工种人数叠加在一起并连成一条曲线，即为某工种的劳动力动态曲线图。其他几个工种也用同样的方法绘成曲线图，从而可根据劳动力曲线图列出主要工种劳动力需要量计划表。将各主要工种劳动力需要量曲线图在时间上叠加，就可得到综合劳动力曲线图和计划表，见表 5-5。

表 5-5　建设项目土建施工劳动力汇总表

序号	工程名称	工程建筑及全工地性工程							居住建筑		仓库加工厂等临时建筑	201×年(月)				201×年(月)			
		工业建筑			道路	铁路	上下水道	电气工程	永久性住宅	临时性住宅									
		主厂房	辅助	附属															

三、材料、构件和半成品需要量计划

根据工种工程量汇总表所列各建筑物的工程量，查“万元定额”或“概算指标”即可估算出各建筑物所需的建筑材料、构件和半成品的需要量。然后根据总进度计划表估计出某些建筑材料在某季度的需要量，编制出建筑材料、构件和半成品的需要量计划，见表 5-6。

表 5-6　主要材料、构件和半成品需要量计划

序号	工程名称	主要材料、构件和半成品需要量计划								
		水泥/t	砂/m^3	砖/块	…	混凝土/m^3	砂浆/m^3	…	木结构/m^3	…

四、施工机具需要量计划

施工机械的需要量是根据施工总进度计划、主要建筑物施工方案和工程量，并套用机械产量定额求得的。辅助机械可根据建筑安装工程每 10 万元扩大概算指标求得；运输机具的需要量根据运输量计算。施工机具需要量计划见表 5-7。

表 5-7　施工机具需要量计划

序号	机具名称	规格型号	数量	功率	需要量计划											
					××年				××年				××年			

第六节 主要施工方法与措施

一、主要施工方法

施工组织总设计应对项目涉及的单位(子单位)工程和主要分部(分项)工程所采用的施工方法进行简要说明。对脚手架工程、起重吊装工程、临时用水用电工程、季节性施工等专项工程所采用的施工方法应进行简要说明。

施工组织总设计中要拟定的一些主要工程项目的施工方法与单位工程施工组织设计相比，在内容和深度上是不同的。这些项目是整个建设项目中工程量大、施工难度大、工期长，对整个建设项目的完成起关键作用的建筑物或构筑物，以及全场范围内工程量大、影响全局的特殊分项工程。拟定主要工程项目施工方案的目的是为了进行技术和资源的准备工作，同时也为了施工的顺利进行和现场的合理布局。它的内容包括施工方案、施工工艺流程、施工机械设备等。

对施工方法的确定要考虑技术工艺的先进性和经济上的合理性。其主要是针对建设项目或建筑群中的工程量大，施工技术复杂、工期长，特殊结构工程或由专业施工单位施工的特殊专业工程的施工工艺流程与施工方案提出原则性的意见。例如，基础工程中的各种深基础施工工艺，结构工程中现浇的施工工艺，高大模板、大模板、滑模施工工艺等。具体的施工方法可在编制单位工程施工组织设计中确定。

机械化施工是实现建筑工业化的基础，因此施工机械的选择是施工方法选择的中心环节。应根据工程特点选择适宜的主导施工机械，使其性能既能满足工程的需要，又能发挥其效能，在各个工程上能够实现综合流水作业，减少其拆、装、运的次数，对于辅助配套机械，其性能应与主导施工机械相适应，以充分发挥主导施工机械的工作效率。

二、主要施工措施

1)施工质量保证措施

(1)组织保证措施。建立施工项目施工质量体系，明确分工职责和质量检查与监督制度，落实施工质量控制责任。

(2)技术保证措施。编制施工项目施工质量计划实施细则，完善施工质量控制点和控制标准，强化施工质量事前、事中和事后的全过程控制。

(3)经济保证措施。保证资金正常供应，奖励施工质量优秀的有功者，惩罚施工质量低劣的操作者，确保施工安全和施工资源正常供应。

(4)合同保证措施。全面履行工程承包合同，及时协调分包单位施工质量，严格控制施工质量，热情接受建设监理，尽量减少业主提出工程质量索赔的机会。

2)安全技术措施

它包括防火、防毒、防爆、防洪、防尘、防雷击、防坍塌、防物体打击、防溜车、防机械伤害、防高空坠落和防交通事故，以及防寒、防暑、防疫和防环境污染等措施，落实安全检查评价方法和奖励制度。

3)施工环保措施

它包括：现场泥浆、污水和排水；现场爆破危害防止；现场打桩震害防止；现场防尘和防噪声；现场地下旧有管线或文物保护；现场熔化沥青及其防护；现场及周边交通环境保护；以及现场卫生防疫和绿化工作。

4)建设项目施工总成本保证措施

(1)技术保证措施。精心优选材料、设备的质量和价格，合理确定其供货单位；优化施工部署和施工方案，合理开发技术措施费；按合理工期组织施工，尽量减少赶工费用。

(2)经济保证措施。经常对比计划费用与实际费用的差额，分析其产生原因，并采取改善措施，及时奖励降低成本的有功人员。

(3)组织保证措施。建立健全项目成本控制组织，完善其职责分工和有关控制制度，落实项目成本控制者的责任。

(4)合同保证措施。按项目承包合同条款支付工程款；全面履行合同，减少业主索赔条件和机会；正确处理施工中已发生的工程索赔事项，尽量减少或避免工程合同纠纷。

第七节　施工总平面布置

施工总平面布置是拟建项目施工场地的总布置图。它是按照施工方案和施工总进度计划的要求，将施工现场的交通道路、材料仓库、附属企业、临时房屋、临时水电管线等做出合理的规划布置，从而正确处理全工地施工期间所需各项设施与永久性建筑以及拟建项目之间的空间关系。

一、施工总平面布置的原则

(1)布置科学合理，施工场地占用面积少；

(2)合理组织运输，减少二次搬运；

(3)施工区域的划分和场地的临时占用应符合总体施工部署和施工流程的要求，减少相互干扰；

(4)充分利用既有建(构)筑物和既有设施为项目施工服务，降低临时设施的建造费用；

(5)临时设施应方便生产和生活，办公区、生活区和生产区宜分离设置；

(6)符合节能、环保、安全文明施工和消防等要求；

(7)遵守当地主管部门和建设单位关于施工现场安全文明施工的相关规定。

二、施工总平面布置图的绘制要求

(1)应根据项目总体施工部署，绘制现场不同施工阶段(期)的总平面布置。现场所有设施、用房应由总平面布置图表述，避免采用文字叙述的方式，一些特殊内容，如现场临时用电、临时用水布置等，当总平面布置图不能清晰表达时，也可单独绘制平面布置图。

(2)施工总平面布置图的绘制应符合国家相关标准的要求并附必要说明。平面布置图绘制应有比例关系，各种临设应标注外围尺寸，并应有文字说明。

三、施工总平面图的设计依据

(1)建设项目建筑总平面图、竖向布置图和地下设施布置图；

(2)建设项目施工部署和主要建筑物施工方案；

(3)建设项目施工总进度计划、施工总质量计划和施工总成本计划；

(4)建设项目施工总资源计划和施工设施计划；

(5)建设项目施工用地范围和水电源位置，以及项目安全施工和防火标准。

四、施工总平面图布置的内容

(1)项目施工用地范围内的地形状况；

(2)全部拟建的建(构)筑物和其他基础设施的位置；

(3)项目施工用地范围内的加工设施、运输设施、存贮设施、供电设施、供水供热设施、排水排污设施、临时施工道路和办公、生活用房等；

(4)施工现场必备的安全、消防、保卫和环境保护等设施；

(5)相邻的地上、地下既有建(构)筑物及相关环境。

五、施工总平面图设计步骤

1)把场外交通引入现场

在设计施工总平面图时，必须从确定大宗材料、预制品和生产工艺设备运入施工现场的运输方式开始。当大宗施工物资由铁路运来时，必须解决如何引入铁路专用线的问题；当大宗施工物资由公路运来时，必须解决好现场大型仓库、加工场与公路之间的相互关系；当大宗施工物资由水路运来时，必须解决如何利用原有码头和要是否增设新码头，以及大型仓库和加工场同码头的关系问题。

2)确定仓库和堆场位置

当采用铁路运输大宗施工物资时，中心仓库尽可能沿铁路专用线布置，并且在仓库前留有足够的装卸前线，否则要在铁路线附近设置转运仓库，而且该仓库要设置在工地同侧。当采用公路运输大宗施工物资时，中心仓库可布置在工地中心区或靠近使用地方，如不可能这样做时，也可将其布置在工地入口处。大多数材料的堆场或仓库可布置在相应的搅拌站、预制场或加工场附近。当采用水路运输大宗施工物资时，要在码头附近设置转运仓库。工业项目的重型工艺设备，尽可能运至车间附近的设备组装停放，普通工艺设备可放在车间外围或其他空地上。

3)确定搅拌站和加工场位置

当有混凝土专用运输设备时，可集中设置大型搅拌站，其位置可采用线性规划方法确定，否则就要分散设置小型搅拌站，它们的位置均应靠近使用地点或垂直运输设备。各种加工场的布置均应以方便生产、安全防火、环境保护和运输费用少为原则。通常加工场应集中布置在工地边缘处，并且将其与相应仓库或堆场布置在同一地区。

4)确定场内运输道路位置

根据施工项目及其与堆场、仓库或加工场相应位置，认真研究它们之间物资转运路径和转运量，区分场内运输道路主次关系，优化确定场内运输道路主次和相互位置；要尽可能利用原有或拟建的永久道路；合理安排施工道路与场地内地下管网间的施工顺序，保证场内运输道路时刻畅通；要科学确定场内运输道路宽度，合理选择运输道路的路面结构。场内临时施工道路宜采用环形布置，主要道路宜采用双车道，宽度不小于 6m，次要道路宜采用单车道，宽度不小于 3.5m。路面结构根据运输情况和运输工具的不同类型而定。一般场外与省、市公路相连的干线，宜建成混凝土路面；场区内的干线，宜采用碎石级配路面；场内支线一般为土路或砂石路。

5)确定生活性施工设施位置

全工地性的行政管理用房屋宜设在工地入口处，以便加强对外联系，当然也可以布置在比较中心的地带，这样便于加强工地管理。工人居住用房屋宜布置在工地外围或其边缘处。文化福利用房最好设置在工人集中的地方，或者工人必经之路附近的地方。生活性施工设施尽可能利用建设单位生活基地或其他永久性建筑物，其不足部分再按计划建造。

6)确定水电管网和动力设施位置

根据施工现场具体条件，首先要确定水源和电源类型和供应量，其次确定引入现场后的主干管(线)和支干管(线)供应量和平面布置形式。施工现场供水管网有环状、枝状和混合式三种形式。过冬的临时水管须埋在冰冻线以下或采取保温措施。根据建设项目规模的大小，还要设置消防站、消防通道和消火栓。消防栓应设置在易燃建筑物附近，并有通畅的出口和车道，其宽度不小于 6m，与拟建房屋的距离不得大于 25m，也不得小于 5m，消防栓间距不应大于 100m，到路边的距离不应大于 2m。临时配电线路布置与供水管网相似。工地电力网，一般 3～10kV 的高压线采用环状，沿主干道布置；380/220V 低压线采用枝状布置，通常采用架空布置，距路面或建筑物不小于 6m。

7)评价施工总平面图指标

为了从几个可行的施工总平面图方案中选择出一个最优方案，通常采用的评价指标有施工占地总面积、土地利用率、施工设施建造费用、施工道路总长度和施工管网总长度。并在分析计算的基础上，对每个可行方案进行综合评价。

上述布置应采用标准图例绘制在总平面图上，比例为 1∶1000 或 1∶2000。上述各设计步骤不是独立布置的，而是相互联系、相互制约的，需要综合考虑、反复修正才能确定下来。若同时有几种方案，应进行方案比较。

第八节　技术经济指标

施工组织总设计编制完成后，还需对其技术经济分析进行评价，以便改进方案或多方案优选。一般常用指标包括：

(1)施工工期。

施工工期是指建设项目从正式工程开工到全部投产使用为止的持续时间。

(2)全员劳动生产率。

$$\text{建筑安装企业全员劳动生产率(元/人·年)}=\frac{\text{全年完成的建筑安装工程量}}{\text{全部在册职工人员}-\text{非生产人员平均数}+\text{合同工、临时工人数}} \tag{5-1}$$

(3)劳动力不均衡系数。

劳动力不均衡系数为施工期高峰人数与施工期平均人数之比。

$$\text{劳动力不均衡系数}=\frac{\text{施工期高峰人数}}{\text{施工期平均人数}} \tag{5-2}$$

(4)非生产人员比例。

非生产人员比例即管理和服务人员数与全部职工人员数之比。

$$\text{非生产人员比例}=\frac{\text{管理和服务人员数}}{\text{全部职工人员数}} \tag{5-3}$$

(5)临时工程费用比。

$$\text{临时工程费用比}=\frac{\text{全部临时工程费用}}{\text{建筑安装工程总值}} \tag{5-4}$$

(6)综合机械化程度。

$$\text{综合机械化程度}=\frac{\text{机械化施工完成的工作量}}{\text{总工作量}}\times 100\% \tag{5-5}$$

(7)流水施工不均衡系数。

$$\text{流水施工不均衡系数}=\frac{\text{流水施工固定期时间}}{\text{总工期时间}} \tag{5-6}$$

$$\text{工人流动数量不均衡系数}=\frac{\text{参加流水施工的最高工人数}}{\text{参加流水施工的平均工人数}} \tag{5-7}$$

(8)施工场地利用系数。

$$\text{施工场地利用系数}\ K=\frac{\sum F_6+\sum F_7+\sum F_3+\sum F_4}{F} \tag{5-8}$$

式中，$F=F_1+F_2+\sum F_3+\sum F_4-\sum F_5$，$F_1$ 为永久性围墙内的施工用地面积，F_2 为永久性围墙外施工用地面积，F_3 为永久性围墙内、施工区域外的零星用地面积，F_4 为施工区域外地铁路、公路占地面，F_5 为施工区域内应扣除的非施工用地和建筑面积；F_6 为施工场地有效面积；F_7 为施工区域内利用永久性建筑物的占地面积。

(9)场内主要运输工程量。

$$\text{场地主要运输工作量}=\sum W_1\cdot D_1+\sum W_2\cdot D_2+\sum W_3\cdot D_3+\sum W_4\cdot D_4 \tag{5-9}$$

式中，W_1 为各种建筑材料的重量(t)；D_1 为各种建筑材料各自的平均运距(km)；W_2 为各项设备重量(t)；D_2 为各项设备的平均运距(km)；W_3 为各类预制构件的重量(t)；D_3 为各类预制构件各自的平均运距(km)；W_4 为组合件重量(t)；D_4 为组合件的平均运距(km)。

第九节　全场性暂设工程

为满足工程项目施工需要，在工程正式开工之前，要按照工程项目施工准备工作计划的要求，建造相应的暂设工程，为工程项目施工创造良好的环境。暂设工程的类型、规模因工程而异，主要有工地加工厂组织、工地仓库组织，工地运输组织、工地行政办公及福利设施组织、工地供水组织和工地供电组织。

一、工地加工厂组织

工地加工厂类型主要有钢筋混凝土预制构件加工厂、木材加工厂、粗木加工厂、细木加工厂、钢筋加工厂、金属结构构件加工厂和机械修理厂等。其结构形式应根据使用期限长短和建设地区的条件而定。一般使用期限较短者，宜采用简易结构，如一般油毡、铁皮或草屋面的竹木结构；使用期限较长者，宜采用瓦屋面的砖木结构、砖石结构或装拆式活动房屋等。

工地加工厂的建筑面积，主要取决于设备尺寸、工艺过程、设计和安全防火等要求，通常可参考有关经验指标等资料确定。

对于钢筋混凝土构件预制厂、锯木车间、模板加工车间、细木加工车间、钢筋加工车间(棚) 等，其建筑面积可按式(5-10)计算：

$$F=\frac{KQ}{TS\alpha} \tag{5-10}$$

式中，F 为所需建筑面积，m^2；K 为不均衡系数，取 1.3 ～1.5；Q 为加工总量；T 为加工总时间，月；S 为每平方米场地月平均加工量定额；α 为场地或建筑面积利用系数，取 0.6 ～0.7。

二、工地仓库组织

建筑工程施工中所用仓库，按其用途划分有：转运仓库，设在车站、码头等地，用来转运货物的仓库；中心仓库，是用于贮存整个建筑工地(或区域型建筑企业)所需的材料、贵重材料及需要整理配套的材料的仓库；现场仓库，是专为某项工程服务的仓库，一般均就近建在施工现场；加工厂仓库，专供某加工厂贮存原材料和已加工的半成品、构件的仓库。

建筑工程施工中所用仓库，按保管材料的方法不同，可分为以下几种：露天仓库，用于堆放不因自然条件而影响其性能、质量的材料，如砖、砂石、装配式混凝土构件等的堆场；库棚，用于堆放防止阳光雨雪直接侵蚀变质的物品、贵重建筑材料、五金器具以及细巧容易散失或损坏的材料。

在组织仓库业务时，应在保证施工需要的前提下，使材料的贮备量最少，贮备期最短，装卸及转运费用最省，同时选用经济而适用的仓库结构基建形式。尽可能利用原有的或永久性建筑物，以减少修建临时仓库的费用，并遵守防火安全条例的要求。

(1)确定工地物资储备量。

材料储备一方面要确保工程施工的顺利进行，另一方面还要避免材料的大量积压，以免仓库面积过大，增加投资，积压资金。通常储备量根据现场条件、供应条件和运输条件来确定。对经常或连续使用的材料，如砖、瓦、砂石、水泥和钢材等，可按储备期计算：

$$P = T_e \frac{Q_i R_i}{T} \tag{5-11}$$

式中，P 为材料储备量，t 或 m^3；T_e 为储备天数；Q_i 为材料、半成品的总需求量；T 为有关项目的施工工作日；R_i 为材料使用不均衡系数，见表 5-8。

表 5-8　计算仓库面积的有关系数

序号	材料及半成品	单位	储备天数 T_e	不均衡系数 R_i	每平方米储存定额 q	有效利用系数 k	仓库类别
1	水泥	t	30～60	1.3～1.5	1.5～1.9	0.65	封闭式
2	生石灰	t	30	1.1	1.7	0.70	棚
3	砂子(人堆)	m^3	15～30	1.4	1.5	0.70	露天
4	砂子(机堆)	m^3	15～30	1.4	2.5～3.0	0.80	露天
5	石子(人堆)	m^3	15～30	1.5	1.5	0.70	露天
6	石子(机堆)	m^3	15～30	1.5	2.5～3.0	0.80	露天
7	块石	m^3	15～30	1.5	10.0	0.70	露天
8	预制混凝土	m^3	30～60	1.3	0.26～0.30	0.60	露天
9	槽型板	m^3	30～60	1.3	0.8	0.60	露天
10	梁	m^3	30～60	1.3	1.2	0.60	露天
11	柱	m^3	30～60	1.4	2.5	0.60	露天
12	钢筋(直筋)	t	30～60	1.4	0.9	0.60	封闭或棚
13	钢筋(盘筋)	t	10～20	1.5	0.07～0.10	0.60	露天
14	钢筋成品	t	45	1.4	1.5	0.60	露天
15	型钢	t	30	1.4	0.2～0.3	0.60	露天
16	金属结构	t	30～60	1.4	0.3～15	0.60	露天
17	原木	m^3	30～45	1.4	0.7～0.8	0.50	露天
18	成材	m^3	15～20	1.2	0.3～0.4	0.50	露天
19	废木材	m^3	30	1.2	45.0	0.60	露天
20	门窗扇	m^3	30	1.2	20.0	0.60	露天
21	门窗框	m^3	30	1.2	0.6	0.60	露天
22	木屋架	m^3	10～15	1.4	4～6	0.70	露天
23	木模板	m^3	10～15	1.2	1.5	0.65	露天
24	模板整理	m^3	15～30	1.2	0.7～0.8	0.60	露天
25	砖	千块	30	1.2	1.0	0.70	露天

对于用量少、不经常使用或储备期较长的材料，如耐火砖、石棉瓦、水泥管、电缆等可按储备量计算(以年度需要量的百分比储备)。

(2)确定仓库面积。

$$F=\frac{P}{qK} \tag{5-12}$$

式中，F 为仓库总面积，m^2；P 为仓库材料储备量；q 为每平方米仓库面积能存放的材料、半成品和制品的数量；K 为仓库面积有效利用系数(考虑人行道和车道所占面积)，或者也可采用系数法计算仓库面积，即

$$F=\varphi \cdot m \tag{5-13}$$

式中，m 为计算基数；φ 为计算系数。不同类型仓库的面积系数请见表 5-9。

表 5-9 仓库面积系数表

序号	名称	计算基数	单位	系数 φ
1	仓库(综合)	按全员(工地)	m^2/人	0.7～0.8
2	水泥库	按当年水泥用量的40%～50%	m^2/t	0.7
3	其他仓库	按当年工作量	m^2/万元	2～3
4	五金杂品库	按年建安工作量计算 按在建建筑面积计算	m^2/万元 m^2/100 m^2	0.2～0.3 0.5～1
5	土建工具库	按高峰年(季)平均人数	m^2/人	0.1～0.2
6	水暖器具库	按年在建工程建筑面积	m^2/100 m^2	0.2～0.4
7	电器器材库	按年在建建筑面积	m^2/100 m^2	0.3～0.5
8	化工油漆危险品库	按年建安工作量	m^2/万元	0.1～0.15
9	三小大工具库 (脚手、跳板、模板)	按年建建筑面积 按年建安工作量	m^2/100 m^2 m^2/万元	1～2 0.5～1

三、建筑工地运输业务组织

建筑工地运输业务组织的内容包括：确定运输量，选择运输方式，计算运输工具数量。当货物由外地利用公路、水路或铁路运来时，一般由专业运输单位承运，施工单位往往只解决工程所在地区及工地范围内的运输。每班所需运输工具数量按式(5-14)计算：

$$N=\frac{QK_1}{qTCK_2} \tag{5-14}$$

式中，N 为所需运输工具台数；Q 为最大年(季)度运输量；K_1 为货物运输不均衡系数；q 为运输工具的台班产量；T 为全年(季)的工作天数；C 为日工作班数；K_2 为车辆供应系数。

四、行政管理、生活福利房屋的组织

在工程建设期间，必须为施工人员修建一定数量的临时房屋，以供行政管理和生活福利用，这类房屋应尽可能利用已有的拟拆除的房屋，并充分利用已建成的能为施工服务的永久性建筑，减少暂设工程费用。对必要的所需临时房屋的建筑面积，可根据工地的人数参照《建筑施工手册》等常用工具书所列的行政管理、生活福利临时建筑

面积参考指标计算。

五、建筑工地临时供电组织

施工现场临时供电组织包括：计算工地总用电量，选择电源，确定变压器功率，布置配电线路和决定导线截面面积。

1)工地总用电量计算

施工现场临时用电一般可分为动力用电和照明用电两类。在计算总用电量时，应考虑以下因素：①全工地动力用电功率。②全工地照明用电功率。③施工高峰用电量。总用电量按式(5-15)计算：

$$P = 1.05 \sim 1.10\left(K_1 \frac{\sum P_1}{\cos\phi} + K_2 \sum P_2 + K_3 \sum P_3 + K_4 \sum P_4\right) \tag{5-15}$$

式中，P 为供电设备总需要容量，kVA；P_1 为电动机额定功率，kW；P_2 为电焊机额定功率，kVA；P_3 为室内照明容量，kW；P_4 为室外照明容量，kW；$\cos\phi$ 为电动机的平均功率因数(在施工现场最高为 0.75～0.78，一般为 0.65～0.75)；K_1、K_2、K_3、K_4 为需要系数。

由于照明用电量远小于动力用电量，故当单班施工时，其用电总量可以不考虑照明用电。

2)选择电源

选择电源应根据工地实际情况考虑，以下为几种方案：

(1)完全由工地附近的电力系统供电。

(2)工地附近的电力系统能供给一部分，工地需增设临时电站补充不足部分。

(3)工地属于新开发地区，附近没有供电系统，电力则应由工地自备临时供电。

根据实际情况，确定供电方案。一般情况下是将工地附近的高压电网，引入工地的变压器进行调配，其变压器功率按式(5-16)计算：

$$P = K\left(\frac{\sum P_{\max}}{\cos\phi}\right) \tag{5-16}$$

式中，P 为变压器的功率，kVA；K 为功率损失系数，取 1.05；$\sum P_{\max}$ 为各施工区的最大计算负荷，kW；$\cos\phi$ 为功率因数。

根据计算结果，从产品目录中选取略大于该结果的变压器。

3)选择导线截面

要使配电导线能正常工作，导线截面大小必须满足：足够的机械强度、能承受负荷电流长时间通过所引起的温升、使得电压损失在允许范围之内。

一般分别按照机械强度、允许电压降和负荷电流大小三个条件计算的结果，取截面面积最大的作为现场使用的导线，通常导线的选取先根据计算负荷电流的大小来确定，然后再根据其机械强度和允许电压损失值进行复核。

六、工地临时供水计算

建筑工地临时供水主要包括生产用水、生活用水和消防用水三种。

生产用水包括工程施工用水、施工机械用水。生活用水包括施工现场生活用水和生活区生活用水。

(1)工程施工用水量计算。

工程施工用水量计算公式：

$$q_1 = K_1 \frac{\sum Q_1 \cdot N_1}{T_1 \cdot b} \cdot \frac{K_2}{8 \times 3\,600} \tag{5-17}$$

式中，q_1 为工程施工用水量，L/s；K_1 为未预见的施工用水系数，取 1.10；Q_1 为年(季)度工程量(以实物计量单位表示)；N_1 为施工用水定额；T_1 为年(季)度有效工作日，d；b 为每天工作班数(班)，取 1；K_2 为用水不均匀系数。

(2)施工机械用水量计算。

施工机械用水量计算公式：

$$q_2 = K_1 \sum Q_2 \cdot N_2 \cdot \frac{K_3}{8 \times 3\,600} \tag{5-18}$$

式中，q_2 为施工机械用水量，L/s；K_1 为未预见的施工用水系数，取 1.10；Q_2 为同一种机械台数，台；N_2 为施工机械台班用水定额；K_3 为施工机械用水不均匀系数。

(3)施工工地生活用水量计算。

施工工地生活用水量计算公式：

$$q_3 = \frac{P_1 \cdot N_3 \cdot K_4}{b \times 8 \times 3\,600} \tag{5-19}$$

式中，q_3 为施工工地生活用水量，L/s；P_1 为施工现场高峰期生活人数；N_3 为施工工地生活用水定额；K_4 为施工工地生活用水不均匀系数；b 为每天工作班数(班)。

(4)生活区生活用水量计算。

生活区生活用水量计算公式：

$$q_4 = \frac{P_2 \cdot N_4 \cdot K_5}{24 \times 3\,600} \tag{5-20}$$

式中，q_4 为生活区生活用水量，L/s；P_2 为生活区居住人数；N_4 为生活区昼夜全部生活用水定额；K_5 为施工工地生活用水不均匀系数。

(5)消防用水量计算。

消防用水量 q_5 应根据建筑工地大小及居住人数确定，可参考表 5-10 取值。

表 5-10　消防用水量 q_5

序号	用水名称	火灾同时发生次数	用水量/($L \cdot s^{-1}$)
1	居住区消防用水 5 000 人以内 10 000 人以内 25 000 人以内	 一次 二次 三次	 10 10～15 15～20
2	施工现场消防用水 施工现场在 25 公顷以内 每增加 25 公顷递增	 一次 	 10～15 5

(6)施工工地总用水量计算。

施工工地总用水量 Q 按照下面的组合取大值。

$$Q=\begin{cases} q_s+(q_1+q_2+q_3+q_4)/2, & q_1+q_2+q_3+q_4\leqslant q_s \\ q_1+q_2+q_3+q_4, & q_1+q_2+q_3+q_4>q_s \end{cases} \tag{5-21}$$

计算的总用水量还应增加 10%，以补偿不可避免的水管漏水损失。

(7)供水管径计算。

工地临时网路需用管径，可按式(5-22)计算：

$$D=\sqrt{\frac{4Q\times1\,000}{\pi\cdot v}} \tag{5-22}$$

式中，D 为配水管直径，m；Q 为施工工地总用水量，L/s；v 为管网中水流速度，m/s。

复习与思考

1. 施工组织总设计的作用和编制依据。
2. 施工组织总设计的内容和编制程序。
3. 施工总平面布置的内容和设计方法。
4. 施工总平面布置应遵循什么原则?
5. 施工组织总设计中的工程概况包括哪些内容?
6. 施工总进度计划的编制原则和内容。
7. 现场临时设施主要包括哪些?

第六章

单位工程施工组织设计

第一节　单位工程施工组织设计概述

单位工程施工组织设计是以单位(子单位)工程为主要对象编制的施工组织设计，对单位(子单位)工程的施工过程起指导和制约作用。单位工程施工组织设计是规划和指导单位工程从施工准备到竣工验收全过程施工活动的技术经济文件；是施工组织总设计的具体化，也是施工单位编制季度、月度施工计划、分部(分项)工程施工方案及劳动力、材料、机械设备等供应计划的主要依据。它编制的是否合理对参加投标而能否中标和取得良好的经济效益起着很大的作用。本节主要介绍单位工程施工组织设计的作用、编制依据、编制内容、编制程序等。

一、单位工程施工组织设计的作用

施工组织设计的作用主要表现在以下几个方面：

(1)贯彻施工组织总设计的精神，具体实施施工组织总设计对该单位工程的规划安排。

(2)选择并确定合理的施工方案，提出具体质量、安全、进度、成本保证措施，落实建设意图。

(3)编制施工进度计划，确定科学合理的各分部分项工程间的搭接配合关系，以实现工期目标。

(4)计算各种资源需要量，落实资源供应，做好施工作业准备工作。

(5)设计符合施工现场情况的平面布置图，使施工现场平面布置科学、紧凑、合理。

二、单位工程施工组织设计的编制依据

单位工程施工组织设计的编制依据主要有以下几个方面的内容：

(1)上级主管部门和建设单位对本工程的要求。这方面的内容主要包括：上级主管部门对本工程范围和内容的批文及招投标文件，建设单位提出的某些特殊施工技术的

要求、采用何种先进技术，施工合同中规定的开工、竣工日期，质量要求、工程造价，工程价款的支付、结算方式等。

(2)施工组织总设计。当单位工程属于某个建设项目时，要根据施工组织总设计的既定条件和要求来编制该单位工程的施工组织设计。

(3)经过会审的施工图。经过会审的全套施工图纸、会审记录及采用的标准图集等有关技术资料。对于较复杂的工业厂房，还要有设备、电器和管道等的图纸。

(4)建设单位对工程施工可能提供的条件。建设单位可能提供的条件包括：临时设施、施工用水、用电的供应量，水压、电压能否满足施工要求等。

(5)资源供应情况。施工中所需劳动力、各专业工人数，材料、构件、半成品的来源，运输条件、运距、价格及供应情况，施工机具的配备及生产能力等。

(6)施工现场的勘察资料。施工现场的地形、地貌，地上与地下障碍物，地形图和测量控制网，工程地质和水文地质，气象资料和交通运输等方面的资料。

(7)工程预算文件及有关定额。应有详细的分部、分项工程量，必要时应有分层、分段或分部位的工程量及预算定额和施工定额。

(8)工程施工协作单位的情况。工程施工协作单位的资质、技术力量、设备进场安装时间等。

(9)国家的有关规定和标准。采用国家现行的施工及验收规范、质量评定标准及安全操作规程等。

(10)其他有关参考资料及类似工程的施工组织设计实例。

三、单位工程施工组织设计的编制内容

由于单位工程的性质、规模大小、技术上的复杂程度、现场施工条件和建设单位的要求等各不相同，因此，施工组织设计的内容深度和广度也不可能完全相同，每个单位工程施工组织设计的内容和重点，也不能强求一致。但是，无论怎样编写，其内容必须简明扼要，具有规模性及控制性，并应达到一切从真正解决实际施工问题出发，在施工中确实起到指导现场施工的作用。按照《建筑施工组织设计规范》(GB/T50502—2009)的规定，单位工程施工组织设计编制的基本内容包括：工程概况；施工部署；施工进度计划；施工准备工作和各项资源需要量计划；主要施工方案；施工现场平面布置；主要技术组织措施；技术经济指标。

单位工程施工组织设计具体应包括以下内容：

1)工程概况

工程概况是编制单位工程施工组织设计的依据和基本条件。工程概况应包括工程主要情况、各专业设计简介和工程施工条件等。

工程概况可附简图说明。各种工程设计及自然条件的参数(如建筑面积、建筑场地面积、造价、结构类型、层数、地质条件、水、电等)可列表说明，一目了然，简明扼要。施工条件应着重说明资源供应、运输方案及现场特殊的条件和要求等。

2)施工部署

施工部署是编制单位工程施工组织设计的重点。施工部署中应着重于各施工方案

技术经济比较，力求采用新技术选择最优方案。确定施工方案主要包括施工程序、施工流程及施工顺序的确定，主要分部工程施工方法和施工机械的选择，技术组织措施的制定等内容。尤其是对新技术选择的要求更为详细。

3)施工进度计划

单位工程施工进度计划应按照施工部署的安排进行编制。施工进度计划主要包括确定施工项目，划分施工过程，计算工程量、劳动量和机械台班量，确定各施工项目的作业时间，组织各施工项目的搭接关系并绘制进度计划图表等内容。实践证明，应用流水作业理论和网络计划技术来编制施工进度能获得最佳效果。

4)施工准备与资源配置计划

该部分内容主要包括施工准备工作的技术准备、现场准备、物资准备及劳动力、材料、构件、半成品、施工机具需要量计划、运输量计划等内容。

5)主要施工方案

单位工程应按照《建筑工程施工质量验收统一标准》(GB50300—2001)中分部、分项工程的划分原则，对主要分部、分项工程制定施工方案。

6)施工现场平面布置

施工现场平面布置图应按照相关原则和要求并结合施工组织总设计，按不同施工阶段分别绘制。施工现场平面布置主要包括工程施工场地状况，拟建建(构)筑物的位置、轮廓尺寸、层数等，工程施工现场的加工设施、存储设施、办公和生活用房等的位置和面积，布置在工程施工现场的垂直运输设施、供电设施、供水供热设施、排水排污设施和临时施工道路等，施工现场必备的安全、消防、环境卫生和环境保护等措施，相邻的地上、地下既有建(构)筑物及相关环境。

7)主要技术组织措施

主要技术组织措施包括质量保证措施，保证施工安全措施，保证文明施工措施，保证施工进度措施，冬、雨季施工措施，降低成本措施，提高劳动生产率措施等内容。

8)技术经济指标

技术经济指标主要包括工期指标、质量和安全指标、降低成本指标和节约材料指标等内容。

以上八项内容中，以施工部署、施工进度计划、施工现场平面布置三项最为关键，它们分别规划了单位工程施工中的技术与组织、时间、空间三大要素，在单位工程施工组织设计中，应着力研究筹划，以期达到科学、合理、适用。对于一般常见的建筑结构类型且规模不大的单位工程，施工组织设计可以编制的简单一些，即主要内容有施工部署、施工进度计划和施工现场平面布置，并辅以简要的说明。

四、单位工程施工组织设计的编制程序

单位工程施工组织设计的编制程序是指单位工程施工组织设计各个组成部分的先后次序以及相互制约的关系。单位工程施工组织设计的编制程序和内容，如图 6-1 所示。

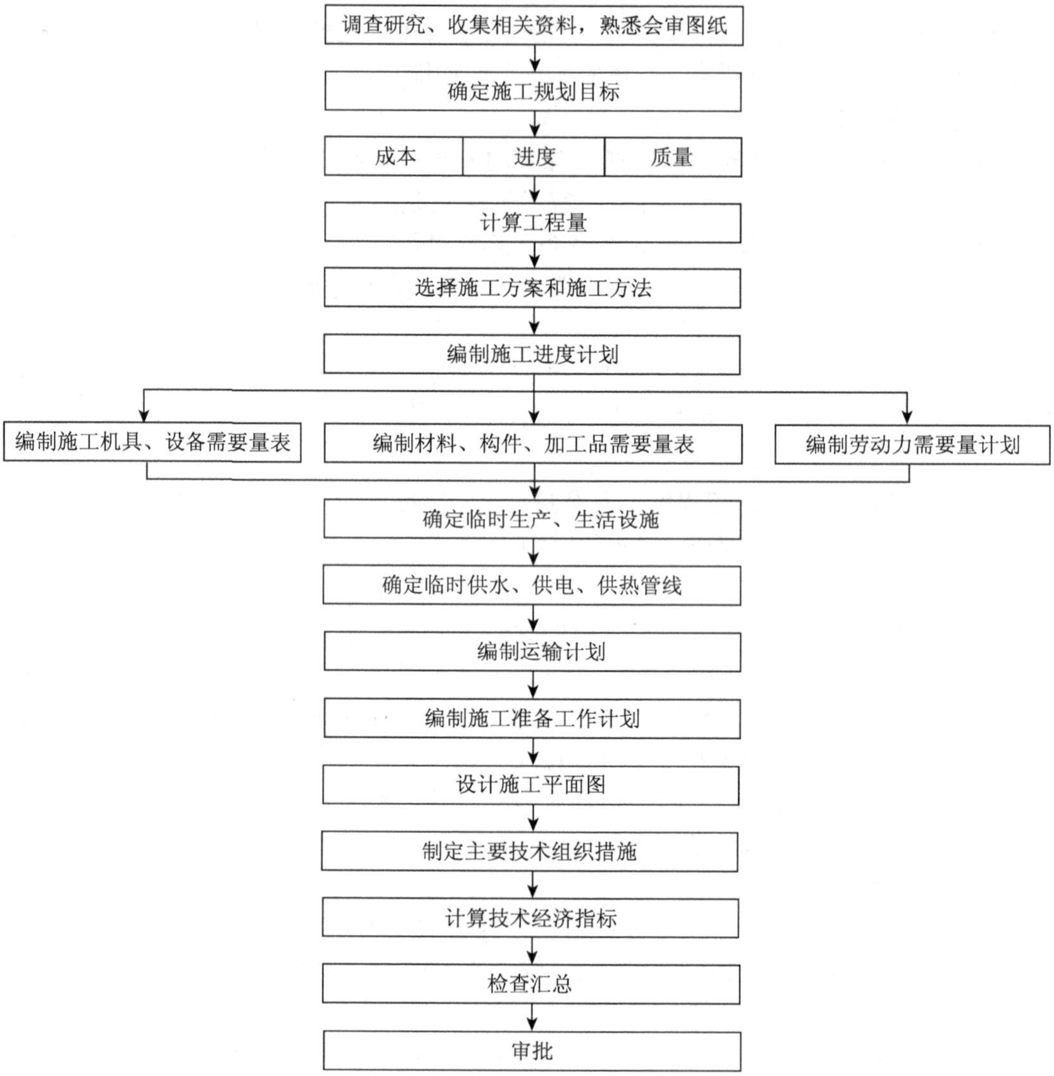

图 6-1　单位工程施工组织编制程序

第二节　工程概况

单位工程施工组织设计工程概况，是对拟建工程的特点、建设地区特点、施工环境条件等所做的简洁明了的文字描述。在描述时也可加入拟建工程的平面图、剖面图及表格进行补充说明。通过对建筑结构特点、建设地点特征、施工条件的描述，能找出施工中的关键问题，以便为施工部署、组织物资供应和配备技术力量提供依据。工程概况应包括工程主要情况、各专业设计简介和工程施工条件、工程施工特点等。

一、工程主要情况

工程主要情况应包括下列内容：

(1)工程名称、性质、用途、资金来源与造价、开竣工日期、质量标准；

(2)工程所在的地理位置；

(3)工程的建设、勘察、设计、监理和总承包等相关单位的情况；

(4)工程承包范围和分包工程范围；

(5)施工合同、招标文件或总承包单位对工程施工的重点要求；

(6)其他应说明的情况。

二、各专业设计简介

(1)建筑设计简介应依据建设单位提供的建筑设计文件进行描述，包括建筑面积、层数、层高、总高度、平面尺寸、建筑平面组合形式形状与特点，建筑工程、建筑耐火、防水及节能要求等，并应简单描述工程的主要装修做法。

(2)结构设计简介应依据建设单位提供的结构设计文件进行描述，包括结构形式、地基基础形式、结构安全等级、抗震设防类别、主要结构构件类型及要求等。

(3)机电及设备安装专业设计简介应依据建设单位提供的各相关专业设计文件进行描述，包括给水、排水及采暖系统、通风与空调系统、电气系统、智能化系统、电梯等各个专业系统的做法要求。

三、工程施工条件

工程施工条件应包括下列内容：

(1)项目施工区域地形及周边环境。在单位工程施工组织中，应简要介绍和分析施工现场的“三通一平”情况，拟建工程的位置、地形、地貌、拆迁、障碍物清除及地下水位等情况，项目施工区域地上、地下管线及相邻的地上、地下建(构)筑物情况以及施工场地周边的人文环境等，项目施工有关的道路、河流等状况。不了解或未分清这些情况，会影响施工组织与管理，影响施工方案的制订。

(2)项目建设地点气象状况。应对施工项目所在地的气象状况作全面的描述与分析，如当地最低、最高气温及时间，冬，雨季施工的起止时间和主导风向，风力等描述与分析，这些因素应调查清楚，纳入到施工组织设计的内容中，为制定施工方案与措施提供资料。

(3)工程水文地质状况。工程项目施工区域的土层分布情况、地质资料技术参数、地下水位情况、水质情况、水流方向与地下水源情况等。

(4)其他资源条件与分析。其包括工程所在地的建筑材料、劳动力、机械设备、半成品等供应及价格情况；交通及运输服务能力状况；市政设施配套情况；当地供电、供水、供热和通信能力状况；业主可提供的临时设施、协作条件等，这些资源条件直接影响项目的施工。

四、工程施工特点

工程施工特点的主要内容应突出工程施工的重点所在，以便抓住关键，使工程施工顺利地进行，提高施工单位的经济效益和管理水平。不同类型的建筑、不同条件下的工程施工，均有不同的施工特点。例如，高层建筑的施工特点主要有：地下结构施工难度大，涉及深基坑边坡稳定、基坑降水、基坑周边环境保护、地下室底板大体积混凝土施工、地下防水施工等；上部结构和施工机具设备的稳定性要求高，钢材加工量大，混凝土浇筑难度大，脚手架搭设高，安全问题突出；材料运输量大，要有高效率的垂直运输。

第三节　施工部署

施工部署是对项目实施过程做出的统筹规划和全面安排，包括项目施工主要目标、施工顺序及空间组织、施工组织安排等。

施工部署是单位工程施工组织设计的核心内容，是对单位工程施工组织作总体安排。施工部署是否合理，将直接影响工程的施工质量、施工速度、工程造价及企业的经济效益，故必须引起足够的重视。

施工部署内容包括确定项目施工目标、建立施工现场项目组织机构、确定施工顺序和施工流向、流水工作段的划分、明确重点与难点工程的施工要求、施工质量管理计划等。对于工程施工中开发和使用的新技术、新工艺应做出部署，对新材料和新设备的使用应提出技术和管理要求，对重点与难点工程的施工要求及管理方式进行说明。

一、工程施工主要目标

工程施工主要目标应根据施工合同、招标文件以及本单位对工程管理目标的要求确定，包括进度、质量、安全、环境和成本等目标。各项目标应满足施工组织总设计中确定的总体目标。

二、组织机构的建立

(1)确定项目管理组织结构。根据工程规模、复杂程度、专业特点以及企业的管理模式与要求，按照合理分工与协作、精干高效原则确定项目管理组织机构，并按因事设岗、因岗选人的原则配备项目管理班子。

(2)制定岗位职责。管理组织内部的岗位职务和职责必须明确，责权必须一致，并形成规章制度。

(3)选派管理人员。按照岗位职责需要，选派称职的管理人员，组成精炼高效的项目管理班子，并以表格列出，如表 6-1 所示。

表 6-1　管理人员明细表

序号	姓名	职务	职称	工作职责

(4)制定施工管理工作程序、制度和考核标准。为了提高施工管理工作效率，要按照管理客观性规律，制定出管理工作程序、制度和相应考核标准。

三、确定施工流向

施工流向是指一个单位工程(或施工过程)在平面上或空间上开始施工的部位及其进展方向。它主要解决一个建筑物(或构筑物)在空间上的合理施工顺序问题。

对于生产厂房(单层建筑物)可按其车间、工段等分区分段地确定出在平面上的施工流向；对于多层房屋，除确定每层的施工流向外，还需确定其层间或单元空间上的施工流向。

施工流向的确定，涉及一系列施工过程的开展和进展，是施工组织的重要环节。为此在确定施工流向时应考虑以下几个因素：

(1)生产工艺流程。这是确定施工流向的关键因素。一般对生产工艺上影响其他工段试车投产或生产使用上要求急的工段、部位先安排施工，如工业厂房内要求先试车生产的工段应先施工。

(2)建设单位对生产和使用的要求。根据建设单位的要求对生产和使用急需的工段先施工，这往往是确定施工流向的基本因素，也是施工单位全面履行合同条款应尽的义务。例如，高层宾馆、饭店等，可以在主体结构施工到一定层数后，即进行地面上若干层的设备安装与室内外装修。

(3)技术复杂、工期长的区段先行施工。单位工程各部分的繁简程度不同，一般对技术复杂、新结构、新工艺、新材料、新技术、工程量大、工期较长的工段或部位先施工。例如，高层框架结构先施工建筑主楼部分，后施工群房部分。

(4)工程现场条件和施工方法、施工机械。工程现场条件，如施工场地的大小、道路布置等，以及采用的施工方法和施工机械，是确定施工起点和流向的主要因素。例如，当选定了挖土机械和垂直运输机械后，这些机械的开行路线或布置位置就决定了基础挖土和结构吊装的施工起点流向。

(5)房屋的高低层或高低跨和基础的深浅。在高低跨并列的单层工业厂房结构安装中，柱的吊装从并列处开始；在高低跨并列的多层建筑中，层数高的区段常先施工；屋面防水层施工应按先高后低的方向施工，同一屋面则由檐口到屋脊方向施工；基础有深浅时，应按先深后浅的顺序施工。

(6)施工组织的分层分段。划分施工层、施工段的部位也是决定施工起点流向时应考虑的因素。在确定施工流向的分段部位时，应尽量利用建筑物的伸缩缝、沉降缝、抗震缝、平面有变化处和留槎接缝不影响结构整体性的部位，且应使各段工程量大致相等，以便组织有节奏流水施工，并应使施工段数与施工过程数相协调，避免窝工；还应考虑分段的大小应与劳动组织(或机械设备)及其生产能力相适应，保证足够的工作面，便于操作，提高生产效率。

(7)分部分项工程的特点及其相互关系。各分部分项工程的施工起点流向有其自身的特点。例如，一般基础工程由施工机械和方法决定其平面的施工起点流向；主体结构从平面上看，一般从哪一边先开始都可以，但竖向一般应自下而上施工：装饰工程竖向的施工起点流向比较复杂，室外装饰一般采用自上而下的流向，室内装饰则可采用自上而下、自下而上、自中而下再自上而中三种流向。密切相关的分部分项工程，如果前面施工过程的起点流向确定了，则后续施工过程也就随之确定了。例如，单层工业厂房的土方工程的起点流向决定了柱基础、某些构件预制、吊装施工过程的起点流向。

下面以多层建筑物室内装饰工程为例加以说明。

1)室内装饰工程采用自上而下的施工流向

这通常是指主体结构封顶、做好屋面防水层后，室内装饰从顶层开始逐层向下进行。其施工起点流向如图 6-2 所示，有水平向下和垂直向下两种情况，施工中一般较多采用图 6-2 中水平向下的方式。这种施工流向的优点是主体结构完成后，有一定的沉降时间，沉降变化趋于稳定，能保证装饰工程的质量；做好屋面防水层后，可防止雨水或施工用水渗漏，从而影响装饰工程质量；而且自上而下的流水施工，各工序之间交叉少，便于组织施工，也便于从上而下清理垃圾。其缺点是不能与主体施工搭接，工期相应较长。

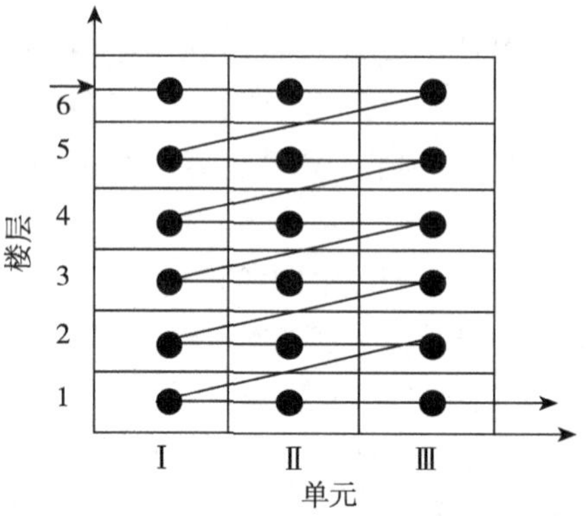

(a) 水平向下

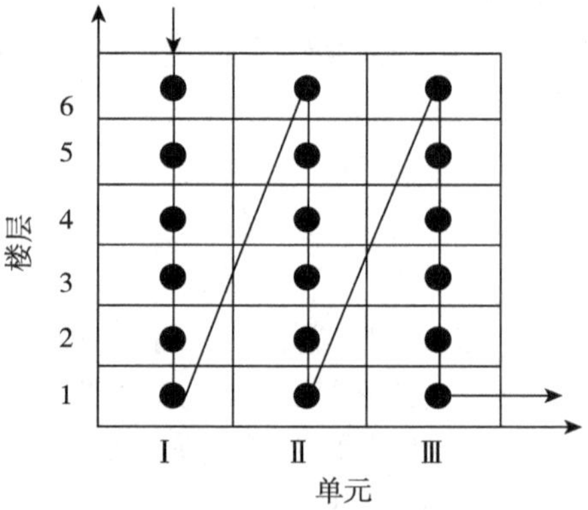

(b) 垂直向下

图 6-2　室内装饰工程自上而下的流向

2)室内装饰工程采用自下而上的施工流向

这通常是指当主体结构施工完第三或四层以上时，装饰工程从第一层开始，逐层向上进行，其施工流向如图 6-3 所示，有水平向上和垂直向上两种情况。这种施工流向的优点是可以与主体结构平行搭接施工，故工期较短，当工期紧迫时可考虑采用这种流向。其缺点是工序之间交叉多，材料机械供应密度增大，需要很好的组织施工以及加强管理，采取有效安全措施；当采用预制楼板时，为防止雨水或施工用水从上层板缝渗漏而影响装饰工程质量，应先做好上层地面再做下层顶棚抹灰。

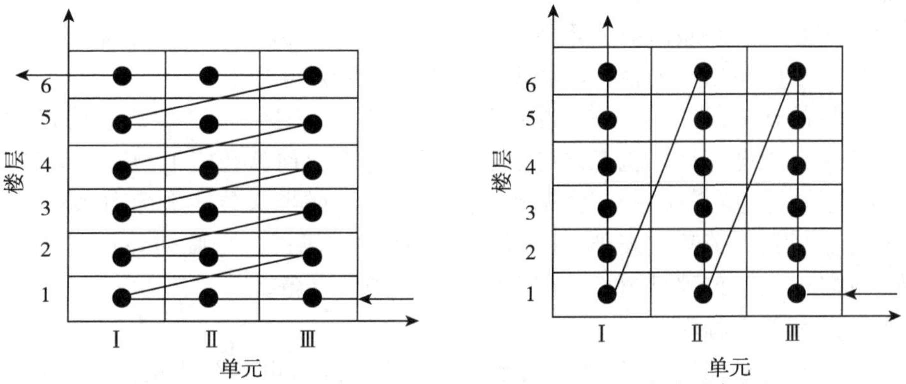

（a）水平向上　　（b）垂直向上

图 6-3　室内装饰工程自下而上的流向

3)室内装饰工程采用自中而下再自上而中的施工流向

它综合了前两者的优点，一般适用于高层建筑的室内装饰施工，其施工起点流向如图 6-4 所示。

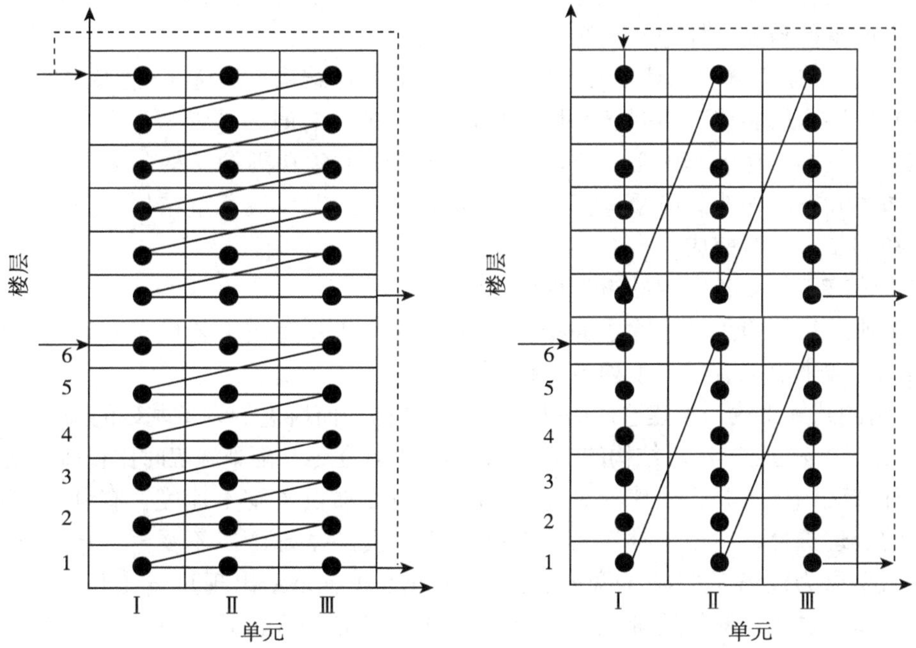

（a）水平向下　　（b）垂直向下

图 6-4　室内装饰工程自中而下再自上而中的流向

四、确定施工程序

施工程序是指单位工程中各分部工程或施工阶段的先后次序和其制约关系，主要是解决时间搭接上的问题。确定时应注意以下几点：

1)施工准备工作

单位工程开工前必须做好一系列准备工作，尤其是施工现场的准备工作。在具备开工条件后，还应写出开工报告，经上级审查批准后方可开工。

单位工程的开工条件是：施工图纸经过会审并有记录；施工组织设计已批准并进行交底；施工合同已签订且施工许可证已办理；施工图预算和施工预算已编制并审定；现场障碍物已清除且“三通一平”已基本完成；永久性或半永久性坐标和水准点已设置；材料、构件、机具、劳动力安排等已落实并能按时进场；各项临时设施已搭设并能满足需要；现场安全宣传牌已树立；安全防火等设施已具备。

2)单位工程施工程序

单位工程施工必须遵守“先地下后地上”、“先土建后设备”、“先主体后围护”、“先结构后装修”的施工程序。

(1)“先地下后地上”。它指的是地上工程开始以前，尽量把管道、线路等地下设施铺设完毕，并完成或基本完成土方工程和基础施工，以免对地上部分施工产生干扰。

(2)“先土建后设备”。不论是工业建筑还是民用建筑，土建施工应先于水、暖、煤气、电、卫、通信等建筑设备的安装。但它们之间更多的是穿插配合的关系，一般在土建施工的同时要配合进行有关建筑设备安装的预埋工作，尤其在装修阶段，要从保质量、讲成本的角度，处理好相互之间的关系。

(3)“先主体后围护”。其主要是指先施工框架主体结构，后施工围护结构。

(4)“先结构后装修”。它是针对一般情况而言的。有时为了缩短工期，也可以部分搭接施工。例如，在冬季施工之前，应尽可能完成土建和围护结构的施工，以利于施工中的防寒和室内作业的开展；又如，大板建筑施工，大板承重结构部分和某些装饰部分宜在加工厂同时完成。

3)土建施工与设备安装的施工程序

在工业厂房的施工中，除了完成一般工程外，还要完成工艺设备和工艺管道的安装工程。一般来说，有以下三种施工程序：

(1)封闭式施工法。先建造厂房基础，安装结构，而后进行设备基础的施工。当设备基础不大，设备基础对厂房结构的稳定无影响，而且在冬、雨季施工时比较适用该方法。

这种方法的优点是：由于土建工作面大，因而加快了施工速度，有利于预制和吊装方案的合理选择；由于主体工程先完成，所以设备基础施工不受气候的影响：可利用厂房吊车梁为设备基础施工服务。这种方法的缺点是：出现重复工作，如挖基槽、回填土等施工过程；设备基础施工条件差，而且拥挤；不能提前为设备安装提供工作面，工期较长。

(2)敞开式施工法。先对厂房基础和设备基础进行施工，而后对厂房结构进行安装。该方法对于设备基础较大较深，基坑挖土范围与柱基础的基坑挖土连成一片，或深于厂房柱基础，而且在厂房所建地点的土质不好时比较适用。

敞开式施工的优缺点与封闭式施工的优缺点正好相反。

(3)设备安装与土建施工同时进行。这是在土建施工为设备安装创造了必要条件，同时能防止设备被砂浆、建筑垃圾等污染的情况下，所适宜采用的施工程序，如建造水泥厂的施工。

五、确定施工顺序

施工顺序是指各施工过程之间施工的先后次序。它既要满足施工的客观规律，又要合理解决好工种之间在时间上的搭接问题。

1)确定施工顺序的基本原则

(1)符合施工工艺的要求。这种要求反映施工工艺上存在的客观规律和相互制约关系，一般是不能违背的。例如，基础工程未做完，其上部结构就不能进行；浇筑混凝土必须在安装模板、钢筋绑扎完成，并经隐蔽工程验收后才能开始。

(2)与施工方法协调一致。例如，在装配式单层工业厂房的施工中，如果采用分件吊装法，施工顺序是先吊柱，再吊梁，最后吊一个节间的屋架和屋面板。

(3)考虑施工组织的要求。施工顺序可能有几种方案时，就应从施工组织的角度进行分析、比较，选择经济合理有利于施工和开展工作的方案。例如，有地下室的高层建筑，其地下室地面工程可以安排在地下室顶板施工前进行，也可以在顶板铺设后施工。从施工组织方面考虑，前者施工比较方便，上部空间宽敞，可利用吊装机械直接将地面施工用的材料吊到地下室；而后者，地面材料的运输和施工就比较困难了。

(4)考虑施工质量的要求。例如，屋面防水施工，必须等找平层干燥后才能进行，否则将影响防水工程的质量。

(5)考虑当地气候条件。例如，雨季和冬季到来之前，应先做完室外各项施工过程，为室内施工创造条件；冬季施工时，可先安装门窗玻璃，再做室内地面和墙面抹灰。

(6)考虑安全施工的要求。例如，脚手架应在每层结构施工之前搭好。

2)多层砖混结构的施工顺序

多层砖混结构的施工特点是：砌砖工程量大，装饰工程量大，材料运输量大，便于组织流水施工等。施工时，一般可分为基础工程、主体结构工程、屋面及装饰装修和设备安装等施工阶段，其施工顺序如图 6-5 所示。

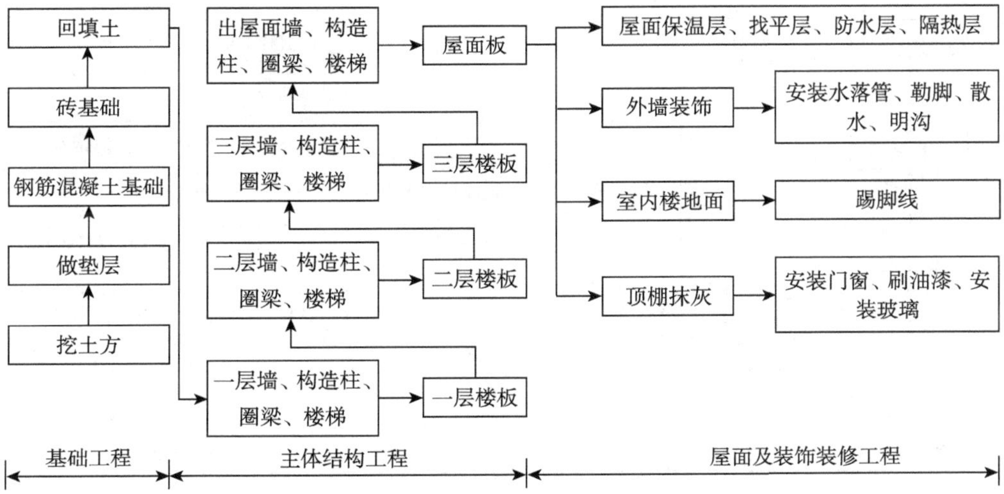

图 6-5　多层砖混结构施工顺序

3)高层框架结构建筑的施工顺序

高层框架结构建筑的施工，按其施工阶段划分，一般可以分为地基与基础工程、主体结构工程、屋面及装饰装修工程三个阶段，其施工顺序如图 6-6 所示。

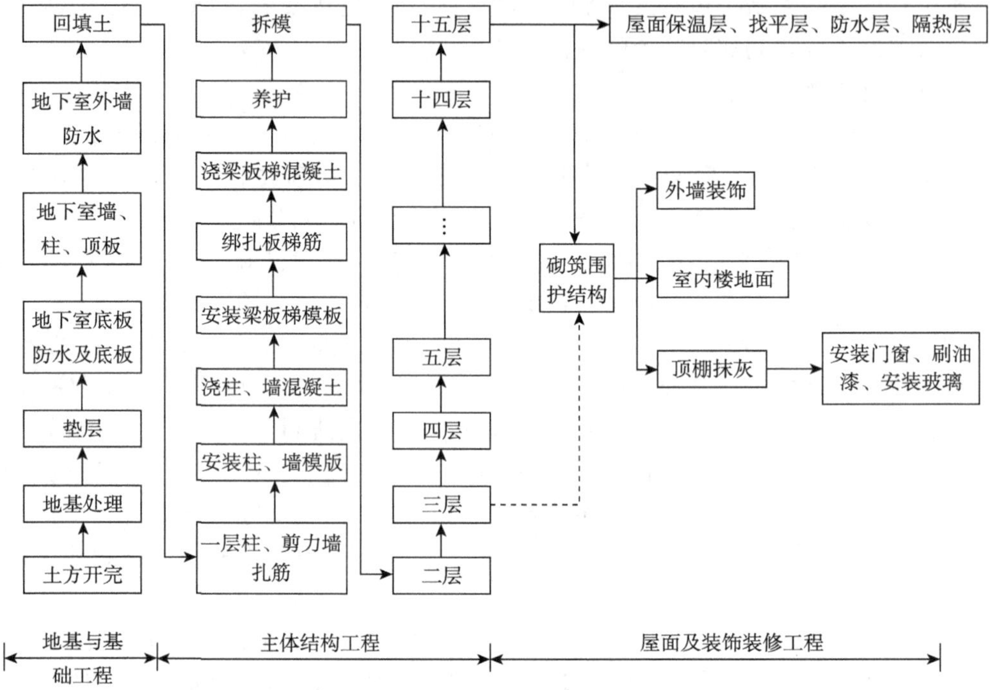

图 6-6　15 层现浇钢筋混凝土框架、剪力墙结构建筑施工顺序

4)装配式单层工业厂房的施工顺序

装配式单层工业厂房的施工特点是：基础施工复杂，土石方工程量大，构件预制量大等。其施工一般分为基础工程、预制工程、结构安装工程、围护工程和装饰工程 5 个施工阶段。其施工顺序如图 6-7 所示。

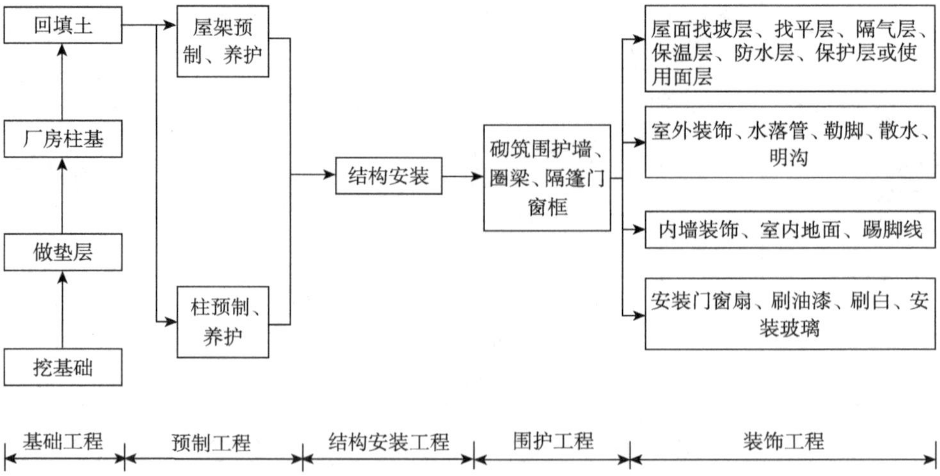

图 6-7　单层装配式厂房施工顺序

六、工程施工重点与难点

根据单位工程项目的特点和地理位置，对于单位工程施工的重点和难点应进行简要分析，包括组织管理和施工技术两个方面，并提出单位工程重点与难点项目的施工要求。对于单位工程施工中开发和使用的新材料、新技术、新工艺、新方法应做出部署，对主要分包工程施工单位的选择要求及管理方式应进行简要说明，明确验收的程序与要求。对基坑工程、模板工程、脚手架工程、起重吊装工程、临时用水用电工程、季节性施工等专项工程所采用过的施工方案做出部署。

第四节　施工进度计划

单位工程施工进度计划应按照施工部署的安排进行编制。它是施工部署在时间上的体现，反映了施工顺序和各个阶段工程进展情况。它是根据规定工期和各项资源的供应条件，按照合理的施工顺序及组织要求编制而成的，是单位工程施工组织设计的重要内容之一。

一、单位工程施工进度计划的作用和分类

1)单位工程施工进度计划的作用

(1)单位工程施工进度计划是施工中各项活动在时间上的反映，是指导施工活动、保证施工顺利进行的重要文件之一。

(2)能确定各分部分项工程和各施工过程的施工顺序及其持续时间和相互之间的配合、制约关系。

(3)为劳动力、机械设备、物质材料在时间上的需要计划提供了依据。

(4)保证在规定的工期内完成符合工程质量的施工任务。

(5)为编制季度、月生产作业计划提供了依据。

2)单位工程施工进度计划的分类

单位工程施工进度计划按工程项目划分的粗细程度，可分为控制性与指导性施工进度计划两类。控制性施工进度计划是按分部工程项目进行编制的，不但对整个工程施工进度及竣工验收起一定的控制调节作用，同时还为指导性施工进度计划提供编制的依据；指导性施工进度是按分项工程(或施工过程)编制而成的，它不仅确定了各分项工程或施工过程的施工时间及相互搭接的配合关系，用以指导日常施工，而且也为整个工程所需的劳动力配置和数量、资源需要计划的编制提供了依据。

控制性施工进度计划主要用于工程结构复杂、规模大、工期长、施工任务不明确、需要跨年度的工程施工；而指导性施工进度计划则用于施工任务明确，各项资源供应正常，规模较小的中小型工程的施工。需要编制控制性施工进度计划的单位工程，当各分部工程的施工条件基本落实之后，在施工之前还应编制指导性施工进度计划。

二、单位工程施工进度计划的表示方法

单位工程施工进度计划通常以图表形式来表示。有水平图表、垂直图表和网络图

表三种。常用的水平图表格式如表 6-2 所示。

表 6-2　施工进度计划表

序号	分部分项工程名称	工程量		定额	劳动量		机械名称	每天工作班	每天工作人数	施工进度						
		单位	数量		工种	数量										

水平图表，亦称横道图，由左、右两大部分组成，表的左边部分列出了分部分项工程的名称、工程量、定额(劳动定额或时间定额)和劳动量、人数、持续时间等计算数据；表的右边部分是从规定的开工日起到竣工之日止的进度指示图表，用不同线条来形象地表现各个分部分项工程的施工进度和搭接关系。有时也在进度指示图表下方汇总每天的资源需要量，组成资源需求量动态曲线。施工进度表中的一格视其工期的长短代表 1 天或若干天。

三、单位工程施工进度计划的编制

(一)单位工程施工进度计划的编制依据

(1)经过审批的建筑总平面图、地形图、全部工程施工图及水文、地质气象等资料；

(2)工程预算文件；

(3)建设单位(业主)或上级规定的开竣工日期；

(4)单位工程的施工方案；

(5)劳动定额及机械台班定额；

(6)施工企业(承包商)的劳动资源能力；

(7)其他有关的要求和资料。

(二)单位工程施工进度计划编制程序

单位工程施工进度计划编制程序如图 6-8 所示。

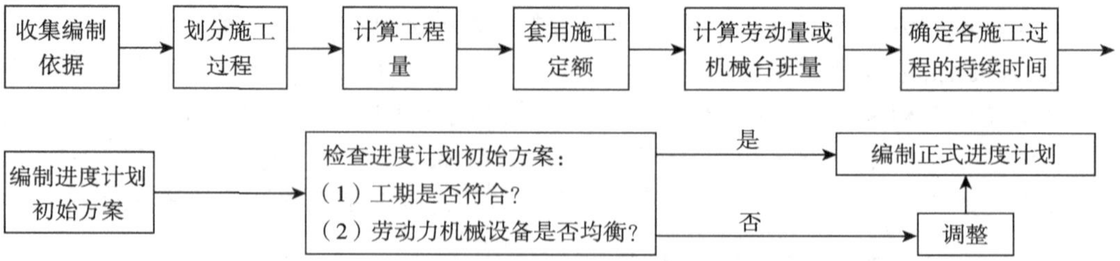

图 6-8　单位工程施工进度计划编制程序

（三）编制内容及步骤

1. 熟悉并审查施工图纸，研究有关资料，调查施工条件

施工单位(承包商)项目部技术负责人员在收到施工图及取得有关资料后，应组织工程技术人员及有关施工人员全面地熟悉、详细审查图纸，并组织建设、监理、施工等单位有关工程技术人员进行会审，由设计单位技术人员进行技术交底，在弄清设计意图的基础上，研究有关技术资料，同时进行施工现场的勘察，调查施工条件，为编制施工进度计划做好准备工作。

2. 划分施工过程并计算工程量

编制施工进度计划时，应按照所选的施工方案确定施工顺序，将分部工程或施工过程(分项工程)逐项填入施工进度表的分部分项工程名称栏中，其项目包括从准备工作起至交付使用时为止的所有土建施工内容。对于次要的、零星的分项工程则不列出，可并入“其他工程”，在计算劳动量时，给予适当的考虑即可。水、暖、电及设备一般另做一份相应专业的单位工程施工进度计划，在土建单位工程进度计划中只列分部工程总称，不列详细施工过程名称。编制单位工程施工进度计划时，应当根据施工图和建筑工程预算工程量的计算规则来计算工程量。若已编制的预算文件中所采用的预算定额和项目划分与施工过程项目一致时，就可以直接利用预算工程量；若项目不一致时，则应依据实际施工过程项目重新计算工程量。计算工程量时应注意以下几个问题：

(1)注意工程量的计算单位。直接利用预算文件中的工程量时，应使各施工过程的工程量计算单位与所采用的施工定额的单位一致，以便在计算劳动量、材料量、机械台班数时可直接套用定额。

(2)工程量计算应结合所选定的施工方法和所制定的安全技术措施进行，以使计算的工程量与施工实际相符。工程量计算时应按照施工组织要求，分区、分段、分层进行计算。

(3)查套施工定额，确定各施工过程的劳动量和机械台班需求量。根据所划分的施工过程(施工项目)和选定的施工方法，查套施工定额，以确定劳动量及机械台班量。

施工定额有两种形式，即时间定额 H 和产量定额 S。时间定额是指完成单位建筑产品所需的时间内所完成建筑产品的数量，二者互为倒数。

若某施工过程的工程量为 Q，则该施工过程所需劳动量或机械台班量可由式(6-1)进行计算：

$$P=Q/S \text{ 或 } P=QH,\quad H=1/S \tag{6-1}$$

式中，P 为某施工过程所需劳动量，工日或机械台班量；Q 为施工过程工程量；S 为施工过程的产量定额；H 为施工过程的时间定额。

这里应特别注意的是，如果施工进度计划中所列项目与施工定额中的项目内容不一致，施工定额必须进行以下处理后方可套用：

若某分项工程有几个部分组成时，可用加权平均定额(综合定额)来计算劳动量或机械台班量。

加权平均劳动定额或加权平均时间定额可按式(6-2)计算：

$$S_i=\frac{\sum_{i=1}^{n}Q_i}{\sum_{i=1}^{n}P_i} 或 H_i=\frac{\sum_{i=1}^{n}H_iQ_i}{\sum_{i=1}^{n}Q_i} \tag{6-2}$$

式中，

$$\sum_{i=1}^{n}Q_i=Q_1+Q_2+Q_3+\cdots+Q_n \tag{6-3}$$

$$\sum_{i=1}^{n}P_i=P_1+P_2+P_3+\cdots+P_n=\frac{Q_1}{S_1}+\frac{Q_2}{S_2}+\frac{Q_3}{S_3}+\cdots+\frac{Q_n}{S_n} \tag{6-4}$$

对于有些采用新技术、新工艺、新材料的施工项目或特殊施工方法的施工项目，其定额未列入定额手册时，可参照类似项目或进行实测来确定。

对于“其他工程”项目所需的劳动量，可根据其内容和数量，并结合施工现场的具体情况以占总劳动量的百分比计算，一般为10%～15%。

水、暖、电、设备安装等工程项目，在编制施工进度计划时，一般不计算劳动量或机械台班量，仅表示出与一般土建单位工程进度相配合的关系。

3. 确定工作班制

在进行施工进度计划编制时，考虑到施工工艺要求或施工进度的要求，需选择好工作班制。通常采用一班制生产，有时因工艺要求或施工进度的需要，也可采用两班制或三班制连续作业，如浇筑混凝土即可三班连续作业。

4. 确定施工过程的持续时间

根据施工条件及施工工期要求不同，有以下三种方法：

(1)根据施工过程需要的劳动量或机械台班量、工人人数或机械台班数确定施工过程的持续天数，这种方法称为“定额计算法”，其计算公式如下：

$$T=\frac{P}{R\cdot b}=\frac{Q}{R\cdot S\cdot b} \tag{6-5}$$

式中，T为施工过程的持续时间，d；P为施工过程所需要的劳动量，工日或机械台班量；R为该施工过程所配人数或机械台班数；b为工作班制；S为施工过程的劳动定额。

(2)按照已定的施工工期进行倒排进度，确定施工过程持续时间，这种方法称为“倒排计划法”。该方法是建立在保证规定的总工期的条件下，并按施工的经验从后往前倒排出各施工过程的持续时间。在取得各施工过程持续时间之后，也可利用式(6-6)计算每天所需要的班组人数或机械的台班数，即

$$R=\frac{P}{T\cdot b} \tag{6-6}$$

式中，T为施工过程的持续时间，d；R为施工过程所配置的班组人数或机械台班数。

(3)经验估计法。经验估计法指根据以前的施工经验并按照实际的施工条件估算各施工项目的持续时间，这一方法是建立在大量施工实践经验基础上的。由于施工条件、企业管理水平、工人技术水平等诸多不同因素的影响，经验估算法所取得的持续时间也是不太准确的。但由于其简便易行，故目前该法仍然被广泛地应用在建筑施工进度

计划的编制中。

5. 编制施工进度计划的初始方案

编制施工进度计划的初始方案时，必须考虑各分部分项工程合理的施工顺序，尽可能按流水施工进行组织与编制，力求使主要工种的施工班组连续施工，并做到劳力、资源计划的均衡。编制方法与步骤如下：

(1)先安排主要分部工程并组织其流水施工。主要分部工程尽可能采用流水施工方式编制进度计划，或采用流水施工与搭接施工相结合的方式编制施工进度计划，尽可能使各工种连续施工，同时也能做到各种资源消耗的均衡。

(2)安排其他各分部工程的施工或组织流水施工。其他各部分工程的施工应与主要分部工程相结合，同样也应尽可能地组织流水施工。

(3)按工艺的合理性和施工过程尽可能搭接的原则，将各施工阶段的流水作业图表搭接起来，即得到了单位工程施工进度计划的初始方案。

6. 检查调整施工进度计划的初始方案

(1)施工顺序检查与调整。施工进度计划中施工顺序的检查与调整主要考虑以下几点：各个施工过程的先后顺序是否合理；主导施工过程是否最大限度地进行流水与搭接施工；而其他的施工过程是否与主导施工过程相配合，是否影响主导施工过程的实施以及各施工过程中的技术组织时间间歇是否满足工艺及组织要求，如有错误之处，应给予调整或修改。

(2)施工工期的检查与调整。施工进度计划安排的施工工期应满足上级规定的工期或合同中要求的工期。不能满足则需重新安排施工进度计划或改变各分项分部工程流水参数等进行修改与调整。

(3)劳动量消耗的均衡性。对单位工程或各个工种而言，每日出勤的工人人数应力求不发生过大的变动，也就是指消耗应力求均衡，劳动量消耗的均匀性是用劳动量消耗动态图表示的。它是根据施工进度计划中各施工过程所需要的班组人数统计而成的，一般画在施工进度水平图表中对应的施工进度计划的下方。

在劳动量消耗动态图上，不容许出现短时期的高峰或长时期的低陷情况，如图 6-9(a)、(b)所示。

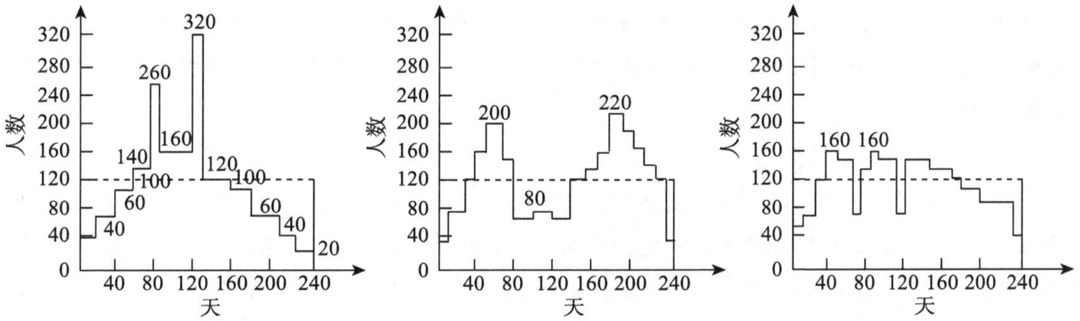

(a) 短时期高峰　(b) 长时期低陷　(c) 短时期低陷

图 6-9　劳动量消耗动态图

图 6-9(a)为短时期的高峰，即短时期工人人数多，这表明相应增加了为工人服务的各种临时设施；图 6-9(b)为长时间低陷，说明在长时间内所需工人人数少，如果工人不调出，则将发生窝工现象，如果工人调出，则各种临时设施不能充分利用；图 6-9(c)为短期的低陷，甚至是很大的低陷。这是可以容许的，因为这种情况不会发生什么显著影响，只要把少数工人的工作量重新安排，窝工现象就可以消除。

劳动消耗的均衡性可用劳动力均衡性系数 K 进行评价：

$$K=\frac{\text{最高峰施工期间工人人数}}{\text{施工期间每天平均工人人数}} \tag{6-7}$$

K 值最理想为 1，在 2 以内为好，超过 2 为不正常，应予以修改与调正。

(4)主要施工机械的利用程度。在编制施工进度计划中，主要施工机械通常是指混凝土搅拌机、灰浆搅拌机、自行式起重机、塔式起重机等，在编制的施工进度计划中，要求机械利用程度高可以充分发挥机械效率，节约资金。

应当指出，上述编制施工进度计划的步骤并不是孤立的，有时是相互联系的，串在一起的，有时还可以同时进行。但建筑施工受客观条件影响的因素很多，如气候、材料供应、资金等，使其经常不符合设计的安排，因此在工程进行中应随时掌握施工情况，经常检查，不断进行计划的修改与调整。

第五节　施工准备工作与资源配置计划

一、施工准备工作计划

施工准备是为拟建工程的施工创造必要的技术、物质条件，是完成单位工程施工任务的首要条件，是为工程早日开工和顺利进行所必须做的一些工作。施工准备不仅存在于开工之前，而且贯穿于整个施工过程之中。施工准备工作计划包括技术准备、施工现场准备、资金准备等工作计划。

(一)技术准备

技术准备一般称为现场管理的“内页”，它是施工准备工作的核心内容，指导着施工现场准备，因为任何技术上的差错和隐患都可能引起人身安全和质量事故，造成生命财产的巨大损失，因此必须重视做好技术准备工作。技术准备工作的主要内容一般包括以下几项。

1. 一般性准备工作

(1)熟悉施工图纸，组织图纸会审，准备好本工程所需的规范、标准、图集等。具体要求如下：①核对图纸是否齐全和完整，是否按规定通过审查。②组织学习图纸，做好图纸会审工作。③联系设计单位，确定设计交底和图纸会审的时间。④根据图纸和施工需要，备齐相关法规、规范、规程、标准和图集，列出清单，并明确清单备齐时间。

(2)技术培训，制定开工前及施工过程中对项目部管理人员和劳务人员进行的各种培训计划。其内容包括：①管理人员培训。管理人员上岗培训，组织参观和技术交流；由专家进行专业培训；推广新技术、新材料、新工艺、新设备应用培训和学习规范、规程、标准、法规的重要条文等。②劳务人员培训。对劳务人员的进场教育，上岗培训；对专业人员的培训，如新技术、新工艺、新材料、新设备的操作培训等，提高使用操作的适应能力。

2. 器具配置计划

以表格形式列出本工程所需各种仪器、仪表、计量、检测、测量、试验用的工具等器具清单。所有器具必须在开工前配置并检测，所有仪器应有检测合格证，并在表格中应注明器具检测有效期。

3. 技术工作计划

1)方案编制计划

该计划要求的是拟编制的施工方案的最迟提供期限。在进场后，应编制各分项和专项工程的施工方案计划，与工程施工进度配套。

(1)各分项工程施工方案编制计划。

分项工程施工方案要以分项工程为划分标准，如混凝土施工方案、室内装修方案、电气施工方案等。以列表形式表示，见表 6-3。

表 6-3　施工方案编制计划

序号	方案名称	编制人	编制完成时间	审批人(部门)
1				
2				
⋮				

注：编制人是指某个人，不能写某个部门。

(2)专项工程的施工方案编制计划。

专项工程的施工方案是指除分项工程施工方案以外的施工方案，如施工测量方案、大体积混凝土施工方案、安全防护方案、文明施工方案、季节性施工方案、临电施工方案、节能施工方案等。

2)试验、检测工作计划

施工组织设计中宜对需要见证取样的混凝土试块(标准、同条件、拆模)、钢筋等材料编制检验试验计划。由于在编制施工组织设计时，施工图预算还没有编制完成，缺乏与试验有关的工程量等数据，因此对试验工作计划的内容，可先描述试验工作应遵循的原则及规定，另外单独编制详细的试验方案，并列入方案编制计划。

试验工作计划内容应包括常规取样试验计划及见证取样试验计划。

3)样板项、样板间计划

“方案先行、样板引路”是保证工期和质量的法宝，坚持样板制，不仅仅是样板间，而是样板“制”(包括工序样板、分项工程样板、样板墙、样板间、样板段、样板回路等多方面)。通过方案和样板，制定出合理的工序、有效的施工方法和质量控制标准。见表 6-4。

表 6-4　样板项、样板间计划一览表

序号	项目名称	部位(层、段)	施工时间	备注
1				
2				
⋮				

注：“样板”是某项工程应达到的标准。一般它有“选”和“做”两种方法。此处样板项、样板间计划是指做样板。

样板项侧重结构施工中的主要工序样板，应将分项工程样板的名称、层段、轴线位置表示具体、明确。一般样板项出现在地下室最下的那一层或首层。

样板间是针对装修施工设置的，这项工作对装修工作的质量预控起到重要作用。

4. 新技术、新工艺、新材料、新设备推广应用计划

它主要确定“四新”技术等科研成果推广应用计划。具体要求如下：

(1)应依据建设部颁发的建筑业 10 项新技术推广应用(2005 年)中的 94 项子项及其他新的科研成果应用，逐条对照，列表加以说明，见表 6-5。

表 6-5　新技术推广应用计划

序号	新技术名称	应用部位	应用数量	负责人	总结完成时间
1					
2					
⋮					

(2)新技术推广必须要体现该工程的科技含量和应用数量。

(3)对所应用的每一项新技术由项目部分配给具体负责人，负责该项新技术的日常技术指导和完成后的技术总结。

(4)通过施工实践后，在规定的时间内由该项新技术应用负责人写好技术总结或论文，其目的是便于在今后工程实践应用中得到较大提高。

5. QC 活动计划

根据工程特点，在施工过程中，成立 QC 小组，分专业或综合两个方面开展 QC 活动，并制定如下 QC 活动计划表，如表 6-6 所示。

表 6-6　QC 活动计划

序号	QC 小组课题	参加部门	时间安排
1			
2			
⋮			

6. 高程引测与建筑物定位

说明高程引测和建筑物定位的依据，组织交接桩工作，做好验线准备。

7. 试验室、预拌混凝土供应

说明对试验室、预拌混凝土供应商的考察和确定。如采用预拌混凝土，对预拌混

凝土供应商进行考察，当确定好预拌混凝土供应商后，要求在签订预拌混凝土经济合同时，应同时签订预拌混凝土供应技术合同。

应根据对试验室的考察及本工程的具体情况，确定试验室。明确是否在现场建立标养室。若建立标养室，应说明配备与工程的规模、技术特点相适应的标养设备。

8. 施工图翻样设计工作

要求提前做好施工图、安装图等的翻样工作，如模板设计翻样、钢筋翻样等。项目专业工程师应配合设计，并对施工图进行详细的二次深化设计。一般采用 AutoCAD 绘图技术，对较复杂的细部节点作 3D 模型。

(二)施工现场准备

施工现场准备即通常所说的室外准备，也叫现场管理的“外业”，主要是为拟建工程早日开工和顺利进行创造有利的施工条件和物质保障基础。它是保证工程按计划开工和顺利进行的重要环节，因此必须认真落实做好这项工作。

施工现场准备工作的内容包括障碍物的清除、“四通一平”、现场临水临电、生产生活设施、围墙、道路等施工平面图中所有内容，并按施工平面图所规定的位置和要求布置。

这部分内容编写时，应结合实际描述开工前的现场安排及现场使用要求。

1)施工临时供水系统准备计划

施工临时供水主要包括生产用水、生活用水和消防用水三种。生产用水包括工程施工用水、施工机械用水。

2)施工临时供电系统准备计划

(1)说明本工程主要用电设备及现场电源情况，并按现场临电负荷表进行现场临电的负荷计算，校核建设单位所提供的电量是否能够满足现场施工所需电量，如何布置现场临电系统，见表 6-7。

表 6-7　主要施工机械设备用电一览表

序号	名称	规格型号	单位	数量	设备容量/kW	进场时间	电容量
1	塔式起重机						
2	施工电梯						
3	交流电焊机						
⋮	⋮						
⋮	施工照明						
⋮	生活用电						
⋮	电容量合计	电动机：××kW				电焊机：××kVA	
		施工照明：××kW				生活用电：××kW	

(2)施工现场安全用电管理，是安全文明施工的重要组成部分，应单独编制详细的临时用电方案，通过计算确定变压器规格、导线截面，并绘现场用电线路布置图和系统图。临时供电线路只需在施工总平面图中标明线路位置、用电位置即可。

(3)用电量计算。现场临时供电包括动力用电与照明用电两种，在计算用电量时，应考虑以下因素：①全工地使用的用电机械设备、电气工具和照明用电数量。②施工进度计划中，施工高峰阶段同时用电的机械设备最高数量。③各种电力机械设备在工作中的利用情况。

3)临时供热准备计划

临时供热计划应根据现场的生产、生活设施的面积和形式，确定供热方式和供热量，并绘制管线设计图。

4)临时道路及围墙计划

目前很多大型工程往往忽略道路在施工现场的重要性，要特别注意雨季到来时道路泥泞影响运输，在设计道路作法时，应引起足够的重视。

(1)根据现场实际情况确定道路作法、宽度和排水方向。

(2)临时道路和围墙的设置必须符合安全、消防、文明施工标准的规定。

(3)临时道路应考虑现场既要防止扬尘、满足车辆行走的要求，又要便于今后总图的施工，除主要车辆行走道路外，尽量减少混凝土路面的采用，可采用碎石或可周转使用的水泥方砖。

(4)围墙一般采用压型钢板及钢骨架组合拼接而成，便于周转使用，减少临建材料投入。

5)场区排水准备计划

根据现场使用的各类机具及生活用水情况计算用水量，确定排水沟或排水管道的位置、流向和规格，并绘制现场排水线路布置图。在施工总平面中标明排水设施的位置和管径。

6)生产、生活卫生临时设施计划

临时设施应本着尽量利用已有或拟建工程为施工服务的原则，按照施工部署和各种资源的需要量计划，认真进行临设工程的规划设计和编制临时设施需要量计划。根据工程规模、施工人数确定并列出各类临设面积、结构、用途及作法。说明规划现场各类构件、机具、材料存放场地的准备和要求，办公、生活临设布置标准等，见表 6-8。

表 6-8　临时设施一览表

设施名称	结构形式	面积	用途	作法
办公室				
职工宿舍				
食堂				
厕浴间				
门卫室				
木工棚				
钢筋棚				
仓库				
电工间				
标养室				

（三）资金准备

资金准备应根据施工进度计划及工程施工合同中的相关条款编制资金使用计划，以确保施工各阶段的目标和工期总目标的实现，此项工作应在施工进度计划编制完后、工程开前完成。

二、劳动力配置计划

劳动力配置计划是现场各类资源计划的一部分，是确定和规划临时设施工程规模、组织劳力进场的依据。在编制劳动力配置计划时，对劳动力的数量、技术水平和各工种的比例与拟建工程的进度、复杂难易程度和各分部（分项）工程的工程量相适应。

1）劳动力配置计划表

根据工程的具体情况、施工方案、施工进度计划和施工预算，依次确定各专业工种进场时间及劳动力数量，然后按施工阶段或月份汇集成表格形式，可作为现场劳动力调配的依据。

2）劳动力动态管理图

根据劳动力计划表，要绘制以时间为横坐标，人数为纵坐标的劳动力动态管理图作形象描述，劳动力动态管理图的类型可采用曲线图或柱形图。

三、主要材料、构配件、设备的加工及采购计划

根据施工预算工料分析和施工进度计划制订原材料、构配件、设备的加工及采购计划。

1）主要材料配置计划

本计划包括土建工程主要材料计划和建筑安装工程主要材料计划。其中土建工程主要材料包括原材料和施工周转材料（主要指模板、脚手架用钢管、扣件、脚手板等辅助材料及工具）。

本计划主要作为备料、供料和确定仓库、堆场面积及组织运输的依据，其编制方法根据施工预算中的工料分析表、施工进度计划表中各施工过程及材料贮备定额、消耗定额编制。将施工中需要的材料，分别按材料名称、规格、数量、使用时间进行计算汇总，汇集成表格形式。

2）构配件、设备加工订货计划

依据施工图、施工进度计划、施工预算、现场施工情况及现场施工生产条件，编制各种构配件、设备加工订货计划。其编制方法是将施工中所需要的构配件、设备依次确定其品种、规格、数量和进场时间，并参照进场时间和设备厂家的加工周期制定最晚订货时间，以保证现场施工的正常进行，最后将上述内容汇总成表格形式，见表6-9。

表 6-9 构配件、设备加工订货计划

序号	名称	规格型号	单位	数量	订货时间	拟进场时间

3)主要施工机具设备配置计划

依据施工方案和施工进度计划，确定施工机械的类型、数量和进场时间，编制主要施工机具设备配置计划。其编制方法是将所需的机械类型、数量和进场时间进行汇总成表，据此落实施工机具来源，并随工程进展陆续组织进场。此项工作应在工程开工前编制，见表 6-10。

表 6-10 主要施工机具设备配置计划

序号	名称	规格型号	单位	数量	电容量	拟进退场时间	备注
1	塔吊						用途及使用部位
2	电焊机						
3	振动棒						
⋮	⋮						

第六节 主要施工方案

施工方案是以分部分项工程或专项工程为主要对象编制的施工技术与组织方案，用以具体指导其施工过程。主要分部分项工程常用施工方法的确定是施工方案的重要组成部分，也是单位工程施工组织设计的核心内容，对施工过程来讲，不同的施工方法与施工机械的选用，其施工效果和经济效果是不相同的。它直接影响施工的进度、施工质量、工程造价及生产的安全等。因此，正确地选用施工方法和施工机械在施工组织设计中占有相当重要的地位。

在选择施工方法和施工机械时，为了防止所选择的施工方法和机械可能出现的片面性，应多考虑几个方案，从技术、经济的角度上进行比较，最后择优选用。

一、选择施工方法

1)选择施工方法时应遵循的原则

(1)应根据工程特点，找出哪些项目是工程的主导项目，以便在选择施工方法时，有针对性地解决主导项目的施工问题。

(2)所选的施工方法应先进、经济、可行，满足施工工艺要求及安全施工。

(3)符合国家颁发的施工验收规范和质量检验评定标准的有关规定。

(4)要与所选择的施工机械及所划分的流水工作段相协调。

(5)对于常规做法和工人熟悉的分项工程，只需提出施工中应注意的特殊问题，不必详细拟定施工方法。

2)施工方法的选择

选择施工方法时，必须根据建筑结构的特点、抗震要求、工程量的大小、工期长短、资源供应情况、施工现场情况和周围环境等因素，制定出几个可行方案，在此基础上进行技术经济分析比较，以确定最优的施工方案。在制定可行方案时，首先应选择影响整个单位工程施工的分部分项工程和施工技术复杂或采用新技术、新工艺及对工程质量起关键作用的分部分项工程；对于不熟悉的特殊结构工程或由专业施工单位施工的特殊专业工程，必要时应绘制出施工图，并制定出施工作业设计，提出质量要求以及达到这些质量要求的技术措施，指出可能发生的问题，并提出预防措施和必要的安全措施。通常，施工方法选择内容有：

(1)土石方工程量的计算与调配方案、土石方开挖方案及施工机械的选择、土方边坡坡度系数的确定、土壁支撑方法、地下水位降低等。

(2)基础工程浅基础开挖及局部地基的处理、桩基础的施工及施工机械的选择、钢筋混凝土基础的施工及地下室工程施工的技术要求等。

(3)砌筑工程脚手架的搭设及要求、垂直运输及水平运输设备的选择、砖墙砌筑的施工方法。

(4)钢筋混凝土工程确定模板类型及支撑方法、选择钢筋的加工和绑扎及焊接的方式、选择混凝土供应和输送及浇筑的顺序和方法、确定混凝土振捣设备的类型、确定施工缝留设位置、确定预应力钢筋混凝土的施工方法及控制应力等。

(5)结构安装确定结构安装方法和起重机类型及开行路线，确定构件运输要求及堆放位置。

(6)屋面工程确定屋面工程的施工方法及要求、确定屋面材料的运输方式等。

(7)装饰工程选择装饰工程的施工方法及要求，确定施工工艺流程及流水施工安排。

(8)对“四新”项目(新工艺、新材料、新结构、新技术)施工方法的选择。

二、施工机械的选择

在选择施工方法时，必然要涉及施工机械的选择。施工机械选择得是否合理，则直接影响施工进度、施工质量、工程造价及生产安全。选择施工机械主要考虑以下因素：

(1)应根据工程特点，选择适宜主导工程的施工机械，所选设备机械应在技术上可行，在经济上合理。

(2)在同一个建筑工地上所选机械的类型、规格、型号应统一，以便于管理及维护。

(3)尽可能使所选机械一机多用，提高机械设备的生产效率。

(4)选择机械时，应考虑到施工企业工人的技术操作水平，尽量选用施工企业已有的施工机械。

(5)各种辅助机械或运输工具应与主导机械的生产能力协调配套，以充分发挥主导机械的效率。例如，土方工程施工中常用汽车运土，汽车的载重量应为挖土机斗容量的整数倍，汽车的数量应保证挖土机连续工作。

三、制定技术组织措施

技术组织措施是指在技术和组织方面对保证工程质量、保证施工进度、降低工程成本和文明安全施工制定的一套管理方法。其主要包括技术、工程质量、安全及文明生产、降低成本等措施。

1)保证工程质量的措施

保证工程质量措施，一般考虑以下几个方面：

(1)对采用新工艺、新材料、新技术、新结构的施工，为保证工程质量，制定有针对性的技术质量保证措施。

(2)保证放线、定位、标高测量等正确无误的措施。

(3)保证地基承载力及各种基础和地下结构施工质量的措施。

(4)主体结构工程中关键部位的施工质量措施。

(5)复杂工程、特殊工程施工的技术措施。

(6)常见的、易发生质量通病的改进方法及防范措施。

(7)各种材料或构件进场使用前的质量检查措施。

(8)冬、雨季施工的质量保证措施。

2)保证施工安全的措施

保证施工安全的措施，主要有以下几个方面：

(1)建筑施工中安全教育的具体方法，新工人上岗前必须进行安全教育及岗位培训。

(2)针对拟建工程的特点、地质和地形特点、施工环境、施工条件等，提出预防可能产生突发性的自然灾害的技术组织措施和具体的实施办法。

(3)高空作业安全防护和保护措施，人工及机械设备的安全生产措施。

(4)安全用电、防火、防爆、防毒等措施。

(5)保护现场施工及交通车辆安全的管理措施。

(6)使用新工艺、新技术、新材料时的安全措施。

3)降低成本措施

降低成本措施主要是根据工程的具体情况，按分部分项工程提出拟定的节约内容及方法，计算有关的技术经济指标，分别列出节约工料数量及金额。其内容包括：

(1)合理地使用人力，降低施工费用。

(2)合理进行土石方平衡，节约土方运输费及人工费。

(3)综合利用吊装机械，做到一机多用，提高机械利用率，节约成本。

(4)增收节支，减少管理费的支出。

(5)利用新工艺、新技术、新材料降低成本。

(6)精心组织且科学地进行物资管理。精心组织物资的采购、运输及现场管理，最大限度地降低原材料、成品及半成品构件的成本。

4)现场文明施工措施

(1)施工现场的围墙与标牌，出入口与交通安全的标志。

(2)临时工程的规划与搭建，临时房屋的安排与卫生。
(3)各种材料、成品与半成品构件的堆放与管理。
(4)施工机械的安设及维护。
(5)安全、消防、噪声的防范和建筑垃圾的运输及处理。
5)季节性施工措施
(1)冬季施工措施。
(2)高温季节施工措施。
(3)雨季施工措施。
(4)台风季节施工措施。

四、施工方案的评价方法

因每一施工过程都可以采用多种不同的施工方法和施工机械来完成，所以评定施工方案的优劣时，应首先在所拟定的技术上可行的几个方案的基础上，从现有的或可能获得的技术经济评价指标的实际情况出发，将技术上可行与经济上合理统一起来，进行方案比较，从中选出经济上最优的方案。

最常见的技术经济评价指标是单位产品(工程)成本、劳动消耗量和施工工期。此外，当选用某种机械化的施工方案需增加新的投资时，其投资额也要加以考虑。

第七节　施工现场平面布置

施工现场平面布置是在施工用地范围内，对各项生产、生活设施及其他附属设施进行规划和布置。单位工程施工现场平面布置情况需要通过对拟建工程的施工现场绘制的平面布置图加以反映。是施工组织设计中的重要组成部分，合理的施工平面图不但可以使施工顺利地进行，同时也能起到合理地使用场地、减少临时设施费用、文明施工的目的。单位工程施工现场平面布置的原则与平面布置图的要求可参照施工总平面布置的相关内容。

一、单位工程施工现场平面布置的内容

单位工程施工平面图通常用1∶200～1∶500的比例绘制，施工平面图上一般应设计并标明以下内容：

(1)工程施工场地状况；
(2)拟建建(构)筑物的位置、轮廓尺寸、层数等；
(3)工程施工现场的加工设施、存贮设施、办公和生活用房等的位置和面积；
(4)布置在工程施工现场的垂直运输设施、供电设施、供水供热设施、排水排污设施和临时施工道路等；
(5)施工现场必备的安全、消防、保卫和环境保护等设施；
(6)相邻的地上、地下既有建(构)筑物、管线及相关环境。

二、单位工程施工平面图的设计依据

单位工程施工平面布置图设计是在工程项目部施工设计人员勘察现场，取得现场周围环境第一手资料的基础上，依据下列资料并按施工方案和施工进度计划的要求进行设计的，这些资料是：

(1)建筑总平面图，现场地形图，已有建筑和待建建筑及地下设施的位置、标高、尺寸(包括地下管网资料)。

(2)施工组织总设计文件及气象资料。

(3)各种材料、构件、半成品构件需要量计划。

(4)各种生活、生产所需的临时设施和加工场地数量、形状、尺寸及建设单位可为施工提供的生活、生产用房等情况。

(5)现场施工机械、模具及运输工具的型号与数量。

(6)水源、电源及建筑区域内的竖向设计资料。

三、单位工程施工平面图的设计方法

单位工程施工平面图的设计程序如图 6-10 所示。

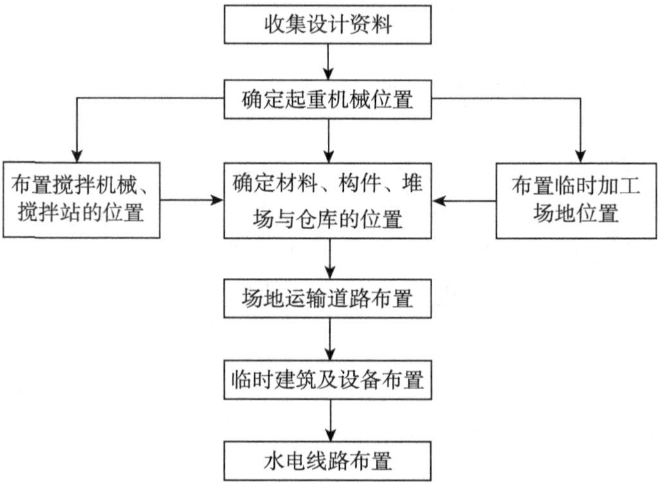

图 6-10　单位工程施工平面图的设计程序

(一)确定起重机械位置

起重机械位置的确定直接影响施工设备、临时加工场地以及各种材料、构件的仓库和堆场的位置的布置，也影响场地道路及水电管网的布置，因此必须首先确定。但由于不同起重机的性能和使用要求不同，平面布置的位置也不相同。

1. 轨道式起重机的平面布置

轨道式起重机的布置，主要根据房屋形状、平面尺寸、现场环境条件、所选用的起重机性能及所吊装的构件质量等因素来确定。

在一般情况下，起重机沿建筑物的长度方向布置在建筑物外侧，有单侧布置及双侧(或环形)布置两种，如图 6-11 所示。

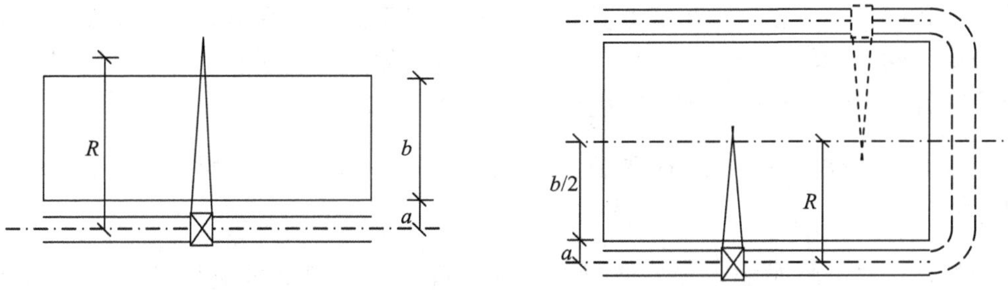

（a）单侧布置　　（b）双侧（或环形）布置

图 6-11　轨道式起重机在建筑物外侧布置

当建筑房屋平面宽度小、构件轻时，可单侧布置。此时起重半径必须满足式(6-8)：

$$R \geqslant b+a \tag{6-8}$$

式中，R 为有轨式起重机起吊最远构件的起重半径，m；b 为建筑物宽度，m；a 为有轨式起重机起吊最远构件的起重半径，m。

当建筑房屋宽度大、构件重，单侧布置起重机，其起重半径不能满足最远构件的吊装要求时，可双侧或环形布置，此时，起重半径必须满足

$$R \geqslant \frac{b}{2}+a \tag{6-9}$$

轨道式起重机进行布置时应注意以下几点：

(1)轨道式起重机布置完成后，应绘制出起重机的服务范围。其方法是分别以轨道两端有效端点的轨道中心为圆心，以起重机最大回转半径为半径画出两个半圆，并连接这两个半圆。

(2)建筑物的平面应处于吊臂的回转半径之内(起重机服务范围之内)，以便将材料和构件等运至任何施工地点，此时应尽量避免出现“死角”或出现较小的“死角区域”。

(3)尽量缩短轨道长度，降低铺轨费用。

(4)建筑物如果没有被起重机最大回转半径所覆盖(即出现“死角”)，在吊装最远部位的构件时，应采取一定的安全技术措施，以确保这一部位的吊装工作顺利进行。

2. 固定式垂直起重设备的平面布置

固定式垂直起重设备，有固定式塔式起重机、钢井架、龙门架、桅杆式起重机等。布置时应充分发挥设备能力，使地面或楼面上运距短。故应根据起重机械的性能、建筑物的平面尺寸、施工工作段的划分、材料进场方向及运输道路而确定。

通常当建筑物各部位的高度相同时，固定式起重设备沿长度方向布置在施工段分界线附近；当建筑物各部位的高度不相同时，起重机布置在高低分界线处高的一侧，这样使得高低处水平运输施工互不干涉；井架、龙门架一般布置在窗口处，以避免砌墙留槎和减少拆除井架后的修补工作。应特别注意固定式起重运输设备中的卷扬机的位置，不应距离起重机过近，阻挡司机视线，应使司机可观测到起重机的整个升降过

程，以保证安全生产。

3. 自行式起重机开行路线的确定

自行式起重机一般为履带式起重机、汽车式起重机和轮胎式起重机，其开行路线主要取决于建筑物的平面尺寸、施工方法、场地四周的环境及构件的类型、大小和安装高度。开行路线有跨中行驶和跨边行驶两种。

(二)确定搅拌机(站)或混凝土泵、临时加工场地及材料、构件的堆场与仓库的位置

搅拌机(站)、临时加工场地及材料仓库、堆场的位置确定应尽量靠近使用地点，同时应布置在起重机的有效服务范围内，应考虑到方便运输与装卸。

1. 搅拌机(站)位置的确定

搅拌机(站)的布置应尽量选择在靠近使用地点并在起重设备的服务范围以内。根据起重机类型的不同有下列几种布置方案：

(1)采用固定式垂直运输设备时，搅拌机(站)尽可能靠近起重机布置，以减少运距或二次搬运。

(2)当采用塔式起重机时，搅拌机应布置在塔吊的服务范围内。

(3)当采用无轨自行式起重机进行水平或垂直运输时，应沿起重机运输线路一侧或两侧进行布置，位置应在起重机的最大外伸长度范围内。

2. 混凝土泵或混凝土泵车位置的确定

在泵送混凝土施工过程中，混凝土泵或混凝土泵车的停放位置，不仅影响其输送管的配置，也影响施工的顺利进行。所以在混凝土泵或混凝土泵车布置时应考虑下列条件：

(1)力求距离浇筑地点近，使所浇的基础结构在布料杆的工作范围内，尽量少移动泵或泵车即能完成任务。

(2)多台混凝土泵或泵车同时浇筑时，其位置要使其各自承担的浇筑任务尽量相等，最好同时浇筑完毕。

(3)停放地点要有足够的场地，以保证供料方便，道路畅通。

(4)为便于混凝土泵或混凝土泵车的使用，最好将其靠近供水和排水设施停放。

对于拖式混凝土泵车，除应满足上述要求外，还必须考虑到其进场与出场的方便及安全，同时，停放位置应离建筑物有一定的距离，并设置一定长度的水平管，利用该水平管中的摩擦阻力来抵消垂直管中因混凝土造成的逆流压力。

3. 临时加工场地位置的确定

单位工程施工平面图中的临时加工场地一般是指钢筋加工场地、木材加工场地、预制构件加工场地、沥青加工场地、淋灰池等。平面位置布置的原则是尽量靠近起重设备，并按各自的性能及使用功能来选择合适的地点。

钢筋加工场地、木材加工场地应选择在建筑物四周，且有一定的材料、成品堆放处，钢筋加工场地还应尽可能设在起重机服务范围之内，避免二次搬运，而木材加工

场地应根据其加工特点，选在远离火源的地方。沥青加工场地应远离易燃物品，且设在下风向地区。淋灰池应靠近搅拌机(站)布置。构件预制场地位置应选择在起重机服务范围内，且尽可能靠近安装地点。布置时还应考虑道路的畅通，不影响其他工程的施工。

4. 仓库位置与材料构件堆场的确定

(1)仓库应根据其储存材料的性能和仓库的使用功能确定其位置。通常，仓库应尽量选择在地势较高、周边能较好地排水、交通运输较方便的地方，如水泥仓库应靠近搅拌机(站)。其他仓库的位置也应根据其使用功能而定。

(2)材料构件的堆场平面布置的原则是应尽量缩短运输距离，避免二次搬运。砂、石堆场应靠近搅拌站(机)，砖与构件应尽可能靠近垂直运输机械布置(基础用砖可布置在基坑四周)。

(三)现场运输道路的布置

现场运输道路分为单行道路和双行道路，单行道路宽为 3～3.5m，双行道路为 5.5～6m，为保证场内道路畅通，便于调车，按材料和构件运输的需要，沿着仓库和堆场成环行线路布置。布置时应尽量利用永久性道路。

(四)临时生产、生活设施的布置

办公室、工人休息室、门卫、食堂、浴室等非生产性临时设施布置应考虑使用的方便，不妨碍施工，满足防火、防洪及保安要求。布置时要尽量利用建设单位所能提供的设施。一般办公室、门卫应布置在工地出入口处，工人休息室、食堂、浴室等布置在作业区附近的上风向处。

(五)水、电管网布置

1. 施工用临时给水管网布置

一般从建设单位的干管或自行布置的干管接到用水地点，应力求管网总长度最短。管径的大小和出水龙头的数目及设置，应视工程规模的大小通过计算确定。管道可埋于地下，也可铺于路上，以当地的气候条件和使用期限的长短而定。在工地内要设消防栓，消防栓距建筑物应不小于 5m，也不应大于 25m，距路边不大于 2m，条件允许时，可利用已有消防设施。

有时为了防止水的意外中断，可在建筑物旁布置简易的蓄水池，以储备一定的施工用水，高层建筑还应在水池边设置泵站。

2. 施工临时用电线路布置

施工临时用电线路的布置应尽量利用已有的高压电网或已有的变压器进行布线，线路应架设在道路一侧，且距建筑物水平距离大于 1.5m，电杆间距为 25～40m，分支线及引入线均由电杆处接出，在跨越道路时应根据电气施工规范的尺寸要求进行配置与架设。

在进行单位工程施工平面图设计时，必须强调指出，建筑施工是一个复杂的施工过程。各种施工设备、施工材料及构件均是随工程的进展而逐渐进场的，但又随工程的进展不断变动。因此在设计平面图时，要充分考虑到这一点，应根据各单位工程在各个施工阶段中的各项要求，将现场平面合理划分，综合布置，使各施工过程在不同的施工阶段具有良好的施工条件，指导施工顺利进行。

(六)施工平面图布置示例

图 6-12 为某多层钢筋混凝土框架结构建筑的施工平面图。根据拟建建筑物的平面位置及尺寸、现场的具体情况，选用轨道式起重机，单侧布置在拟建房屋北边，砂、石堆场设在搅拌机附近；临时生产、生活用房分别布置在拟建建筑的南北两边；为使场内道路畅通，装卸方便，按环行布置单行车道，并由南侧出入场地。

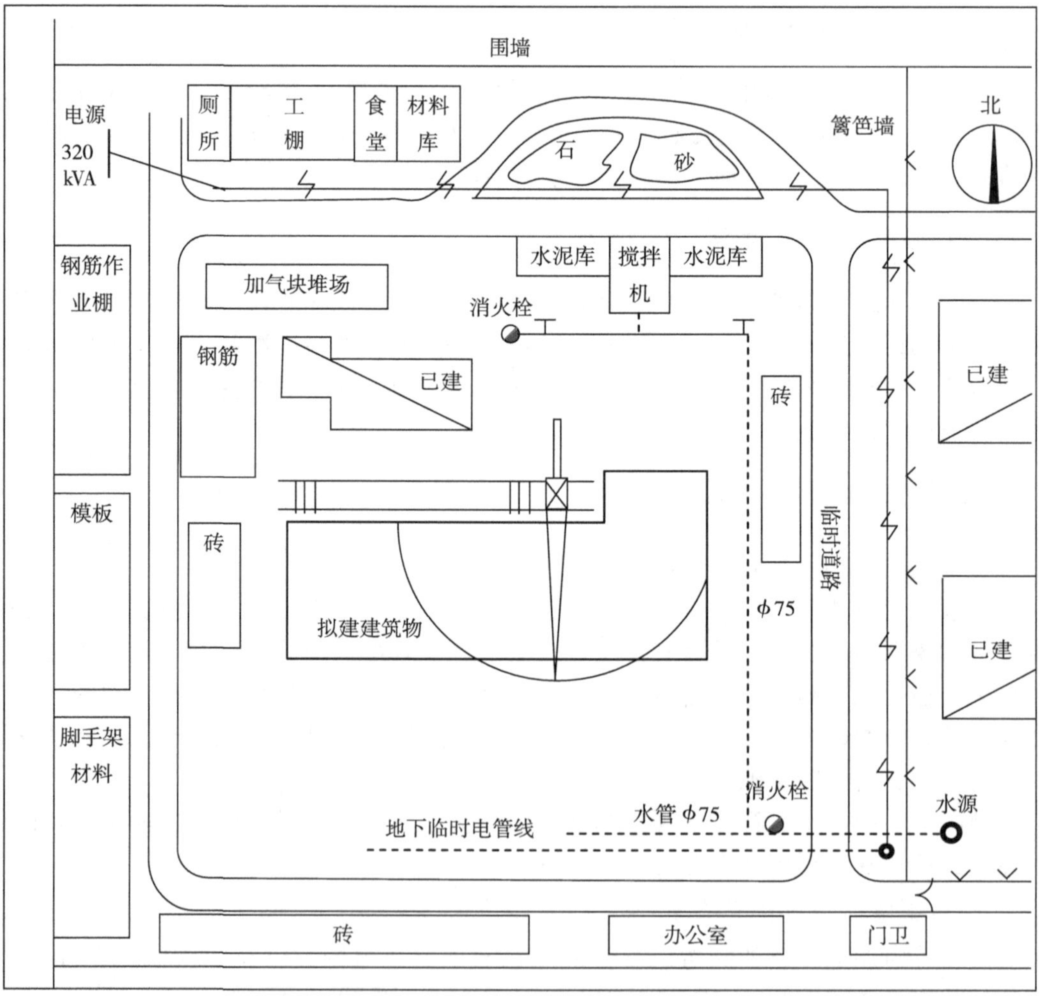

图 6-12　某多层钢筋混凝土框架结构建筑施工平面图

第八节　单位工程施工组织设计的技术经济分析

一、技术经济分析的目的

施工组织设计的技术经济分析指的是从技术和经济两个方面对所做出的施工组织设计的优劣进行客观评价。通过对其在技术上是否可行，在经济上是否合理的评价，为不断改进和提高施工组织设计水平，为科学地选择技术经济效果最佳的施工组织设计方案提供重要的依据。

二、技术经济分析的要求

单位工程施工组织设计的技术经济分析是建立在所编制的施工组织设计基础上的。因此，在进行技术经济分析时，要求以施工组织设计中的一案一表一图(施工方案、施工进度计划表、施工平面图)为中心，从施工技术角度上分析和论证其是否可行；从经济角度上，除了按施工方案中的要求，以国家的有关规定和工程实际需要为前提，进行分析和论证外，还要运用一些主要指标、辅助指标和综合指标进行定性或定量分析，以进一步论证其在经济上的合理性。

三、技术经济分析的指标体系与重点分析内容

1)技术经济分析指标体系

单位工程施工组织设计中的总工期指标、劳动生产率指标、产品质量指标、安全指标、降低成本率、设备利用率指标、主要工程机械化程度及三大材料节省指标等均是单位技术经济分析指标。在单位工程施工组织设计完成后，对这些指标进行计算分析，是评价施工组织设计优劣的参考依据。不同的建筑工程，由于施工、管理、质量等方面的要求不一样，在进行技术经济分析时，所选用的分析评价指标也不相同，通常可按图 6-13 中所列的指标体系进行选用。

2)技术经济分析的重点

由于施工组织设计中的技术经济分析是从技术和经济这两个方面对其设计内容的优劣进行客观评价的，所以，其技术经济分析一般应围绕设计中所涉及的各项工程的质量、工期、成本这三个方面进行。对于不同的单位工程施工组织设计，设计内容不同，技术经济分析的重点部位也不相同。例如：

(1)基础工程的重点应主要放在土石方工程、现浇混凝土工程、打桩工程、降水及排防水工程中。

(2)主体结构工程的重点是垂直运输机械的选择、脚手架的架设、模板与支撑、绑扎钢筋、现浇混凝土施工工艺、特殊分项工程施工方案等。

(3)屋面工程及装饰工程应以各分项工程的施工工艺、材料选用、质量保证措施和节约材料措施等为重点。

在单位工程施工组织设计中除了工期、质量及成本外，劳动力的使用、场地的占

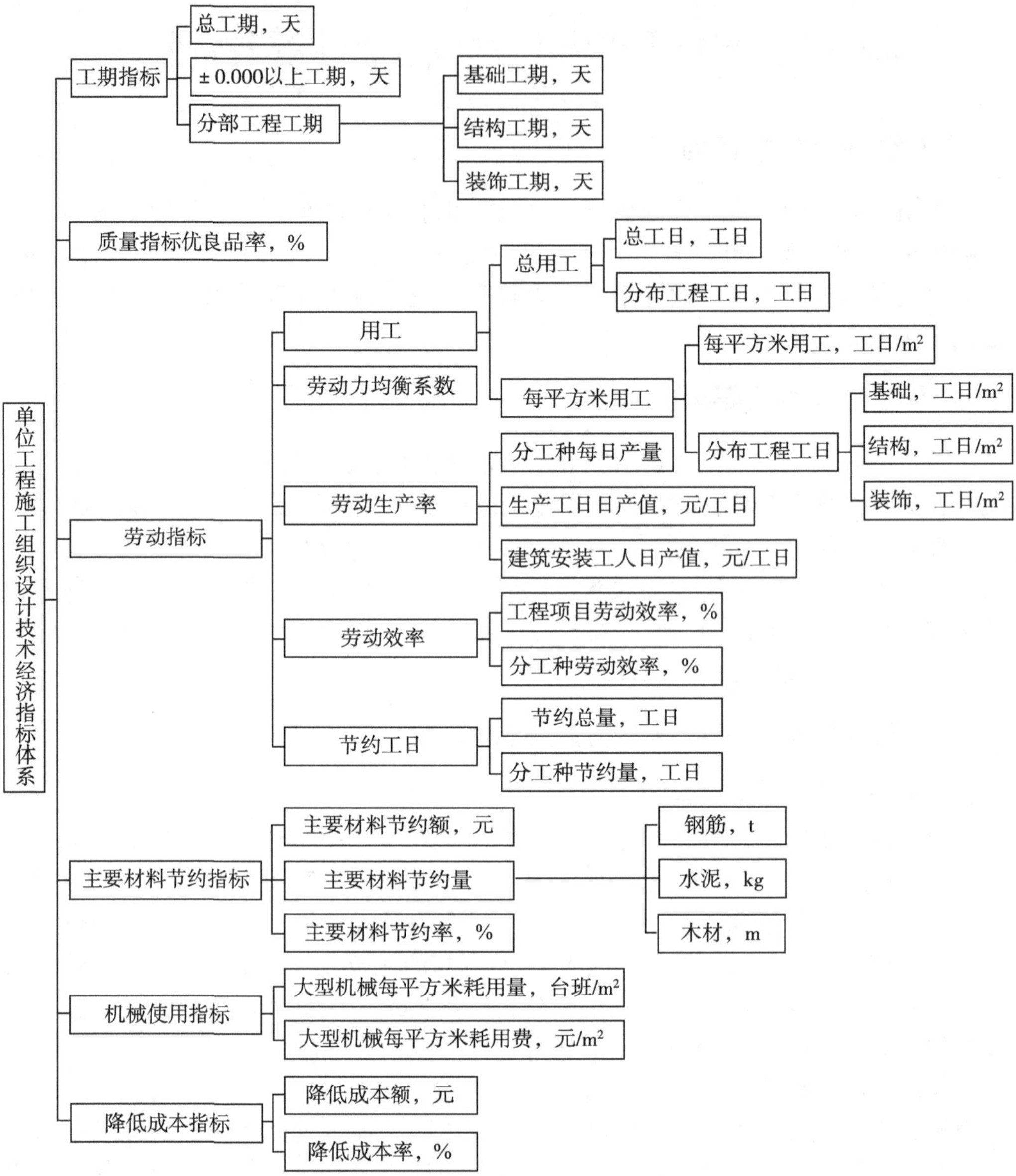

图 6-13 单位工程施工组织设计技术经济分析指标体系

有和利用、临时设施、新技术、新设备、新材料、新工艺的采用等，在需要的时候也可以作为重点进行技术经济的分析，以保证对设计进行全面准确地评价。

四、技术经济分析方法

(一)定性分析法

定性分析法是结合施工实际经验，从施工技术要求的几个指标入手，对不同单位工程施工组织设计进行分析和比较的方法，通常用以下几个方面来进行比较：

(1)工期是否适当，是否可按一般规律或要求工期进行分析。

(2)选择的施工机械是否适当，主要看其是否能满足施工要求，机械供应部门是否可能提供这种机械等。

(3)流水工作段划分是否适当，是否给流水施工带来方便。

(4)施工平面图布置得是否合理，主要看场地是否合理利用，临时设施费用是否正常，能否为文明施工创造条件。

(二)定量分析法

定量分析法是通过计算单位工程施工组织设计中的几个主要技术经济指标，然后进行综合比较，从中选择技术经济指标最优的方案，定量分析法一般有以下两种计算分析方法。

1. 多指标比较法

多指标比较法是以各方案中的若干个指标为基础，根据各指标的重要性相对程度，分别定出指标的权重值，然后依据各指标在不同方案中体现出来的优劣程度定出相应的分值，从而计算出各方案的综合指标值，来进行技术经济比较的方法。假设各个指标的权重为 W_i，而在不同的方案中所体现出来的优劣程度为 $C_{i,j}$($i=1$，2，…，n，$j=1$，2，…，m)，则综合指标 A 的计算公式为

$$A=\frac{n}{2}C_{i,j}W_i \tag{6-10}$$

综合指标值最大者为最优方案，施工组织设计评价时常用以下几种指标：

(1)工期指标选择施工组织设计方案时，在确保工程质量和安全施工的前提下，应尽量缩短工期。

(2)单位面积建筑造价单位面积建筑造价(元/m^2)包括人工费、材料机械费用和施工管理费等。

$$每平方米造价=\frac{建筑总造价}{建筑总面积} \tag{6-11}$$

这里建筑总造价是实际施工造价而不是预算造价。

(3)降低成本指标。降低成本指标是一个重要指标，它综合反映了工程项目或分部工程由于采用不同施工方案而产生的不同经济效果，通常用降低成本额或降低成本率表示：

$$降低成本额=预算成本-计划成本 \tag{6-12}$$

$$降低成本率=\frac{降低成本额}{预算成本}\times 100\% \tag{6-13}$$

(4)施工机械化程度。

$$施工机械化程度=\frac{机械完成的实物量}{全部实际量}\times 100\% \tag{6-14}$$

在进行多指标比较时，有两种情况应区别对待：一种情况是一个方案的各项指标明显优于另一个方案，则可直接进行分析比较；另一种情况是几个方案的指标优劣有穿插，互有优势，则应以各项指标为基础，将各项指标值按照一定的计算方法进行综

合后得到一个综合指标值后再进行分析比较。

2. 单指标比较法

单指标比较法是用同一指标对各个方案优劣进行比较的方法。

复习与思考

1. 什么是单位工程施工组织设计？它包括哪些内容？
2. 试简述单位工程施工组织设计的作用及其编制依据和编制程序。
3. 单位工程施工组织设计中的工程概况包括哪些内容？
4. 单位工程施工组织设计中的施工部署包括哪些内容？
5. 如何确定施工流向？
6. 试简述单位工程施工进度计划的编制程序。
7. 试简述单位工程施工平面图的设计步骤。
8. 结合你所在的地区，到施工现场调查某一框架结构的单位工程施工组织设计，了解工程概况、施工部署、施工进度计划、施工准备与资源配置计划、常用施工方法、施工现场平面布置以及相关的技术经济分析，请教项目技术管理人员是如何组织和管理该单位工程的？

第七章

施工现场管理

第一节 项目经理与项目经理部

建设工程项目管理组织是指在建筑工程项目内，由完成各种项目管理工作的人、单位、部门按照一定的规则或规律组织起来的临时性机构。根据项目管理主体的不同，建设工程项目管理组织又可分为业主的项目管理组织和专业承包商的项目管理组织。通常建设工程项目管理组织的核心是项目经理部或项目管理小组。

一、项目经理

施工项目经理是施工企业在承包的建设工程施工项目上的委托代理人。自 20 世纪 80 年代中期以来，我国开始逐步形成了以项目法人责任制、工程招投标制、建设工程监理制、合同管理制为主要框架的建设工程项目管理模式。1992 年 7 月，建设部发布了《建筑施工企业项目经理资质管理办法》，开始施行施工企业项目经理资格审批管理制度，这一制度在一定程度上加强了对施工企业项目经理资质的管理，但由于施工企业项目经理队伍人员素质和管理水平参差不齐，专业素养、理论水平和文化程度整体偏低，影响了建设工程项目管理水平的提升，尤其是在我国建筑业需要与国际接轨，亟待开辟国际建筑市场的形势下，原有的项目经理制度已经不能适应建筑业发展的要求。2003 年 2 月 27 日《国务院关于取消第二批行政审批项目和改变一批行政审批项目管理方式的决定》(国发[2003]5 号)中明确规定：“消建筑施工企业项目经理资质核准，由注册建造师代替，并设立过渡期”。建设部依据此精神制定并发布了《关于建筑业企业项目经理资质管理制度向建造师执业资格制度过渡有关问题的通知》(建市[2003]86 号)，文件明确规定过渡期为 5 年，2008 年 2 月 27 日过渡期结束后，所有项目经理资质证书停止使用。过渡期内，具有项目经理资质的人员，只要符合考核认定的全部条件，可参加一次性的建造师执业资格考核认定，符合部分免试条件的，可在考试时免考部分科目。

建造师分为一级建造师与二级建造师。一级建造师具有较高的标准、较高的素质和管理水平，可以开展国际互认，对于开拓国际市场具有积极作用。报考建造师有相应的学历和从业年限要求，报考一级建造师的最低标准是具有大专学历，工作满六年，从事工程施工管理满四年。一级建造师划分为十个专业，即建筑工程、公路工程、铁路工程、民航机场工程、港口与航道工程、水利水电工程、矿业工程、市政公用工程、通信与广电工程、机电工程。二级建造师分为六个专业，即建筑工程、公路工程、水利水电工程、市政公用工程、矿业工程和机电工程。建造师考试内容分为综合知识与能力和专业知识与能力两个部分。一级的“综合”考试科目为《建设工程经济》、《建设工程项目管理》、《建设工程法规及相关知识》，“专业”考试科目为《专业工程管理与实务》；二级的“综合”考试科目为《建设工程施工管理》、《建设工程法规及相关知识》，“专业”考试科目为《专业工程管理与实务》。一级建造师执业资格考试时间定在每年的第三季度，考试成绩实行 2 年为一个周期的滚动管理办法，参加全部 4 个科目考试的人员必须在连续两个考试年度内通过全部科目。

通过执业资格考试并注册受聘后，建造师可以担任建设工程项目施工的项目经理，从事其他施工活动的管理，从事法律、行政法规或国务院建设行政主管部门规定的其他业务。建造师是一种专业人士，注册建造师是一种执业资格，而项目经理是企业的一个管理岗位，具有执业资格的建造师能否成为项目经理取决于企业是否聘用，2008 年 2 月 27 日起，大中型工程项目的项目经理必须由注册建造师担任。

1)项目经理的主要职责

(1)项目管理目标责任书规定的职责。

(2)主持编制项目管理实施规划，并对项目目标进行系统管理。

(3)对资源进行动态管理。

(4)建立各种专业管理体系并组织实施。

(5)进行授权范围内的利益分配。

(6)收集工程资料，准备结算资料，参与工程竣工验收。

(7)接受审计，处理项目经理部解体的善后工作。

(8)协助组织进行项目的检查、鉴定和评奖申报工作。

2)项目经理的权限

承建商为履行工程施工合同及实现企业对施工项目管理的预期目标，在派出施工项目经理的时候，不但要为其明确管理方针和目标要求，而且要给予相应的授权；授权的原则应该是以责定权，授权是为了尽责的需要，责和权均来自于企业，统一于施工项目管理过程，体现在项目的实施结果中，合理而明确的责权关系是形成施工项目管理组织运行机制所不可缺少的条件。项目经理权限包括以下几个方面：

(1)参与项目招标、投标和合同签订。

(2)参与组建项目经理部。

(3)主持项目经理部工作。

(4)决定授权范围内的项目资金的投入和使用。

(5)制定内部计酬办法。

(6)参与选择并使用具有相应资质的分包人。

(7)参与选择物资供应单位。

(8)在授权范围内协调与项目有关的内、外部关系。

(9)法定代表人授予的其他权力。

二、项目经理部

项目经理部是组织设置的项目管理机构，承担项目实施的管理任务和目标实现的全面责任。项目经理部是在组织法定代表人授权和职能部门的支持下，按照组织的相关规定组建的进行项目管理的一次性组织机构。

项目经理部由项目经理领导，接受组织职能部门的指导、监督、检查、服务和考核，并负责对项目资源进行合理使用和动态管理。项目经理部是项目管理的中枢，是项目责权利的落脚点。项目经理部是在项目经理领导下的机构，要服从项目经理的统一指挥；项目经理是项目利益的代表和全权负责人，其行为必须符合项目经理部的整体利益。

1)项目经理部的作用

(1)负责自项目开工到竣工的全过程项目管理。

(2)为项目经理决策提供信息依据，当好参谋，同时又要执行项目经理的决策意图，向项目经理全面负责。

(3)完成组织管理层赋予的基本任务。项目经理部作为一个项目团队，要凝聚管理人员的理论，调动其积极性，促进管理人员的合作，协调部门之间、管理人之间的关系，发挥每个人的岗位作用，为共同目标进行工作。

2)项目经理部建立的原则

(1)要根据所设计的项目组织设置项目经理部。

(2)要根据建设项目的规模、复杂程度和专业特点设置项目经理部。

(3)项目经理部是一个具有弹性的一次性管理组织，在项目启动前建立，在项目竣工验收、审计完成后解体，不能搞成一级固定性组织。

(4)项目经理部的组织结构可繁可简，规模可大可小，其复杂程度和职能范围完全取决于企业管理体制、项目本身和人员素质。

3)建立项目经理部的步骤

(1)根据项目管理规划大纲确定项目经理部的管理任务和组织结构。

(2)根据项目管理目标责任书进行目标分解与责任划分。

(3)确定项目经理部的组织设置。

(4)确定人员的职责、分工和权限。

(5)制定工作制度、考核制度与奖惩制度。

4)项目经理部的组建时机

一般可以在施工合同签订之后，工程开工之前组建施工项目经理部，作为承建商施工准备的一项重要内容。因工程建设采用招投标承发包和合同约定的生产方式，因此，业主在招标时，通常需要了解和审查承建商的施工项目管理组织机构和人员的配备情况，以便判断他的管理经验和能力，确定是否能将施工合同授予他。另外，从投标的承建商角度，也希望施工项目经理人员能够参与工程施工投标和施工合同评审及谈判的过程。以便全面而真实地掌握投标竞争的情况、中标的原因，投标时本企业在技术和管理上已考虑了哪些措施，进一步在施工过程中挖掘降低工程成本的潜力，以及业主对工程施工的要求，施工合同条件的背景和过程等，以便更有针对性地深化施工组织设计和施工项目管理措施，为制定和实现施工项目管理目标创造条件。因此，我国目前较普遍的做法是，施工投标方在投标文件中说明施工项目经理部的组成方案，包括组织构架、施工项目经理人选及主要的技术与管理人员的配备名单。合同签订之后，开工之前，再向业主报送施工项目经理部的正式组成名单，若与投标时组成的方案有较大的变动，必须与业主充分协商、沟通，最后达成一致。

5)项目经理部的配套管理制度

组织的基本要素包括组织结构、组织制度及其运行机制三个方面。组织结构是根据任务目标及分工协作的需要来确定的；组织制度是规范组织行为的保证；运行机制是组织活力的表现。如果管理组织的制度和机制不健全，无论采用怎样的组织结构模式，都会影响组织能力的发挥。

施工项目经理部建立时，应在项目经理的组织领导下，建立和健全内部的各项管理制度，其内容包括：①项目管理人员岗位责任制度。②项目技术管理制度。③项目质量管理制度。④项目安全管理制度。⑤项目计划、统计与进度管理制度。⑥项目成本核算制度。⑦项目材料、机械设备管理制度。⑧项目现场管理制度。⑨项目分配与奖励制度。⑩项目例会及施工日志制度。⑪项目分包及劳务管理制度。⑫项目组织协调制度。⑬项目信息管理制度。

一般应要求在施工项目经理部内部备有各种管理制度的书面文件和检索目录。建立管理制度文件一般宜采用以下办法：

(1)引用或节选由政府建设主管或相关部门规定并明令实施的现行管理制度；

(2)引用或节选本企业规定并明令实施的现行管理制度；

(3)引用或节选本企业以往施工项目管理中所建立的并适用于本工程的管理制度；

(4)直接针对本工程施工项目管理需要而专门制定的管理制度，但如果项目经理部自行制定的规章制度与企业现行的有关规定不一致时，应报送企业或其授权的职能部门批准。

6)项目经理部的解体

项目经理部为一次性组织机构，项目竣工验收后应对其职能进行弱化，经经济审计后予以解体。项目经理部的解体应具备的条件包括：工程已经竣工验收；与各分包单位已经结算完毕；已协助企业管理层与发包人签订了“工程质量保修书”；“项目管理目标责任书”已经履行完成，经企业管理层审计合格；已与企业管理层办理了有关手续；现场最后清理完毕。

第二节　项目技术管理

项目技术管理就是对现场各项技术活动、技术工作以及与技术相关的各种生产要素进行计划、实施、总结和评价的系统管理活动。它对建立正常的现场技术工作秩序，严格技术工作程序和责任制，保证施工质量和安全，提高施工效率，降低工程成本、增加经济效益都具有举足轻重的作用。本节主要介绍工程施工项目技术管理的基本内容。

一、项目技术管理组织体系

施工活动必须充分发挥施工企业技术和管理的整体优势，因此，项目的技术管理组织体系是施工企业为实施承建工程项目管理的技术工作班子，包括项目工程师、技术员(含各专业)、施工员等。其组织体系如图 7-1 所示。

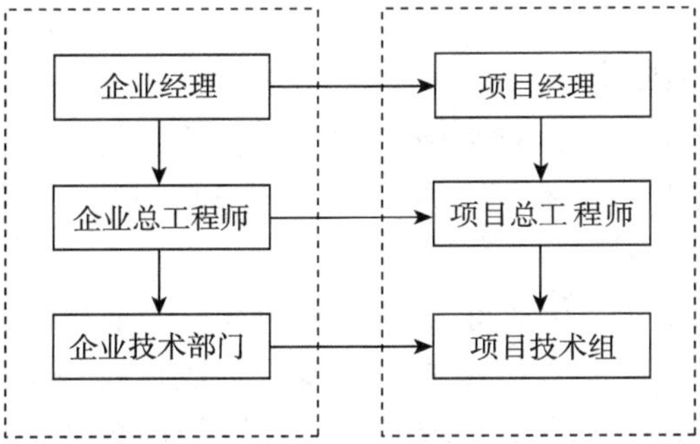

图 7-1　项目技术管理组织体系

在建筑业实行总分包的体制下，一个工程项目的施工过程，总包施工单位的技术管理工作，往往还涉及各分包单位的协同配合；甚至还涉及与同一项目平行承包单位在技术上的沟通、协调和必要的衔接。因此，施工现场的技术组织管理体制，从广义上说应该以工程承发包合同结构所确立的管理关系，建立起以总包为核心，总分包密切配合，总包指导分包，分包依托总包联动运行的技术工作机制。

二、项目技术管理责任制

项目技术管理责任制是施工企业一项重要的科学管理制度。它对各个岗位的技术工作人员必须履行的职责、权限、工作程序、要求、评估标准、考核办法、责任承担等均应做出具体规定，以增强技术责任心和调动技术工作的积极性与创造性，以促进技术业务和技术管理水平的不断提高。

现场工程项目经理部的技术管理责任制是企业技术管理责任制在具体工程项目上的贯彻和落实，其主要任务是抓好项目技术管理基础工作，建立和实施项目技术管理基本制度，实行项目总工程师统一领导，通过分工负责搞好项目施工所涉及的各项技术管理工作。

建立技术责任制的目的是把企业各级生产组织的技术工作纳入集中统一的轨道，保证企业各级组织的各种技术岗位都有技术负责人，防止和杜绝施工中责任不清或无人负责的现象，以保证工程质量和经济效益。为达到这个目的，必须建立各级技术领导，如工程总公司设总工程师，项目设项目总工程师，施工班组设技术工长、技术班组长，实行技术岗位责任制，使每个技术人员各有专职，各司其事，做到有职有权有责。

建立技术责任制，不只是使各级技术人员具有一定的职权，更重要的是充分发挥技术人员的积极性和创造性。这就要求企业的各级技术人员必须履行自己的职责，不断改进工作作风、工作方法，努力学习技术理论，深入实际，总结经验，善于把理论与实践结合起来，在自己的职权范围内把技术工作做好。各级技术领导应把企业的技术管理工作和其他各项管理工作有机地结合起来，使整个企业在完成生产任务的同时，不断提高技术管理水平。

三、项目技术管理基础工作

1. 施工技术法规性文件

施工技术法规性文件指各种有关施工技术的标准、规范、规程或规定。技术标准有国家标准、行业标准和企业标准，是建立和维护正常的生产和工作秩序应遵守的准则。

许多已颁布的国家标准、行业标准具有强制性；企业标准是企业自行制定并反映企业自身实际能达到的技术能力和要求，它属于企业自我约束的范畴。企业标准只有不低于前两类标准，才能作为施工管理的依据，以提高企业的竞争能力。技术规程或规范是为了贯彻技术标准，保证施工有秩序地进行，对施工作业方法、作业程序、技术要领、施工安全等方面做出的技术规定，应严格执行和遵守。例如，施工技术规程，操作规程，设备维护和检修规程、安全技术规程，以及施工验收规范等。

2. 技术原始记录

技术工作原始记录，包括建筑材料、构配件、工程用品及施工质量检验、试验、测定记录、图纸会审和设计交底记录，以及设计变更、技术核定记录、工程质量及安全事故分析与处理记录、施工日记等。原始记录是提供工程质量形成过程实际状况的真实凭据。

3. 技术档案

首先是设计文件即施工图的管理。工程项目施工技术负责人应指定专人负责施工图纸的签收、发放、保管、借阅、归档等业务工作，随时记录和传达图纸变更信息，以便现场能正确按图施工。

其次是施工组织设计文件、施工方案或大纲、施工图放样、技术措施等施工现场实际运作所形成各类技术资料的分类、立卷、归档、保管等，应该在管理过程中做出全面规划，并付诸实施，做到技术文件、资料、档案管理的规范化。

4. 技术情报

社会生产力的不断发展和科学技术的进步，施工技术革新及新工法的开发，新材料、新设备的推广应用，使建筑业的施工水平日益提高，无论是从施工企业管理的角度，还是为实施一个工程项目，都必须十分重视建筑技术发展的最新动态和情报信息。努力结合实际，推广这些社会科学技术进步的新成果，不断把项目技术管理水平提高到崭新的高度。

5. 计量工作

计量工作包括计量技术和计量管理，具有统一性、法制性、准确性和社会性的特征。计量工作在企业管理中是各项基础工作的基础，在项目技术管理中，直接关系到工程施工的质量和结果。施工现场的计量工作应该按照施工企业计量工作的统一要求，做好计量管理。

四、技术管理基本制度

1. 图纸审查制度

根据施工进度，分阶段熟悉审查图纸，同时要有一个“提前量”，以便全面考虑部署施工。这里所说的图纸既包括设计单位提交的图纸，也包括根据合同要求，承包商自己承担设计或深化的图纸。图纸审查的步骤主要包括学习、初审、会审及综合会审四个阶段。图纸审查中提出的问题应详细记录整理，以便与设计单位协商处理。在施工过程中所做的施工图修改，应当严格按照合同要求执行技术核定和设计变更签证制度，所有设计变更资料都应纳入工程技术档案。

2. 技术交底制度

技术交底是在单位工程分部分项工程或重要环节正式施工前，对参与施工的有关管理人员、技术人员和现场操作工人进行的一次技术性的交底。其目的是使参与施工的人员对施工对象从设计情况、建筑施工特点、技术要求、操作注意事项等方面有一个较详细的了解，做到心中有数，以便科学施工。

技术交底的主要内容有合同交底、设计图纸交底、施工组织设计交底、设计变更交底、新技术交底等。技术交底是一项经常性且十分重要的工作，应分级、分阶段进行。

3. 技术复核制度

技术复核的目的是保证技术标准的正确性，避免因技术工作的疏忽差错而造成工程质量或安全事故。因此，凡是涉及定位轴线、标高、尺寸、配合比、皮数杆、模板尺寸、预留洞口、预埋件的材质、型号、规格、吊装预制构件强度等，都必须根据设计文件和技术标准的规定进行复核检查，并做好记录和标识。技术复核也是实行质量控制的技术性预检预查。

4. 施工组织设计文件审批制度

工程施工开工之前，施工组织设计文件必须报施工企业总工程师组织审查批准后，作为施工部署、落实施工生产要素和指导现场施工的依据。

通过施工组织设计文件的审批，可以使现场技术工作的经验和积极性与企业综合技术实力的发挥更好地得到结合，也是施工有计划、有程序地展开并进行科学有效管理的重要保证。

5. 设计变更和技术核定管理制度

施工过程中，业主的需要或设计单位出于某种改善性的考虑，以及现场实际条件的变化等，都将导致施工图的设计变更。这不仅关系到施工依据的变化，而且涉及工程量的增减变化。因此，必须严格按照规定程序处理设计变更问题。一般由设计单位签证确认，监理工程师下达变更令。

在实际施工过程中，现场管理者或作业者对施工图的某些技术问题有异议或者提出改善性的建议，如材料构配件的代换、混凝土使用外加剂、工艺参数调整等，必须由技术负责人向设计单位提出“技术核定单”，经确认同意后才能实施。

6. 施工日记制度

施工日记真实而客观地记录了从工程开工到竣工为止每天现场施工状况的动态过程，包括当天的气象、施工部位和作业内容、作业能力效率和施工质量、例行检查和施工巡视所发现的问题、各种施工指令的传达与执行、施工条件变化及影响因素、对策措施、整改实情与结果等。施工日记既可用于了解、检查和分析施工的进展变化、存在问题与解决问题的结果，又可用于辅助证实施工质量检验评定以及质量保证原始资料形成过程的客观真实性。施工日记也是工程档案资料的组成件之一。

第三节　项目进度管理

在工程施工进度计划执行过程中，资金、人力、物资的供应和自然条件等因素的影响，往往会使原计划脱离预先设定的目标。计划的平衡是相对的，不平衡是绝对的。因此，要随时掌握工程施工进度，检查和分析施工计划的实施情况，并及时进行调整，保证施工进度目标的顺利实现。

一、项目进度管理的基本原理

(一)项目进度管理的概念

项目进度管理是为实现预定的进度目标而进行的计划、组织、指挥、协调和控制等活动。是针对所编制的施工进度计划，为确保项目施工进度目标的实现而展开的一系列活动。它包括进度规划、进度控制和进度协调。所谓进度规划，就是确定项目施工进度目标和分进度目标，编制施工进度计划；所谓进度控制，就是依据既定的进度目标和标准，对被控施工对象做出的一系列检查和纠偏活动；所谓进度协调，就是安排和处理施工计划执行中各单位之间的进度关系。

项目进度管理是一个动态的循环过程。首先，要明确施工项目的进度目标，并进行适当的分解，编制施工进度计划；在施工进度计划实施过程中，定期搜集和整理实际进度数据，并与计划进度值进行分析和比较；一旦发现进度偏差，应及时分析产生的原因，采取必要的纠偏措施或调整原进度计划。如此不断循环，直到工程竣工交付使用为止。项目施工进度动态管理的基本原理如图 7-2 所示。

(二) 进度管理的作用和内容

在项目施工进度计划的编制过程中，综合分析了施工条件、施工方法和主客观的各种影响因素，明确了计划的管理目标——计划总工期和各阶段形象进度，施工的经

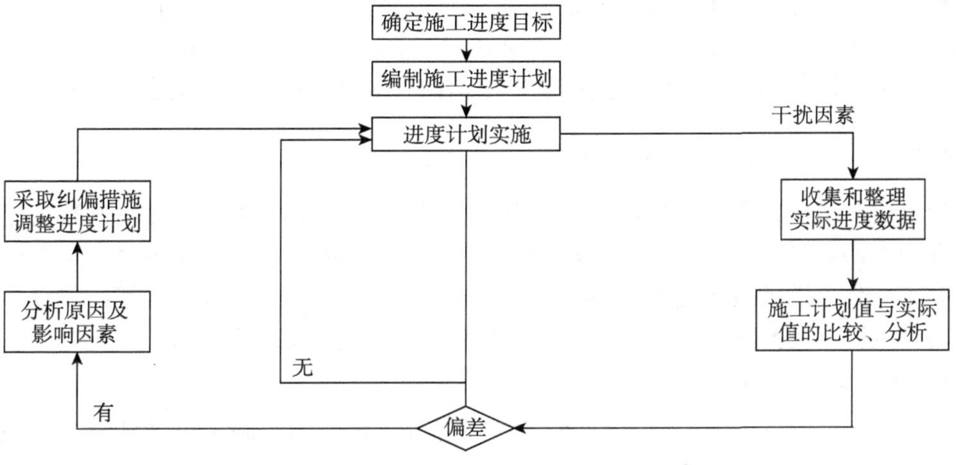

图 7-2　项目施工进度动态控制基本原理

济性问题也在选择施工方案过程中做了考虑，体现在以最佳施工设计方案为依据编制的施工预算中。因此，在施工计划的实施过程中，都必须围绕着这一目标，创造条件忠实地执行计划，以便整个施工过程能够保持良好的状态并如期达到应该完成的目标。但是随着工程的进展，由于多种因素的影响，实际项目施工进度会不断发生各种各样的变化，项目进度管理就显得非常重要。其作用表现为：

(1)施工外部环境及内部因素的不确定性。由于施工计划的多变性，为了保证项目施工进度目标和计划更符合实际情况，适应外部环境和内部因素的变化，需要通过控制来及时了解环境变化的程度和原因，准确把握计划进度与实际进度的差异性，从而进行有效的调整和修正。

(2)施工活动的复杂性。现代施工生产活动是一个庞大的系统工程，工程规模和组织结构日趋复杂，存在大量的组织协调工作，项目进度管理是保证施工活动正常进行的必要手段。

(3)管理失误的不可避免性。在工程施工活动中，任何人都会出现一些差错和失误，认识并纠正错误正是施工管理水平提高、业务能力走向成熟的重要标志。

通过施工活动反馈，及时发现进度偏差，分析原因，从而改进和完善施工计划，提高施工计划管理水平。

项目进度管理的主要内容有：

(1)收集和检查实际项目施工进度情况，并进行跟踪记载；

(2)比较和分析项目施工进度计划的执行情况，对工期的影响程度，寻找原因；

(3)决定应采取的相应措施和办法；

(4)调整项目施工进度计划。

二、施工阶段进度控制的实施与检查

项目施工进度控制的实施与检查，实际上贯穿于进度计划实施的始终。项目施工进度的实施就是不折不扣地贯彻和执行施工组织设计所确定的进度计划；项目施工进度的检查是进度计划实施情况信息的主要来源，又是分析问题、采取措施、调整计划的依据。为了进行有效的进度控制，两者不能决然分开。因此，在施工进程中，应经常地、定期地跟踪检查施工实际进度的实施情况，并切实做好监督工作。

(一)施工阶段进度控制的实施

项目施工进度计划的实施就是施工活动的安排和开展，也就是用项目施工进度计划指导施工活动、落实和完成项目施工进度计划。项目施工进度计划逐步实施的进程就是施工项目建造的逐步完成过程。为了保证项目施工进度计划的实施，并且尽量按编制的计划时间逐步进行，保证各进度目标的实现，应做好以下工作。

1. 项目施工进度计划的贯彻

(1)检查各层次的计划，形成严密的计划保证系统。项目施工进度计划主要包括施工总进度计划、单位工程项目施工进度计划、分部分项工程项目施工进度计划，它们之间的关系是：高层次的计划是低层次计划的依据，低层次计划是高层次计划的具体化。在其贯彻执行时应当首先检查是否协调一致，计划目标是否层层分解，互相衔接，组成一个计划实施的保证体系，以施工任务书的方式下达给施工队以保证实施。

(2)层层签订承包合同或下达施工任务书。施工项目经理、分包商之间一般签订承包合同，按计划目标明确规定合同工期，相互承担的经济责任、权限和利益；分包商和作业班组之间一般采用下达施工任务书，将分解的作业任务下达到施工班组，明确具体施工任务、技术措施、质量要求等内容，使施工班组必须保证按作业计划时间完成规定施工的任务。

(3)计划全面交底，发动群众实施计划。项目施工进度计划的实施是全体工作人员共同的行动，要使有关人员都明确各项计划的目标、任务、实施方案和措施，使管理层和作业层协调一致，将计划变成群众的自觉行动，充分发动群众，发挥群众的干劲和创造精神。在计划实施前要进行计划交底工作，可以根据计划的范围召开全体职工代表大会或各级生产会议进行交底落实。

2. 项目施工进度计划的实施

(1)编制月(旬)作业计划。项目施工进度计划是施工前编制的，虽然其目的是用于具体指导施工，但多数只考虑了主要施工过程，内容较粗略。因此，在计划执行中还需编制短期的更为详细的执行计划，这就是月(旬)作业计划。为了实施项目施工进度计划，将规定的任务结合现场施工条件和施工场地的情况、劳动力机械等资源条件和施工的实际进度，在施工开始前和过程中不断编制本月(旬)的作业计划，使施工计划更具体和切合实际。在本月(旬)计划中要明确：本月(旬)应完成的任务，所需要的各种资源量，提高劳动生产率和节约措施。月(旬)作业进度计划可用横道图表示，也可以按照网络计划的形式进行编制。在工程实际中可以截取时标网络计划的一部分，根据实际情况加以调整并进一步细化，这种形式对计划的控制将更为方便，并便于管理。作业计划的编制应满足三个条件：一是做好同时施工的不同施工过程之间的平衡协调；二是对项目施工进度计划分期实施；三是施工项目的分解必须满足指导作业的要求，应划分至工序，并明确进度日程。

(2)签发施工任务书。编制好月(旬)作业计划以后，将每项具体任务通过签发施工任务书的方式使其进一步落实。施工任务书是向班组下达任务、实行责任承包、全面管理和原始记录的综合性文件。施工班组必须保证指令任务的完成。它是计划和实施的纽带，也是实行责任承包、全面管理和进行经济核算的原始凭证。

3. 做好项目施工进度记录，掌握现场实际情况

在计划任务完成的过程中，各级项目施工进度计划的执行者都要跟踪做好施工记录，记载计划中的每项工作开始日期、工作进度和完成日期。其作用是为项目施工进度检查、分析、调整、总结提供信息，因此要求实事求是记载，并填好有关图表。

4. 做好施工中的调度工作

施工中的调度工作是组织施工中各阶段、环节、专业和工种的互相配合、进度协调的指挥核心。调度工作是使项目施工进度计划实施顺利进行的重要手段。其主要是掌握计划实施情况，协调各方面关系，采取措施，排除各种矛盾，加强各薄弱环节，实现动态平衡，保证完成作业计划和实现进度目标。因此，必须建立强有力的施工生产调度部门或调度网，并充分发挥其枢纽作用。

(二)项目施工进度计划的检查

在施工项目的实施进程中，为了进行进度控制，进度控制人员应经常地、定期地跟踪检查施工实际进度情况，主要是收集项目施工进度材料，进行统计整理和对比分析，确定实际进度与计划进度之间的关系。其主要工作包括：

1. 跟踪检查施工实际进度

跟踪检查施工实际进度是项目施工进度控制的关键措施。其目的是收集实际项目施工进度的有关数据。跟踪检查的时间和收集数据的质量，直接影响控制工作的质量和效果。

一般检查的时间间隔与施工项目的类型、规模、施工条件和对进度执行要求的程度有关。通常可以确定每月、半月、旬或周进行一次。

检查的内容主要包括：在检查时间段内任务的开始时间、结束时间、已进行的时间，完成的实物工程量、资源消耗情况等。

2. 整理统计检查数据

对于收集到的施工项目实际进度数据，要进行必要的整理，并按计划的工作项目进行统计，要以相同的量纲和形象进度，形成与计划进度具有可比的数据。一般可以按实物工程量、工作量和劳动消耗量以及累计百分比，整理和统计实际检查的数据，以便与相应的计划完成量相对比分析。

3. 对比分析实际进度与计划进度

将收集的资料整理和统计成具有与计划进度可比性的数据后，用施工项目实际进度与计划进度的比较方法进行比较。通常用的比较方法有横道图比较法、S型曲线比较法、香蕉型曲线比较法、前锋线比较法和列表比较法等。通过比较得出实际进度与计划进度是相一致，还是超前，或者延迟三种情况，以便为决策提供依据。

4. 项目施工进度检查结果的处理

项目施工进度检查要建立报告制度，即将项目施工进度检查比较的结果、有关项目施工进度现状和发展趋势，以简要、明了的书面报告形式向有关主管人员和部门汇报。

进度控制报告的编写，原则上由计划负责人或进度控制人员与其他项目人员协作编写。进度报告时间应与进度检查时间相协调，一般每月报告一次，重要的、复杂的项目每旬或每周报告一次。

进度控制报告根据报告对象的不同，一般分为以下三个级别：

(1)项目概要级的进度报告。它是以整个施工项目为对象描述进度计划执行情况的报告。它是报给项目经理、企业经理或业务部门以及监理单位或建设单位(业主)的。

(2)项目管理级的进度报告。它是以单位工程或项目分区为对象说明进度计划执行情况的报告，重点是报给项目经理和企业业务部门及监理单位的。

(3)业务管理级进度报告。它是以某个重点部位或某项重点问题为对象编写的报告，供项目管理者及各业务部门使用，以便采取应急措施。

进度控制报告的内容按照报告的级别和编制范围的不同而有所差异，主要包括：项目实施概况、管理概况、进度概要；项目项目施工进度、形象进度及简要说明；施工图纸提供进度；材料、物资、构配件供应进度；劳务记录及预测；日历计划；建设单位(业主)、监理单位施工主管部门对施工者的变更指令等。

三、项目施工进度比较分析与计划调整

(一)项目施工进度比较分析方法

项目施工进度比较分析与计划调整是项目施工进度控制的主要环节。计划是否需要调整以及如何调整，必须要以施工实际进度与计划进度进行比较分析后的结果作为依据和前提。其中项目施工进度比较是调整的基础。常用的比较分析方法有以下几种：

1. 横道图比较法

用横道图编制项目施工进度计划，指导施工的实施是人们常用的、很熟悉的方法。它形象、直观，编制方法简单，使用方便。

横道图比较法，是把在项目施工中检查实际进度收集的信息，经整理后直接用横道线并列标于原计划图上，与原计划图上的横道线进行直观比较的方法。例如，某设备安装工程的施工实际进计划与计划进度比较，如图 7-3 所示。其中空心细线表示计划进度，涂黑部分则表示工程施工的实际进度。从比较中可以看出，在第 4 天末进行项目施工进度检查时，土建预埋工作已全部完成；房间布线按计划进行完成 50%，没有偏差；家具制作工作实际进度比计划进度提前两天，超额完成任务。

通过上述记录与比较，清楚地反映了实际项目施工进度与计划进度之间的偏差，为进度控制者采取调整措施提供了明确的信息。这是人们施工中进行项目施工进度控制经常用的一种最简单、熟悉的方法。但是它仅适用于施工中的各项工作都是按均匀速度进行的情况，即是每项工作在单位时间里完成的任务量都是相等的情况。

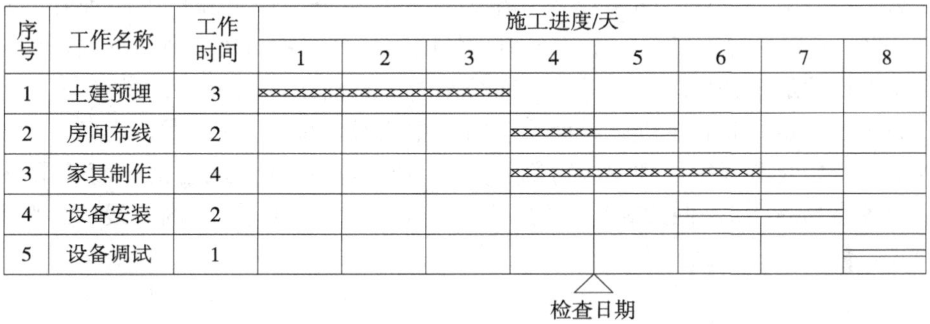

图 7-3　实际进度计划与计划进度的比较

这里所说的任务量可以用实物工程量、劳动消耗量和工作量三种物理量表示，为了比较方便，一般用它们实际完成量的累计百分比与计划的应完成量的累计百分比进行比较。例如，实物工程量百分比、劳动消耗量百分比以及工作量等。

实际施工中各项工作的速度不一定相同，并且进度控制要求和提供进度信息的种类往往不同，从而横道图比较法可以采用匀速施工横道图比较法、非匀速施工单侧横道图比较法和非匀速施工双侧横道图比较法三种表达形式。

2. S 型曲线比较法

S 型曲线比较法与横道图比较法不同，它不是在编制的横道图进度计划上进行实际进度与计划进度比较。它是以横坐标表示进度时间，纵坐标表示累计完成任务量，而绘制出一条按计划时间累计完成任务量的 S 型曲线，将施工项目的各检查时间实际完成的任务量 S 型曲线进行实际进度与计划进度相比较的一种方法。

就一个施工项目或一项工作的全过程而言，由于资源投入及工作面展开等因素，一般是开始和结尾阶段进展速度较慢、单位时间完成的任务量较少，中间阶段则较快、较多，如图 7-4(a)所示。而随时间进展累计完成的任务量，则应该呈 S 型变化，如图 7-4(b)所示。

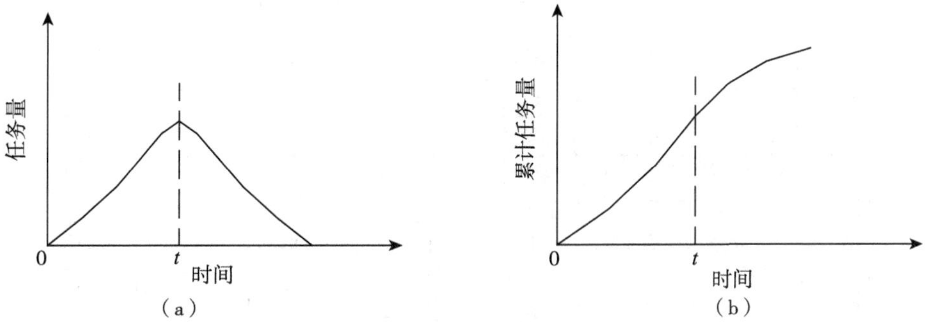

图 7-4　时间与完成任务量关系曲线

3. 香蕉型曲线比较法

香蕉型曲线是两条 S 型曲线组合而成的闭合曲线。从 S 型曲线比较法中得知，任一施工项目或一项工作，其计划时间与累计完成任务量的关系都可以用一条 S 型曲线表示，对于一个施工项目的网络计划，在理论上总是分为最早和最迟两种开始与完成时间。因此，一般情况，任何一个施工项目的网络计划，都可以绘制出两条曲线。其一是按各项工作的最早开始时间安排进度而绘制的 S 型曲线，称为 ES 曲线。其二是按各项工作的最迟开始时间安排进度，而绘制的 S 型曲线，称为 LS 曲线。两条 S 型曲线都是从计划的开始时刻开始，到完成时刻结束，因此两条曲线是闭合的。而其余时刻 ES 曲线上的各点均落在 LS 曲线相应点的左侧，形成一个形如"香蕉"的曲线，故此称为香蕉型曲线，如图 7-5 所示。

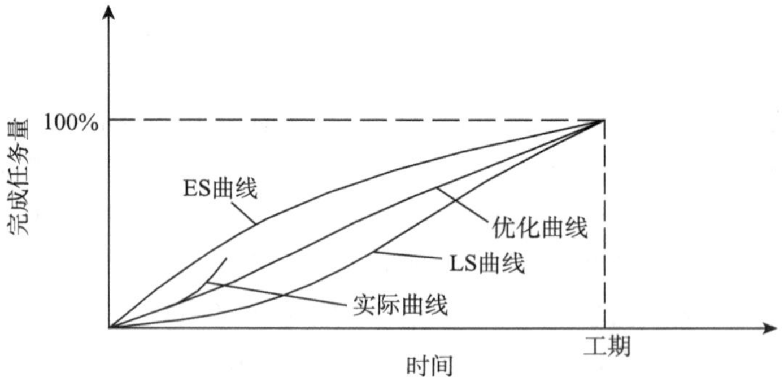

图 7-5　香蕉曲线

在项目的实施中进度控制的理想状况是任一时刻按实际进度描绘的点，应落在该香蕉型曲线的区域内。如图 7-5 中的实际进度线。

4. 前锋线比较法

前锋线比较法是适用于时标网络计划的简单易行的进度比较方法。它是从计划检查时刻的时标出发，用点划线依次连接各项工作的实际进度点，最后到另一侧计划检查时记得的时标点为止，形成一条一般呈折线的前锋线。按前锋线与工作箭线交点的位置判定施工实际进度与计划进度偏差。简而言之，前锋线法是通过施工项目实际进度前锋线，判定施工实际进度与计划进度偏差的方法。如图 7-6 所示。

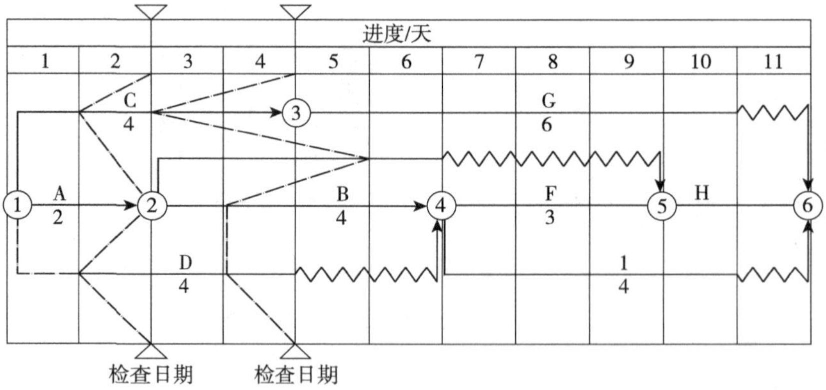

图 7-6　实际进度前锋线

(二)项目施工进度计划的调整

1. 分析进度偏差的影响

在工程实际进度控制中，通过采用的进度比较分析方法，当发现实际进度与计划进度出现偏差时，应当分析该偏差对后续工作和对总工期的影响。

(1)分析进度偏差的工作是否为关键工作。若出现偏差的工作为关键工作，则无论偏差大小，都对后续工作及总工期产生影响，必须采取相应的调整措施，若出现偏差的工作不为关键工作，需要根据偏差与总时差和自由时差的大小关系确定对后续工作和总工期是否产生影响及产生影响程度的大小。

(2)分析进度偏差是否大于总时差。若工作的进度偏差大于该工作的总时差，说明此偏差必须影响后续工作和总工期，必须采取相应的调整措施；若工作的进度偏差小于或等于该工作的总时差，说明此偏差对总工期无影响，但它对后续工作的影响程度，需要根据比较偏差与自由时差的情况来确定。

(3)分析进度偏差是否大于自由时差。若工作的进度偏差大于自由时差，说明此偏差对后续工作产生影响，其调整措施应根据后续工作允许影响的程度而定；若工作的进度偏差小于或等于该工作的自由时差，则说明此偏差对后续工作无影响，因此，原进度计划可以不作调整。

2. 项目施工进度计划的调整方法

在对实施的进度计划分析的基础上，应确定调整原计划的方法，一般主要有以下两种：

(1)改变某些工作间的逻辑关系。若检查的实际项目施工进度产生的偏差影响了总工期，在工作之间的逻辑关系允许改变的条件下，改变关键线路和超过计划工期的非关键线路上的有关工作之间的逻辑关系，达到缩短工期的目的。用这种方法调整的效果是很显著的，如可以把依次进行的有关工作改变平行的或互相搭配施工以及分成几个施工段进行流水施工等，都可以达到缩短工期的目的。

(2)缩短某些工作的持续时间。这种方法不改变工作之间的逻辑关系，但是缩短某些工作的持续时间，从而使项目施工进度加快，并保证实现计划工期的方法。这些被压缩持续时间的工作，应是位于由于实际项目施工进度的拖延而引起总工期增长的关键线路和某些非关键线路上的工作。同时，这些工作又是可压缩时间的工作。这种方法实际上就是网络计划优化中的工期优化方法和工期-成本优化的方法。

第四节　项目质量管理

项目质量管理是指为确保工程项目的质量特性满足要求而进行的计划、组织、指挥、协调和控制等活动。项目质量管理的中心任务是通过健全有效的质量监督工作体系来确保工程质量达到合同规定的标准和等级要求。根据工程质量形成的时间阶段、施工质量管理可分为质量的事前管理、事中管理和事后管理。其中，工作的重点应是质量的事前管理。

一、工程施工质量保证

质量保证是指“为了提供足够的信任表明实体能够满足质量要求，而在质量管理体系中实施并根据需要进行证实的全部有计划和有系统的活动”。工程施工质量保证必须通过施工企业质量体系的建立和有效运行来实现。

(一)质量体系的选择

1. 质量体系建立的途径

一个施工企业根据自身的工程管理质量保证要求，选择 GB/T19001～GB/T19003 中的一个质量保证模式标准，建立质量保证体系即以管理者推动的方式建立内部质量保证体系，用于指导本企业的质量管理。在工程招投标承包过程中，工程业主或发包方往往要对投标方(施工企业)的资质和质量体系进行评审，此时，发包方可能要对施工承包方现有的内部质量保证体系要素进行增减或调整其采用程度，以满足发包方具体工程特点的需要，涉及这些增减或调整质量体系要素的措施，称之为满足需方要求的外部质量保证，显然这种保证措施是需方，即工程发包方提出的，因此，通常必须写入合同，在合同的环境下实施外部质量保证，且所需增加的费用应由双方商定。

2. 施工质量体系的实施

由于建设工程实行总分包体制或其他多种模式的承发包，因此，在一个施工现场，如何将各参建施工企业的质量保证活动形成一个有机的整体并发挥作用是个现实的问题。尽管各参建方都有自身的质量保证体系，但如果没有整体的协调机制，在不同利益追求的驱动下，很可能削弱各自的质量保证能力。为了克服这种状况，必须以总包单位为核心，将总包质量体系中有关分包管理的要求作为分包合同条件；通过合同关系的确定，明确管理关系，以便建立以总包为核心，各分包在总包的统一指导下实施自主作业管理，共同实施整体综合质量保证活动的项目质量管理机制。对于平行承包的各方，同样应由发包方的合同条件，将其质量保证活动纳入现场统一的组织体制中协调运行。

(二)建立质量体系的流程

施工企业应根据市场情况、工程类型、生产特点、顾客要求，以 ISO9000 系列标准为依据，选择适用的要素并确定采用的程度，建立质量体系。

二、工程施工质量控制

(一)施工质量控制的目标

(1)施工质量控制的总体目标是贯彻执行建设工程质量法规和强制性标准，正确配制施工生产要素和采用科学管理的方法，实现工程项目预期的使用功能和质量标准，这是建设工程参与各方的共同责任。

(2)建设单位的质量控制目标是通过施工全过程的全面质量监督管理、协调和决策，保证竣工项目达到项目投资决策所确定的质量标准。

(3)设计单位施工阶段的质量控制目标，是通过对施工质量的验收签证、设计变更控制及纠正施工中所发现的设计问题，采纳变更设计的合理化建议，保证竣工项目的各项施工结果与设计文件(包括变更文件)所规定的标准一致。

(4)施工单位的质量控制目标是通过施工全过程的全面质量自控，保证交付满足施工合同及设计文件所规定的质量标准(含工程质量创优要求)的建设工程产品。

(5)监理单位在施工阶段的质量控制目标是通过审核施工质量文件、报告报表及现场旁站检查、平行检测、施工指令和结算支付控制等手段的应用，监控施工承包单位的质量活动行为，协调施工关系，正确履行工程质量的监督责任，以保证工程质量达到施工合同和设计文件所规定的质量标准。

(二)施工质量控制方式

根据工程施工质量形成的时间阶段划分，施工质量控制可以分为事前控制、事中控制、事后控制。

1. 事前控制

施工质量的事前控制是指在施工前，针对质量控制点或分部分项工程，预测在相应施工条件下可能发生的质量问题和隐患，分析造成这些可能发生的质量问题的原因并提出相应的对策，通过预先控制来防止施工中发生质量问题。

事前控制属于主动控制。对施工质量的事前控制工作主要应从两个方面入手：一是做好施工准备工作质量的全面检查与控制；二是做好有关工作的质量保证，如技术交底、设计变更等。

2. 事中控制

事中控制也称过程控制，是施工过程中所进行的质量控制。施工质量的事中控制也就是在工程施工的全过程的作业技术活动中，要求每项作业活动按照规定的标准，落实质量控制措施，确保作业过程质量的活动。

过程控制实质上就是如何建立和发挥施工系统在质量形成中的作业人员和管理人员的自我约束以及相互制约的监督机制，使工程质量的形成，从工序到分项、分部及单位工程自始至终处于受控状态。

施工质量的事中控制主要包括：①工序质量控制；②施工质量跟踪监控；③做好施工过程中的设计变更或修改；④施工过程中的工序产品和重要工程部位的检查验收；⑤处理施工质量缺陷。

3. 事后控制

事后控制也称纠偏控制。由于工程施工受到主客观影响的因素多，尽管通过周密的事前预控措施，对施工过程进行了周密组织并贯彻落实，但仍无法防范一些不可预见的偶然因素以及操作过程的某些疏忽和失误，这都将在特定的情况下引起施工质量偏离目标或技术标准。因此，必须经常而及时地进行施工过程的跟踪检查，以发现质量问题、事故和缺陷，通过原因的分析采取有效的对策措施来加以纠正，促使施工工作业的质量缺陷或事故，能及时地得到处理整改并维护整个施工过程的质量控制正常运行。

（三）现场施工质量控制的基本环节

现场施工质量控制是一个系统过程，施工质量必须通过现场质量中一系列可操作的基本环节来实现。现场施工质量控制的基本环节包括图纸会审、技术复核，技术交底、设计变更、隐蔽验收、三检结合、样板先行、级配管理，材料检验、施工日记、质保资料、质量验评和成品保护等。

（四）质量控制点

质量控制点是工程施工质量控制的重点，设置质量控制点就是根据工程项目的特点，抓住影响工序施工质量的主要因素。设置施工质量控制点是事前控制的一项重要内容。

可作为质量控制点的对象可能是技术要求高、施工难度大的部位，也可能是影响质量的关键工序、操作或某一环节。概括来说，应当选择那些保证质量难度大的、对质量影响大的或者是发生质量问题时危害大的对象作为质量控制点。具体地，可以作为质量控制点的是：

(1)施工过程中的关键工序或环节以及隐蔽工程，如预应力结构的张拉工序，钢筋混凝土结构中的钢筋架立；

(2)施工中的薄弱环节，或质量不稳定的工序、部位或对象，如地下防水层施工；

(3)对后续工程施工质量或安全有重大影响的工序、部位或对象，如预应力结构中的预应力钢筋质量、模板的支撑与固定等；

(4)采用新技术、新工艺、新结构、新材料的部位或环节；

(5)施工上无足够把握的、施工条件困难的或技术难度大的工序或环节，如复杂曲线模板的放样等。

在施工过程中，应按照前面过程控制和纠偏控制的内容和方法对质量控制点实施动态控制与跟踪管理。

可以说，凡是影响所设置质量控制点的因素都可以作为质量控制点的对象，因此，人、材料、机械设备、施工环境、施工方法等均可作为质量控制点的对象，但对特定的质量控制点，它们的影响作用是不同的，这就要对重要因素重点设防。

进行质量预控时，质量控制点的选择是关键，应准确有效，一般由有经验的工程技术人员进行选择。选择时应根据对重要的质量特性进行重点控制的要求，选择质量控制的重点部位、重点工序和重点的质量因素作为质量控制点，进行重点控制和预控。

（五）施工生产要素的质量控制

在工程施工中，影响工程质量的要素主要有人、材料、机械、方法和环境五个方面。

1. 人的控制

施工现场对人的控制的主要措施和途径是：

(1)以项目经理的管理目标和职责为中心，合理组建项目管理机构，贯彻岗位责任制，配备合适的管理人员。

(2)严格实行分包单位的资质审查，控制分包单位的整体素质，包括技术素质、管理素质、服务态度和社会信誉等。严禁分包工程或作业的转包，以防资质失控。

(3)坚持作业人员持证上岗，特别是重要技术工种、特殊工种、高空作业等，做到有资质者上岗。

(4)加强对现场管理和作业人员的质量意识教育及技术培训，开展作业质量保证的研讨交流活动等。

(5)严格现场管理制度和生产纪律，规范人的作业技术和管理活动的行为。

(6)加强激励和沟通活动，调动人的积极性。

2. 材料的质量控制

材料(包括原材料、成品、半成品、构配件)是工程施工的物质条件，材料质量是保证工程施工质量的必要条件之一，实施材料的质量控制应抓好以下环节：

(1)材料采购。承包商采购的材料都应根据工程特点、施工合同、材料的适用范围和施工要求、材料的性能价格等因素综合考虑。采购材料应根据项目施工进度提前安排，项目部或企业应建立常用材料的供应商信息库并及时追踪市场。必要时，应让材料供应商呈送材料样品或对其实地考察，应注意材料采购合同中质量条款的严格说明。

(2)材料检验。材料质量检验的目的是事先通过一系列的检测手段，将所取得的材料数据与其质量标准相比较，借以判断材料质量的可靠性，判断其能否用于工程。业主供应的材料同样应进行质量检验，检验方法有书面检验、外观检验、理化检验和无损检验四种，根据材料信息和保证资料的具体情况，其质量检验程序分免检、抽样检验和全部检查三种。抽样检验是建筑材料常见的质量检验方式，应按照国家有关规定的取样方法及试验项目进行检验，并对其质量做出评定。

(3)材料的仓储和使用。运至现场或在现场生产加工的材料经过检验后应重视对其仓储和使用的管理，避免因材料变质或误用造成质量问题，如水泥的受潮结块、钢筋的锈蚀，不同直径钢筋的混用等。为此，一方面，承包商应合理调度，避免现场材料大量积压；另一方面，承包商应坚持对材料按不同类别排放，挂牌标志，并在使用材料时现场检查督导。

3. 施工机械设备的质量控制

施工机械设备应从机械设备的选择采购、运输、检查、安装和调试等方面进行质量控制。

(1)设备选择采购。除参考前面材料采购外，尚应指派相关专业人员专门负责，大型设备如无定型产品，还需联系厂家定制；有的设备还需相应政府部门审批。有设备供应分包商时，应特别注意设备供应分包合同的管理。

(2)设备运输。设备生产厂家距工程项目施工地点可能很远，甚至从国外进口，为此，应特别重视运输过程中的设备保护，并通过运输投保转移风险。当然，如果设备供应分包负责运至工地，总承包商就不存在上面的问题了。

(3)设备检查验收。承包商对运至现场的设备应会同有关人员开箱检查，主要检查设备外观、部件、配件数量、书面资料等是否合格齐全，同时注意开箱时避免破坏设备。

(4)设备安装。设备安装应符合有关技术要求和质量标准；由于设备安装通常以土建工为先导，且经常交叉作业，所以应特别注意两者的交叉作业；设备安装通常进行专业分包，所以选择合适的分包单位并对其实施有效的管理就显得非常重要。

(5)设备调试。设备调试是设备正常运转并保证其质量的必经环节，应按照要求和一定步骤顺序进行，对调试结果分析以判断前续工作效果。

4. 施工方法的控制

施工方法的控制包括工程施工所采取的技术方案、工艺流程、检测手段、施工组织设计等的控制。

对施工方法的控制，应重点抓好以下几个方面：

(1)施工方案应随工程施工的进展而不断细化和深化。选择施工方案时，应拟定几个可行的方案，突出主要矛盾，对比主要优缺点，以便反复讨论和比较，选出最佳方案。

(2)对主要项目、关键部位和难度较大的项目，如新结构、新材料、新工艺、大跨度、大悬、高大的结构部位等，制订方案时要充分估计到可能发生的施工质量问题和处理方法。

施工方法是实现工程施工的重要手段，无论施工方案的制订、工艺的设计、施工组织设计的编制、施工顺序的开展和操作要求等，都必须以确保质量为目的。

5. 环境因素的控制

影响工程施工的环境因素较多，有自然环境因素如工程地质、水文、气象等，也有管理环境因素如质量保证体系、管理制度等，还包括劳动作业环境因素如作业面、劳动组合等。

(1)自然环境的控制。其主要是掌握施工现场水文、地质和气象资料信息，以便在制定施工方案、施工计划和措施时，能够从自然环境的特点和规律出发，建立地基和基础施工对策，防止地下水、地面水对施工的影响，保证周围建筑物及地下管线的安全；从实际条件出发做好冬、雨季施工项目的安排和防范措施，加强环境保护和建设公害的治理。

(2)管理环境控制。其主要是根据承发包的合同结构，理顺各参建施工单位之间的管理关系，建立现场施工组织系统和质量管理的综合运行机制。确保在施工程序的安排以及施工质量形成方向各参建单位之间能够做到相互促进、相互制约、协调运转的作用。此外，在管理环境的创设方面，还应注意与现场近邻的单位、居民及有关方面的协调、沟通，做好公共关系，以取得他们对施工造成的干扰和不便给予必要的谅解和支持配合。

(3)劳动作业环境控制。首先是做好施工平面图的合理规划和管理，规范施工现场的机械设备、材料构件、道路管线和各种临时设施的布置。其次是落实现场安全的各种防护措施，做好明显标识，注意确保施工道路畅通，安排好特殊环境下施工作业的通风照明措施。最后，加强施工作业场所的清洁工作，每天下班前应留出 5min 进行场所清理收拾。

（六）施工作业过程的质量控制

（1）建设工程施工项目是由一系列相互关联、相互制约的作业过程（工序）所构成的，控制工程项目施工过程的质量，必须控制全部作业过程，即各道工序的施工质量。

（2）施工作业过程质量控制的基本程序为：

①进行作业技术交底，包括作业技术要领、质量标准、施工依据、与前后工序的关系等。

②检查施工工序、程序的合理性、科学性，防止工序流程错误，导致工序质量失控。检查内容包括施工总体流程和具体施工作业的先后顺序。在正常的情况下，要坚持先准备后施工、先深后浅、先土建后安装、先验收后交工等。

③检查工序施工条件，即每道工序投入的材料，使用的工具，设备及操作工艺及环境条件等是否符合施工组织要求。

④检查工序施工中人员操作程序、操作质量是否符合质量规程要求。

⑤检查工序施工中间产品的质量，即工序质量、分项工程质量。

⑥对工序质量符合要求的中间产品（分项工程）及时进行工序验收或隐蔽工程验收。

⑦质量合格的工序经验收后可进入下道工序施工。未经验收合格的工序，不得进到下道工序施工。

三、施工质量验收的方法

（1）建设工程质量验收是对已完工的工程实体的外观质量及内在质量按规定程序检查后，确认其是否符合设计及各项验收标准的要求，是可交付使用的一个重要环节。正确地进行工程项目质量的检查评定和验收，是保证工程质量的重要手段。

鉴于建设工程施工项目规模大，专业分工较多，技术安全要求高等特点，国家相关行政管理部门对各类工程项目的质量验收标准制定了相应的规范，以保证工程验收的质量，工程验收应严格执行规范的要求和标准。

（2）工程质量验收分为过程验收和竣工验收，其程序及组织包括：

①施工过程中，隐蔽工程在隐蔽前通知建设单位（或工程监理）进行验收，并形成验收文件。

②分部分项工程完工后，应在施工单位自行验收合格后，通知建设单位（或工程监理）验收，重要的分部分项工程应请设计单位参加验收。

③单位工程完工后，施工单位应自行组织检查、评定，符合验收标准后，向建设单位报交验收申请。

④建设单位收到验收申请后，应组织施工、勘察、设计、监理单位等的人员进行单位工程验收，明确验收结果，并形成验收报告。

⑤按国家现行管理制度，房屋建筑工程及市政基础设施工程验收合格后，尚需在规定的时间内，将验收文件报政府管理部门备案。

(3)建设工程施工质量验收应符合下列要求：

①工程质量验收均应在施工单位自行检查评定的基础上进行。

②参加工程施工质量验收的各方人员，应该具有所规定的资格。

③建设项目的施工，应符合工程勘察、设计文件的要求。

④隐蔽工程应在隐蔽前由施工单位通知有关单位进行验收，并形成验收文件。凡分项工程的施工结果被后面施工所覆盖的均应进行隐蔽工程验收。实践证明，坚持隐蔽工程验收制度是防止质量隐患、保证工程项目质量的重要措施。隐蔽工程验收应按照既定的工作程序办理。隐蔽工程验收记录应列入工程档案。对于隐蔽工程验收中提出的不符合质量标准的问题，应认真处理；未经隐蔽工程验收或验收不合格不得进行下道工序施工。隐蔽工程验收的主要内容如表 7-1 所示。

表 7-1 隐蔽工程验收的主要内容

项目	检查验收内容
基础工程	土质情况、基坑尺寸，标高、桩位数量、打桩记录、人工地基试验记录
钢筋工程	品种，规格、数量、位置、形状，焊接尺寸、接头位置，预埋件的数量及位置等
防水工程	室面、地下室，水下结构物的防水层数、措施和质量情况
上、下水暖暗管	位置，标高、坡度、试压、通水试验，焊接、防锈，防腐，保暖及预埋件等
暗配电气线路	位置、规格、标高、弯度、防腐，接头、电缆耐压绝缘试验、地线，接地电阻等
其他	完工后无法进行检查的工程，重要结构部位和有特殊要求的隐蔽工程

⑤单位工程施工质量应该符合相关验收规范的标准。

⑥涉及结构安全的材料及施工内容，应有按照规定对材料及施工内容进行见证取样检测资料。

⑦对涉及结构安全和使用功能的重要部分工程，专业工程应进行功能性抽样检测。

⑧工程外观质量应由验收人员通过现场检查后共同确认。

(4)建设工程施工质量检查评定验收的基本内容和方法包括：

①分部分项工程内容的抽样检查。

②施工质量保证资料的检查，包括施工全过程的技术质量管理资料，其中又以原材料、施工检测、测量复核及功能性试验资料为重点检查内容。

③工程外观质量的检查。

(5)工程质量不符合要求时，应按规定进行处理。其内容包括：

①经返工或更换设备的工程，应该重新检查验收。

②经有资质的检测单位检测鉴定，能达到设计要求的工程，应予以验收。

③经返修和加固后仍不能满足使用要求的工程严禁验收。

第五节　项目成本管理

一、项目成本管理的任务

项目成本管理是为实现项目成本目标所进行的预测、计划、控制、核算、分析和考核等活动。要在保证工期和满足质量要求的情况下，利用组织措施、经济措施、技术措施、合同措施把成本控制在计划范围内，并进一步寻求最大程度的成本节约。施工项目成本管理的任务主要包括成本预测、成本计划、成本控制、成本核算、成本分析和成本考核。

(一)项目成本预测

项目成本预测就是根据成本信息和施工项目的具体情况，运用一定的专门方法，对未来的成本水平及其可能发展趋势做出科学的估计，其实质就是在施工以前对成本进行估算。通过成本预测，可以使项目经理部在满足业主和施工单位的前提下，选择成本低、效益好的最佳成本方案，并能够在施工项目成本形成的过程中，针对薄弱环节，加强成本控制，克服盲目性，提高预见性。因此，施工项目成本预测是施工项目成本决策与计划的依据。预测时，通常是对施工项目计划工期内影响其成本变化的各个因素进行分析，比照近期已完成施工项目或将要完成施工项目的成本(单位成本)，预测这些因素对工程成本中有关项目(成本项目)的影响程度，预测出工程的单位成本或总成本。

(二)项目成本计划

项目成本计划是以货币形式编制施工项目在计划期内的生产费用、成本水平、成本降低率以及为降低成本所采取的主要措施和规划的书面方案。它是建立施工项目成本管理责任制、开展成本控制和核算的基础。一般来说，一个施工项目成本计划应包括从开工到竣工所必需的项目成本，它是该施工项目降低成本的指导文件，是设立目标成本的依据。可以说，成本计划是目标成本的一种形式。

(三)项目成本控制

项目成本控制是指在施工过程中，对影响施工项目成本的各种因素加强管理，并采取各种有效措施、将施工中实际发生的各种消耗和支出严格控制在成本计划范围内，随时揭示并及时反馈，严格审查各项费用是否符合标准，计算实际成本和计划成本之间的差异并进行分析，消除施工中的损失浪费现象，发现和总结先进经验。

施工项目成本控制应贯穿施工项目从投标阶段开始直到项目竣工验收的全过程，它是企业全面成本管理的重要环节。因此，必须明确各级管理组织和各级人员的责任和权限，这是成本控制的基础之一，必须给予足够的重视。

(四)项目成本核算

项目成本核算是按照规定开支范围对施工费用进行归集，计算出施工费用的实际发生额，并根据成本核算对象，采用适当的方法，计算出该施工项目的总成本和单位成本。施工项目成本核算所提供的各种成本信息是成本预测、成本计划、成本控制、成本分析和成本考核等各个环节的依据。

(五)项目成本分析

项目成本分析是在成本形成过程中，对施工项目成本进行的对比评价和总结工作。它贯穿于项目成本管理的全过程，主要利用施工项目的成本核算资料，与计划成本、核算成本以及类似施工项目的实际成本等进行比较，了解成本的变动情况，同时也要分析主要技术经济指标对成本的影响，系统地研究成本变动情况，检查成本计划的合理性，深入揭示成本变动的规律，以便有效地进行成本管理。

影响施工项目成本变动的因素有两个方面：一是外部的属于市场经济的因素，二是内部的属于企业经营管理的因素。作为项目经理，应该了解这些因素，但应将施工项目成本分析的重点放在影响施工项目成本升降的内部因素上。成本分析的基本方法包括比较法、因素分析法、差额计算法和比率法。

(六)项目成本考核

项目成本考核是指施工项目完成后，对施工项目成本形成中的各责任者，按施工项目成本目标责任制的有关规定，将成本的实际指标与计划、定额、预算进行对比和考核。评定施工项目成本计划的完成情况和各责任者的业绩，并以此给予相应的奖励和处罚。通过成本考核，做到有奖有罚，赏罚分明，才能有效地调动企业的每一个职工在各自的施工岗位上努力完成目标成本的积极性，为降低施工项目成本和增加企业的积累，做出自己的贡献。

二、项目成本控制

项目成本控制应伴随项目建设的进程逐步展开。要注意各个时期的特点和要求，各个阶段的工作内容不同，成本控制的主要任务也不同。

(一)施工前期的成本控制

1. 工程投标阶段

投标阶段成本控制的主要任务是编制适合本企业施工管理水平、施工能力的报价。其内容包括：①根据工程概况、招标文件及建筑市场和竞争对手的情况，进行成本预测，提出投标决策意见。②中标以后，应根据项目的建设规模组建与之相适应的项目经理部，同时以标书为依据确定项目的成本目标，并下达给项目经理部。

2. 施工准备阶段

(1)根据设计图纸和有关技术资料，对施工方案、施工顺序、作业组织形式、机械设备类型、技术组织措施等进行认真的研究分析，制定科学先进、经济合理的施工方案。

(2)根据企业下达的成本目标，以分部分项工程实物工程量为基础，根据劳动定额、材料消耗定额和技术组织措施的节约计划，在优化施工方案的指导下编制明细而具体的成本计划，并按照部门、施工队和班组的分工进行分解，作为部门、施工队和班组的责任成本落实下去，为今后的成本控制做好准备。

(3)根据项目的建设时间的长短和参加建设人数的多少编制间接费用预算，并对上述预算进行明细分解，以项目经理部有关部门(或业务人员)责任成本的形式落实下去，为今后的成本控制和绩效考核提供依据。

(二)施工期间的成本控制

施工阶段成本控制的主要任务是确定项目经理部的成本控制目标，由项目经理部建立成本管理体系，项目经理部对各项费用指标进行分解，以确定各部门的成本控制指标，加强成本的过程控制。

(1)加强施工任务单和限额领料单的管理，特别要做好每一个分部分项工程的验收(包括实际工程量的验收和工作内容、工程质量、文明施工的验收)及实耗人工、实耗材料的数量核对，以保证施工任务单和限额领料单的结算资料绝对正确，为成本控制提供真实可靠的数据。

(2)将施工任务单和限额领料单的结算资料与施工预算进行核对，计算分部分项工程的成本差异，分析差异产生的原因并采取有效的纠偏措施。

(3)做好月度成本原始资料的收集和整理，正确计算月度成本、分析月度预算成本与实际成本的差异，对于一般的成本差异要在充分注意不利差异的基础上认真分析有利差异产生的原因，以防对后续作业成本产生不利影响或因质量低劣而造成返工损失；对于盈亏比例异常的现象，则要特别重视，并在查明原因的基础上，采取果断措施，尽快加以纠正。

(4)在月度成本核算的基础上，实行责任成本核算。也就是利用原有会计核算的资料，重新按责任部门或责任者收集成本费用，每月结算一次，并与责任成本进行对比，由责任部门或责任者自行分析成本差异和产生差异的原因，自行采取措施纠正差异，为全面实现责任成本创造条件。

(5)经常检查对外经济合同的履约情况，为顺利施工提供物质保证。例如，遇拖期或质量不符合要求时，应根据合同规定向对方索赔；对缺乏履约能力的分包商或供应商，要采取果断措施，立即中断合同，并另找可靠的合作伙伴，以免影响施工，造成经济损失。

(6)定期检查各责任部门和责任者的成本控制情况，检查成本控制责、权、利的落实情况(一般为每月一次)。发现成本差异偏高或偏低的情况，应会同责任部门或责任者分析产生差异的原因，并督促他们采取相应的对策来纠正差异；如有因责、权、利不到位而影响成本控制工作的情况，应针对责、权、利不到位的原因，调整有关各方的关系，落实责、权、利相结合的原则，使成本控制工作得以顺利进行。

三、竣工验收阶段的成本控制

(1)精心安排、干净利落地完成工程竣工扫尾工作。从现实情况看，很多工程一到竣工扫尾阶段，就把主要施工力量抽调到其他在建工程上，以致扫尾工作拖拖拉拉，战线拉得很长，机械设备无法转移，成本费用照常发生，使在建阶段取得的经济效益逐步流失。因此，一定要精心安排，把竣工扫尾时间缩短到最低限度。

(2)重视竣工验收工作，顺利交付使用。在验收以前，要准备好验收所需要的各种书面资料(包括竣工图)，以及送建设单位备查；对验收中建设单位提出的意见，应根据设计要求和合同内容认真处理，如果涉及费用，应请建设单位签证，列入工程结算。

(3)及时办理工程结算。一般来说，工程结算造价＝原施工图预算±增减账。但在施工过程中，有些按实结算的经济业务，是由财务部门直接支付的，项目预算员不掌握资料，往往在工程结算时遗漏。因此，在办理工程结算以前，要求项目预算员和成本员进行一次认真全面的核对。

(4)在工程保修期间，应由项目经理指定保修工作的责任者，并责成保修责任者根据实际情况提出保修计划(包括费用计划)，以此作为控制保修费用的依据。

四、降低项目成本的主要途径

降低项目项目成本的途径就是降低建筑安装工程中活劳动和物化劳动的消耗。但是根据建筑业的特点，施工项目竣工后根据预算总价值来结算，如果工程预算偏低，就会直接影响企业的成本降低额。因此，降低施工项目成本的途径，应该是既开源又节流，或者说既增收又节支。只开源不节流或者只节流不开源，都不能达到降低成本的目的，至少是不会有理想的成本降低效果。降低项目项目成本的途径主要有以下几个方面。

1)认真审查图纸

在施工过程中，施工单位必须按图施工。但是，图纸一般是由设计单位按照用户要求和项目所在地的自然地理条件设计的，往往很少考虑为施工单位提供方便，有时还会给施工单位出些难题。因此，施工单位应该在满足用户要求和保证工程质量的条件下，对设计图纸进行认真会审，并提出积极的修改意见，在取得用户和设计单位的同意后，修改设计图纸，同时办理增减账。

2)加强合同预算管理，增加工程预算收入

(1)正确编制施工图预算。在编制施工图预算时，要充分考虑可能发生的成本费用，包括合同规定的属于包干性质的各项定额外补贴，并将其全部列入施工图预算，然后通过工程结算向建设单位取得补偿。在这个过程中应该坚持一个原则，即凡是政策允许的，要做到该算的点滴不漏，保证项目的预算收入。但不能将项目管理不善造成的损失，也列入施工图预算，更不能违反政策高估冒算或乱收费。

(2)按合同规定的“开口”项目作为增加预算收入的重要方面。一般来说，按照设计图纸和预算定额编制的施工图预算必须受预算定额的制约，很少有灵活的余地，而“开口”项目的取费则是项目创收的来源。例如，预算定额缺项的项目，可由施工方参照相近定额估算。又如，根据工程变更资料，及时办理增减账等。

3)合理组织施工，正确选择施工方案，提高经营管理水平

项目施工是形成最终建筑产品全过程的主要环节。每一个建筑企业必须对施工过程进行科学的计划、组织、控制、充分合理利用人力和物力，以保证全面、均衡、优质、低消耗地完成施工任务。

企业为了全面完成施工任务，在施工之前首先要做好施工准备阶段的管理工作，如编制施工组织设计、编制工程预算、落实施工任务和组织材料采购工作等。从降低工程成本角度来说，不仅要在施工过程中大力节约施工费用，而且在施工准备阶段也要十分注意经济效益。具体地，搞好施工组织设计，正确选择施工方案，是降低工程成本的重要途径之一。

4)落实技术组织措施

建筑企业为了保证完成和超额完成工程成本降低任务，应当编制降低工程成本技术组织措施计划。为了保证降低工程成本技术组织措施计划的落实，并取得预期的效果，各施工单位应在项目经理的领导下，充分发动群众进行讨论，提出更多的措施，最后由项目经理召开有关负责人参加的会议进行讨论，做出决定，成为正式的计划。

5)提高劳动生产率

建筑企业提高劳动生产率可以加速项目施工进度，缩短工期，使建设项目早日竣工投产使用，增加新的生产能力；由于劳动生产率的不断提高，可以大大促进工程成本的降低，为国家积累更多的建设资金。建筑企业为了提高劳动生产率，必须不断提高职工的科学技术水平和劳动熟练程度，提高设备利用率。

6)节约材料消耗

在工程成本中，材料费占有很大的比重，一般土建工程的材料费约占工程成本的60%～70%。随着机械化程度的提高、技术的进步及劳动生产率的不断提高，材料费在工程成本中所占的比重还会不断扩大。所以，在施工过程中，大力节约材料消耗是降低工程成本的主要途径。

7)节约间接费用

间接费用项目多，涉及面广，关系复杂，若不加强管理就容易造成浪费，因此，节约间接费用也是降低成本的主要途径之一。施工单位应本着艰苦奋斗、勤俭办企业的方针，量入为出、精打细算、节约开支，反对铺张浪费，提高工作效率，减少非生产人员，避免人浮于事的现象。

8)强化风险意识，增强索赔控制与管理水平

建设项目往往工期较长，不确定因素较多，施工期间现场面临诸多风险。强化风险意识，就是要对各种可能发生的风险事件提前做好防范预案，避免因措手不及造成项目成本的增加。同时，做好索赔工作也是项目成本管理中必须高度重视的一个环节，索赔工作不仅可以避免施工项目发生不必要的损失，有时还可以成为提高企业收益的一条途径。

第六节　项目职业健康与安全管理

建设工程项目施工具有露天作业多、高空作业多、劳动强度大等特点，施工人员所处的是一个职业健康与安全条件相对较差的作业环境，在建筑行业中，因职业环境不良等因素导致的现场人身伤害甚至死亡事件经常发生，要求我们必须注重改善和加强建筑施工现场的职业健康与安全管理，绝不能只片面强调投资、进度、质量三大目标，而忽视职业健康与安全管理，注重施工项目职业健康与安全管理是在建设工程项目管理工作中贯彻“以人为本”方针的具体体现。因此，提高安全生产工作和文明施工的管理水平，预防伤亡事故的发生，确保职工的安全和健康，实现职业健康与安全管理工作的标准化和规范化是一项十分重要的工作。

一、项目职业健康与安全管理的意义

项目职业健康与安全管理是为使项目实施人员和相关人员规避伤害或影响健康风险而进行的计划、组织、指挥、协调和控制等活动。开展项目职业健康与安全管理的意义在于：

(1)提高企业安全生产管理水平和管理效益；

(2)提高劳动者身心健康，提高职工劳动生产率；

(3)发现危险隐患和作业条件的缺陷，采取有效预防和保护措施，减少死、伤事件发生，降低不利因素造成损失并导致企业的成本增加，有利于和谐社会的建设；

(4)培养人们按章作业、规范操作的遵章守纪的职业习惯；

(5)提高职业健康与安全相关法律、法规、标准和规范的普及程度，增强作业者的法制观念。

二、项目职业健康与安全管理的基本途径

(1)贯彻落实以《中华人民共和国劳动法》为代表的国家各项有关职业健康与安全的法律、法规。

(2)落实“安全第一，预防为主”的职业健康与安全的基本方针。

(3)积极贯彻实行 GB/T28000《职业健康安全管理体系》系列国家标准体系。

(4)建立企业内部职业健康与安全保证体系，并在施工现场认真履行实施。

(5)积极宣传与职业健康安全相关的法律、法规、政策、文件、标准和规范。

(6)建立惩、罚分明的奖惩措施，在组织上、制度上、技术上、经济上建立保证职业健康与安全工作在施工现场得以顺利开展的长效机制。

三、现场安全生产保证体系

管理不善是造成伤亡事故的主要原因之一，对伤亡事故的分析表明，89%的事故都不是因技术解决不了造成的，而是因违章所致。其中大部分伤亡事故是由于没有安全技术措施、缺乏安全技术知识、不作安全技术交底、安全生产责任制不落实、违章

指挥、违章作业造成的。因此施工现场建立安全生产保证体系，实行目标管理，制定总的安全目标，如伤亡事故控制目标、安全达标目标、文明施工目标等，制定年度、月度达标计划，进行目标分解到人，责任落实，考核到人。施工现场安全生产保证体系是施工企业和现场整个管理体系的一个组成部分，包括为制定、实施、审核和保持“安全第一、预防为主”方针和安全管理目标所需的组织结构、计划实施、职责、程序、过程和资源。

1)安全生产保证体系的建立

建立实施施工现场安全生产保证体系一般分为三个阶段：策划准备阶段、文件化阶段和运行阶段。

安全保证生产体系的文件包括：①安全生产保证体系的程序文件；②施工现场安全、文明施工各项管理制度；③安全生产责任制；④支持性文件；⑤内部安全生产保证体系审核记录。

2)安全生产责任制的建立

工程施工前，必须明确安全生产责任目标，建立安全生产责任制，签订安全生产协议书，使每个人都明确自己在安全生产工作中所应承担的责任。施工项目经理对施工过程中的安全生产负全面领导责任，负责领导编制安全生产保证计划。安全生产保证计划的编制，应根据工程项目的规模、结构、环境和施工风险程度等因素，进行安全策划，制定切实可行的安全技术措施：

(1)临时用电施工组织设计；

(2)大型机械的装拆方案；

(3)劳动保护技术措施要求、计划；

(4)危险部位和施工过程，特别是施工风险程度较大的项目应进行技术论证，采取相应的安全技术措施；

(5)对特殊工艺、设备、设施、材料的使用，应有针对性的专项安全措施要求和操作规定；

(6)施工现场防火重点部位划分及防火要求、消防器材和设施的配置、动火审批、防火检查、义务消防队员的活动等，都必须制定相应的制度和措施。

上述各类技术措施及规定要求，在安全生产保证计划中，应从人、财、物加以落实，确保各项安全技术措施的实施。

3)安全教育

安全教育工作是整个安全工作中的一个重要环节，通过各种形式的安全教育，使全体职工及操作层工人增长安全知识，提高安全意识，调动他们的积极性，促进安全工作的全面开展。安全教育活动的开展要求：

(1)新进施工现场的各类施工人员，必须进行进场安全教育。

(2)变换工种时，要进行新工种的安全技术教育。

(3)进行定期和季节性的安全技术教育。

(4)加强对全体施工人员节前和节后的安全教育。

(5)坚持班前安全活动、周讲评制度。

安全教育的内容包括：

(1)现场规章制度和遵章守纪教育。

(2)本工种岗位安全操作及班组安全制度、纪律教育。

(3)新工人安全生产须知。

(4)建筑安装工人安全技术操作规程一般规定。

(5)安全生产六大纪律。其内容包括：①进入现场必须戴好安全帽，扣好帽带；并正确使用个人劳动防护用品。②2米以上的高处、悬空作业、无安全设施的，必须戴好安全带、扣好保险钩。③高处作业时，不准往下或向上乱抛材料和工具等物件。④各种电动机械设备必须有可靠有效的安全接地和防雷装置，方能开动使用。⑤不懂电气和机械的人员，严禁使用和玩弄机电设备。⑥吊装区域非操作人员严禁入内，吊装机械必须完好。

(6)十项安全技术措施。其内容包括：①按规定使用安全“三宝”。②机械设备防护装置一定要齐全有效，把杆垂直下方不准站人。③塔吊等起重设备必须有限位保险装置，不准“带病”运转，不准超负荷作业。④架设电线线路必须符合当地电业局的规定，电气设备必须全部接零接地。⑤电动机械和手持电动工具要设置漏电掉闸装置。⑥脚手架材料及脚手架的搭设必须符合规程要求。⑦各种缆风绳及其设置必须符合规程要求。⑧在建工程的楼梯口、电梯口、预留洞口、通道口，必须有防护设施。⑨严禁赤脚或穿高跟鞋、拖鞋进入施工现场，高空作业不准穿硬底和带钉易滑的鞋靴。⑩施工现场的悬崖、陡坎等危险地区应设警戒标志，夜间要设红灯示警。

4)安全检查

(1)安全检查类型包括定期安全检查、专项安全检查、季节性、节假日前后等各类安全检查，对检查结果应及时收集整理和记录。

(2)施工现场的安全检查，要严格按照建设部部颁强制性行业《建筑施工安全检查标准》(JCJ59—99)执行。

(3)在各类检查过程中，针对现场存在的重大事故隐患，要在立即整改的同时，下达重大事故隐患通知书，并限期进行整改。隐患整改单位在接到事故隐患通知书后，在整改期限内应及时反馈隐患整改信息。

(4)在日常的安全检查工作中，施工单位要虚心听取甲方和监理人员的意见和建议，必要时可以与甲方和监理人员联合组织安全检查工作。

(5)要督促整改，对复查时没有按要求整改的要采取必要的处罚措施。

(6)搞好争创安全文明工地评比达标工作。

第七节　项目环境管理

一、项目环境管理的目的和任务

项目环境管理是为合理使用和有效保护现场及周边环境而进行的计划、组织、指挥、协调和控制等活动。

项目环境管理的目的是依据国家、地方和企业制定的一系列环境管理及相关法律、法规、政策、文件和标准，通过控制作业现场的各种粉尘、废水、废气、固体废弃物以及噪声、震动等对环境的污染和危害，保护施工现场周边的自然生态环境，创造一个有利于施工人员身心健康，最大限度地减少对施工人员造成职业损害的作业环境，同时考虑能源节约和避免资源的浪费。

项目环境管理的任务是项目经理部通过一系列指挥、控制、组织与协调活动，评价施工活动可能会带来的环境影响，制定环境管理的程序，规划并实施环境管理方案，检验环境管理成效，保持环境管理成果，持续改进环境管理工作，以项目环境管理目标的实现保证整个建设项目环境管理目标的实现。

二、施工现场环境保护与卫生管理

施工过程中不可避免地会产生施工垃圾、污水以及噪声等，而现场环境保护工作的效果不仅仅影响施工现场内部，而且还影响市区，因此施工现场的环境保护工作是整个城市环境保护工作的一部分，施工现场必须满足城市环境保护工作的要求。施工现场环境保护工作的主要内容涉及防止大气污染、防止水污染、防止噪声污染和现场住宿及生活设施的环境卫生等。

1)防止大气污染

(1)施工现场垃圾要及时清运，适量洒水，减少扬尘。高层或多层施工垃圾，必须搭设封闭临时专用垃圾道或采用容器吊运，严禁随意凌空抛洒造成扬尘。

(2)水泥等粉细散装材料，应尽量采取库内存放，如露天存放应采用严密遮盖，卸运时要采取有效措施，减少扬尘。

(3)施工现场应结合设计中的永久道路布置施工道路，道路基层作法按设计要求执行，面层可采用礁渣、细石沥青或混凝土以减少道路扬尘，同时要随时修复因施工而损坏的路面，防止浮土产生。

(4)运输车辆不得超量运载，运输工程土方、建筑渣土或其他散装材料不得超过槽帮上沿，运输车辆驶出现场前，应将车辆槽帮和车轮冲洗干净，防止带泥土的运输车辆驶出现场和遗撒渣土在路途中。

(5)施工现场的搅拌设备，必须搭设封闭式围挡及安装喷雾除尘装置。

(6)施工现场要制定洒水降尘制度，配备洒水设备，设专人负责现场洒水降尘和及时清理浮土。

(7)拆除旧建筑物时，应配合洒水，减少扬尘污染。

2)防止水污染

(1)凡需进行混凝土、砂浆等搅拌作业的现场，必须设置沉淀池。排放的废水要排入沉淀池内经两次沉淀后，方可排入市政污水管线或回收用于洒水降尘，未经处理的泥浆水，严禁直接排入城市排水设施和河流。

(2)凡进行现制水磨石作业产生的污水，必须控制污水流向，防止蔓延，并在合理的位置设置沉淀池，经沉淀后方可排入污水管线。施工污水严禁流出工地，污染环境。

(3)施工现场临时食堂的污水排放控制，要设置简易有效的隔油池，产生的污水经下水管道排放要经过隔油池，平时须加强管理，定期掏油，防止污染。

(4)施工现场要设置专用的油漆和油料库，油库地面和墙面要做防渗漏的特殊处理，使用和保管要专人负责，防止油料的跑、冒、滴、漏以及污染水体。

(5)禁止将有毒有害废弃物用作土方回填，以防污染地下水和环境。

3) 防止噪声污染

(1)施工现场应遵照《建筑施工场界噪声限值》(GBl2523—90)制定降噪的相应制度和措施；

(2)凡在居民稠密区进行噪声作业，必须严格控制作业时间，若遇到特殊情况需连续作业，应按规定办理夜间施工证；

(3)产生强噪声的成品、半成品的加工和制作作业应放在工厂进行，减少因现场制作产生噪声扰民。

(4)施工现场强噪声机械，如搅拌机、电锯、电刨、砂轮机等要设置封闭的机械棚，以减少强噪声的扩散；

(5)加强施工现场的管理，特别要杜绝人为敲打、尖叫、野蛮装卸噪声等现象，最大限度地减少噪声扰民。

4) 现场住宿及生活设施的环境卫生管理

(1)工地办公用房、宿舍、伙房、垃圾站、厕所、引水站、吸烟室、淋浴室等应统一设计、统一管理、统一制作标牌，要清洁、整齐及美观。

(2)办公区、生活区与施工作业区要明显划分区域，生活区内给工人设置学习和娱乐场所，生活区内垃圾按指定地点集中，及时清理，保持生活区卫生与安全。

(3)宿舍要有开启式窗户、保证室内空气流通，夏季有防蚊蝇设备及电风扇，冬季有取暖设施且要防煤气中毒，室内应设置储藏室柜、餐具洗漱用品柜、鞋架等，床铺上下要整洁卫生。

(4)伙房操作间、仓库生熟食品必须分开存放，制作食品生熟分开。存放炊具要有封闭式柜橱，各种炊具要干净无锈。

(5)伙房操作间、库房要清洁卫生，做到无蝇、无鼠、无蛛网，并有防火措施，伙房内外要保持清洁、卫生，泔水桶要加盖。

(6)炊事人员应定期进行健康检查，持有健康合格证及卫生知识培训证后，方可上岗。炊事人员操作时必须穿带好工作服、发帽，并保持清洁整齐，做到文明生产，不赤脚、不随地吐痰，搞好个人卫生。

(7)施工现场的厕所设置，要远离食堂 30m 以外，应做到墙壁屋顶严密，门窗齐全有纱窗、纱门。厕所应采用冲水或加盖措施，每天清洗干净。厕所做到天天打扫打药一至两次，做到整洁卫生；每周撒白灰。

(8)施工现场应设置饮水茶炉或电热水器，保证开水供应，并由专人管理和定期清洗，保持卫生。

(9)施工现场防止发生食物中毒、夏季中暑和其他传染病，一旦发生，要及时向卫生防疫和行政部门报告，迅速采取措施防止传染病的传播。

第八节　项目文明施工管理

一、文明施工的组织与管理

1)文明施工的组织和制度管理

(1)施工现场应成立以项目经理为第一责任人的文明施工管理组织。分包单位应服从总包单位的文明施工管理组织的统一管理，并接受监督检查。

(2)各项施工现场管理制度应有文明施工的规定，包括个人岗位责任制、经济责任制、安全检查制度、持证上岗制度、奖惩制度、竞赛制度和各项专业管理制度等。

(3)加强和落实现场文明检查、考核及奖惩管理，以促进施工文明管理工作提高。检查范围和内容应该全面周到，包括生产区、生活区、场容场貌、环境文明及制度落实等内容。检查发现的内容应该采取整改的措施。

2)建立收集文明施工的资料及其保存的措施

(1)上级关于文明施工的标准、规定、法律法规等资料。

(2)施工组织设计中对文明施工的管理规定，各阶段施工现场文明施工的措施。

(3)文明施工自检资料。

(4)文明施工教育、培训、考核计划的资料。

(5)文明施工活动各项纪录资料。

3)加强文明施工的宣传和教育

(1)在坚持岗位练兵基础上，要采取派出去、请进来、短期培训、上技术课、登黑板报、广播、看录像、看电视等方法狠抓教育工作。

(2)要特别注意对临时工的岗前教育。

(3)专业管理人员应熟悉掌握文明施工的规定。

二、现场文明施工的基本要求

(1)施工现场必须设置明显的标牌，标明工程项目名称、建设单位、设计单位、施工单位、项目经理和施工现场总代表人的姓名、开、竣工日期、施工许可证批准文号等。施工单位负责施工现场标牌的保护工作。

(2)施工现场的管理人员在施工现场应当佩戴证明其身份的证卡。

(3)应当按照施工总平面布置图设置各项临时设施。现场堆放的大宗材料、成品、半成品和机具设备不得侵占场内道路及安全防护等设施。

(4)施工现场的用电线路、用电设施的安装和使用必须符合安装规范和安全操作规程，并按照施工组织设计进行架设，严禁任意拉线接电。施工现场必须设有保证施工安全要求的夜间照明；危险潮湿场所的照明以及手持照明灯具，必须采用符合安全要求的电压。

(5)施工机械应当按照施工总平面布置图规定的位置和线路设置，不得任意侵占场内道路。施工机械进场必须经过安全检查，经检查合格后方能使用。施工机械操作人员必须建立机组责任制，并依照有关规定持证上岗，禁止无证人员操作。

(6)应保证施工现场道路通畅，排水系统处于良好的使用状态；保持场容场貌的整洁，随时清理建筑垃圾。在车辆、行人通行的地方施工，应当设置施工标志，并对沟井坎穴进行覆盖。

(7)施工现场的各种安全设施和劳动保护器具，必须定期进行检查和维护，及时消除隐患，保证其安全有效。

(8)施工现场应当设置各类必要的职工生活设施，并符合卫生、通风、照明等要求。职工的膳食、饮水供应等应当符合卫生要求。

(9)应当做好施工现场安全保卫工作，采取必要的防盗措施，在现场周边设立围护设施。

(10)应当严格依照《中华人民共和国消防条例》的规定，在施工现场建立和执行防火管理制度，设置符合消防要求的消防设施，并保持完好的备用状态。在容易发生火灾的地区施工，或者储存、使用易燃易爆器材时，应当采取特殊的消防安全措施。

(11)施工现场发生工程建设重大事故的处理，依照《工程建设重大事故报告和调查程序规定》执行。

复习与思考

1. 施工项目经理的主要职责与权限有哪些？
2. 施工项目的组织形式有哪些主要形式？各自的优缺点以及适用范围是什么？
3. 工程项目技术管理的基本制度有哪些？
4. 图纸会审的主要内容有哪些？
5. 项目进度管理的作用和内容是什么？
6. 如何实施项目进度控制计划？采用什么方法进行检查？
7. 如何对项目施工进度进行调整？
8. 现场施工质量控制的基本环节有哪些？
9. 施工生产要素的质量控制主要有哪些方面？
10. 项目成本管理的主要内容有哪些？
11. 简述施工项目不同阶段成本控制的内容。
12. 简述降低施工项目成本的主要途径。
13. 安全教育的内容有哪些？
14. 安全管理的主要内容和任务是什么？
15. 安全生产责任制包括哪些内容？
16. 职业健康与安全管理的意义和途径有哪些？
17. 项目环境管理的目的和任务是什么？
18. 现场文明施工的基本要求有哪些？

第八章

施工组织设计实例

第一节　编制依据及工程概况

一、编制依据

(1)与业主签订的本工程施工合同，合同编号为 GF—1999—0201。

(2)工程地质勘察报告，岩土工程公司提交的《工程地质勘察报告》，报告日期为 2004 年 3 月。

(3)某建筑设计有限公司设计的《团结小区(三期)商住楼》全套图纸和省人防建筑设计院设计的人防图纸及图纸会审文件。

(4)团结小区(三期)商住楼主体建筑安装工程建设工程招标文件及其答疑函件。

(5)国家现行的技术标准，施工及验收规范，工程质量评定标准及操作规程。

(6)本企业标准。

(7)国家、省、市建设部门颁发的《建筑工程施工现场管理规定》。

(8)施工现场周边实际踏勘情况。

(9)工程所涉及的主要的国家行业规范、标准、规程、法规、图集，地方标准、法规、图集，如表 8-1 所示。

表 8-1　规范、标准、文件一览表(部分)

类别	名称	编号或文号
国标	工程测量规范	GB50026—93
国标	地下工程防水技术规范	GB50108—2001
国标	混凝土质量控制标准	GB50164—92
国标	地基基础施工质量验收规范	GB50202—2002
国标	砌体工程施工质量验收规范	GB50203—2002
国标	混凝土结构工程施工质量验收规范	GB50204—2002
国标	屋面工程质量验收规范	GB50207—2002

二、工程概况

本工程为框支剪力墙结构临街商住建筑。团结小区(三期)商住楼位于东大街，紧邻市内环线，西邻和平大道，东邻风景区，西北紧邻已建成的团结小区一、二期多层住宅。用地范围是现代新型商贸中心的重要区域。

本工程由 A、B、C 三栋独立塔楼并列组成，并由三层裙房(商业用途)相连成为一整体建筑；地下二层用作地下车库、设备用房及平战结合的人防地下室。

工程性质：高层商住楼、一类高层民用建筑，用途为商业、居住。

结构形式：框支剪力墙结构。

本工程±0.000 绝对标高为 +22.000 米。

1)建筑设计概况

建筑设计概况如表 8-2 所示。

表 8-2　建筑设计概况

占地面积		11 900m²				总建筑面积	68 442m²
层数	地上	30 层	层高	首层	6m	地下面积	14 585m²
	地下	2 层		标准层	3m	地上面积	53 857m²
高度		97.6m		地下	4.2m、3.6m		
砌体		采用 190 或 90 厚混凝土空心砌块，采用≥MU7.5 砌块，M5 水泥砂浆砌筑。剪刀楼梯间隔墙采用 120 厚粉煤灰加气混凝土砌块					
装饰	外墙面	外墙涂料、干挂大理石墙面、面砖					
	楼地面	水泥楼地面、细石混凝土楼地面、花岗石楼地面、地砖楼面、地砖防水楼地面、防静电架空料地板楼地面					
	内墙面	抛光砖、乳胶漆、水泥砂浆、水泥防水砂浆内墙面					
	顶棚	乳胶漆、涂料顶棚					
	电梯厅	地面：花岗石		墙面：白色乳胶漆		顶棚：白色乳胶漆	
防水	地下室	防水等级Ⅱ级，地下侧墙外面和底板面涂刮水泥基渗透结晶型防水涂料					
	上人屋面	防水等级为Ⅱ级，耐久年限为 15 年，采用二道设防，BAC 防水卷材					
	不上人屋面	防水等级为Ⅲ级，耐久年限为 15 年，采用一道设防，BAC 防水卷材					
	种植屋面	防水等级为Ⅱ级，耐久年限为 15 年，采用二道设防，BAC 防水卷材					
	卫生间	2.5 厚 PA-C 型高分子益胶泥防水层，四周沿墙上翻 200 高					
	天沟	2 厚聚氨酯防水涂料和 1.5 厚高分子自黏防水卷材					
保温节能		保温型外墙采用欧文斯可宁 FEWB-25 墙体专用挤塑泡沫板					
绿化		绿化率：30.08%					

2)结构设计概况

本工程由三栋 30 层塔楼及三层裙房组成，地下二层，建筑安全结构等级为二级，建筑场地类别为Ⅱ类场地土。如表 8-3 所示。

表 8-3　结构设计概况

<table>
<tr><td colspan="2" rowspan="2">地基基础</td><td>桩基</td><td>钻孔灌注桩</td><td>桩径</td><td colspan="2">800/1 000mm</td><td>桩长</td><td>36～40m</td></tr>
<tr><td colspan="3">底板厚度：300mm</td><td colspan="4">顶板厚度：180mm</td></tr>
<tr><td rowspan="3">主体</td><td>结构形式</td><td colspan="7">采用现浇钢筋混凝土框支-剪力墙结构</td></tr>
<tr><td rowspan="2">主要结构尺寸</td><td colspan="2">梁：200×980、250×580、200×600、200×500</td><td>板：90、110、120、150、200</td><td colspan="3">柱：1 100×1 100、1 200×1 200、1 600×1 600、700×700，ϕ800</td><td>墙：250、300</td></tr>
<tr><td colspan="2">转换梁</td><td colspan="5">1 000×2 000、800×2 000、600×1 800、700×1 800、800×1 800</td></tr>
<tr><td colspan="2">抗震设防等级</td><td colspan="2">6 度</td><td colspan="2">人防等级</td><td colspan="3">六级</td></tr>
<tr><td colspan="2">钢筋</td><td colspan="2">HPB235 级热轧光圆</td><td colspan="2">HRB335 级热轧带肋</td><td colspan="3">HRB 级 400 级热轧带肋</td></tr>
<tr><td colspan="2">焊条</td><td colspan="2">E43××</td><td colspan="5">E50××</td></tr>
<tr><td colspan="2">特殊结构</td><td colspan="7">钢结构雨棚</td></tr>
</table>

3)安装设计概况(略)

三、工程特点

(1)本工程是团结小区的三期工程，如何确保本工程的顺利施工，确保工程的质量，确保工程的工期是本工程的重点。

(2)本工程位于小区的人口密集区，合理安排工序，加强现场管理，改善设备性能，最大限度地减少环境和噪声污染，确保周边行人、小区居民正常的工作生活秩序尤为重要。

(3)本工程第四层为结构转换层，在模板支设、混凝土浇筑方面具有一定的施工难度，施工中需要编制详细的模板支设设计书及施工作业指导书指导施工，确保结构转换层的项目施工进度和质量。

(4)工程工期紧：本工程建筑面积 68 442m^2，工期 570 天，施工工程量较大，有一定的施工难度。

(5)本工程是商住楼，在防火方面要求极高。

(6)防水工程施工是本工程施工中的重点，也是历来备受业主关心的问题。

(7)本工程运输通道只有南面的东大街，交通较为繁忙，施工中要与交通大队及时取得联系，尽量将所有材料、半成品及机械的进场安排在深夜车流、人流少的时段。

(8)与所有业主分包的各施工单位和专业施工单位的友好协作是本工程施工协调工作的重点。

第二节　施工部署

一、施工指导思想及实施目标

(1)质量目标：严格按国家施工规范及施工图纸要求施工，确保工程质量达到市优质工程标准。

(2)工期目标：本工程总有效工期为 570 天。计划开工日期为 2005 年 5 月 18 日，计划竣工日期为2006年12月8日，其中2005年8月25日地下室封顶，2006年4月21日主体封顶。

(3)安全目标：制定和完善安全管理制度，提高施工人员的安全意识，杜绝死亡和重伤事故，轻伤频率控制在2‰以内，确保达到市安全优良现场。

(4)文明施工目标：坚决贯彻市政府令，按本单位文明施工组织管理，确保达到市文明样板工地标准。

(5)环保卫生目标：本工程地处居民小区内，施工时不能污染周边环境，以确保小区居民的工作生活环境。

二、项目组织管理机构

组织强有力的项目班子代表单位全面履行合同，对工程项目的工期、质量、安全、成本等综合效益进行有计划的组织、指挥、管理和控制，下设“七部一室”(即工程部、技术部、物资部、质安部、动力部、财务部、经营部、办公室)等项目组织机构。

各专业安装施工队伍与土建配合必须以土建项目施工进度计划为主线，合理调配人员组织施工。

三、施工总体部署及工艺流程

1)施工部署

为确保570天优质高速地完成本工程，拟采用商品混凝土，泵送运输，塔吊配合，以保证混凝土施工工序能连续进行不影响总体进度。现场设置F0/23B塔吊(R=50m)三台，SCD200/200施工电梯三台，HBT60混凝土输送泵三台。

根据本工程的实际情况，在底板施工期间按后浇带将整个建筑划分为7个施工区，在各区平面内分为不同施工区段，7个区进行流水施工。底板浇筑每个区分开进行。裙房施工时将整个结构分为4个施工区，即有塔楼的3个施工段(按后浇带分)为一个施工区，其余为一个施工区。

本工程塔楼在施工时分为A区、B区、C区三个区。A、B、C三个区进行流水施工。在塔楼17层施工完后进行一次中间结构验收，然后开始插入砌体工程。主体封顶并进行结构验收后，利用外挑脚手架配合吊篮自上向下进行外装修施工。

土方开挖后，按施工平面布置图要求裙房南部布置F0/23B塔吊一台；在塔楼A、B北侧及裙楼南侧布置F0/23B塔吊各一台。裙楼南侧的F0/23B塔吊在裙楼主体完成后拆除。地下室结构完成后将钢筋房移在D3区顶板上。地下室施工平面分区见图8-1和图8-2。

2)工艺流程

施工中以施工程序为主线，分阶段、突重点、明确控制目标。本工程施工分五大阶段进行，各阶段划分和控制的重点如下：

第一阶段，施工准备阶段。重点完成与土方施工单位配合工作；做好场地交接，调集人、材、物等施工力量；进行施工平面布置、图纸会审，开展技术、质量交底工作。尽快办理开工有关手续，争取早日开工。

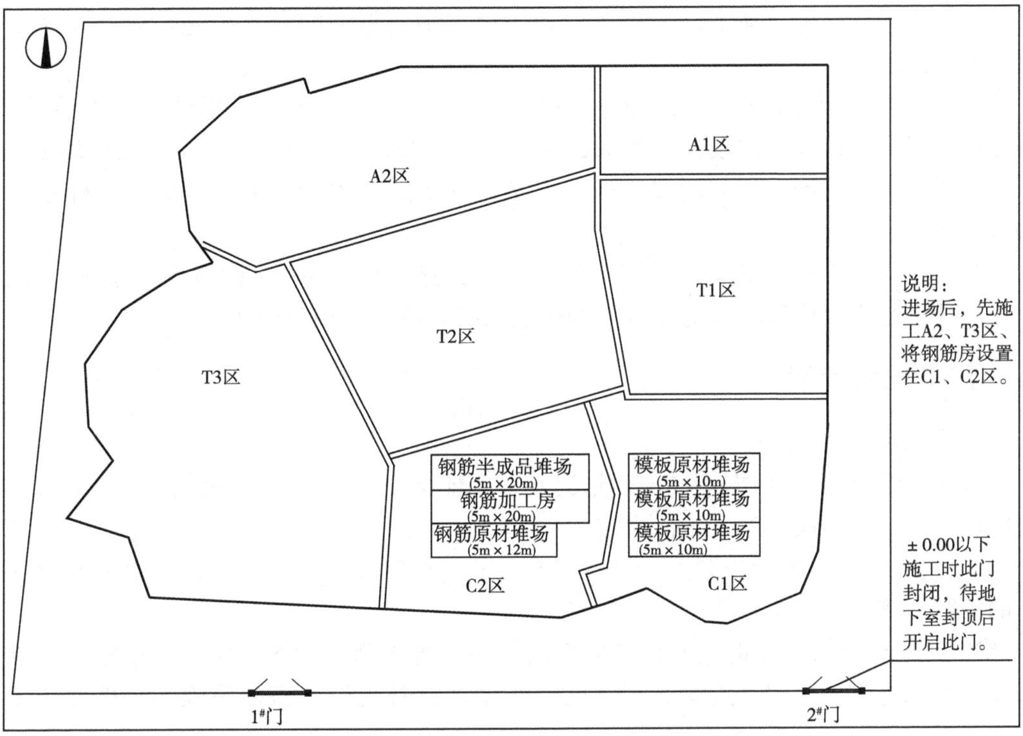

图 8-1　地下室施工平面分区图(一)

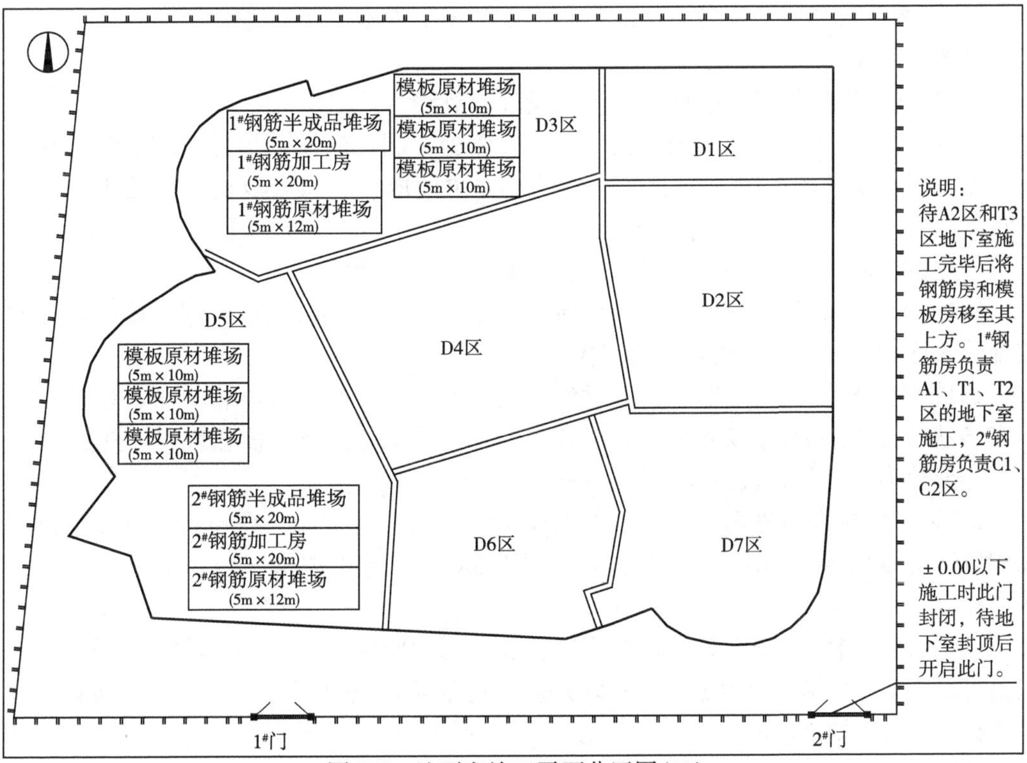

图 8-2　地下室施工平面分区图(二)

第二阶段，基础及地下结构施工阶段。施工中应做好明排水措施，做好大体积混凝土温度控制。

第三阶段，上部结构施工阶段。在本阶段内，适时插入室内粗装饰、安装工程、部分外装饰等工作。主体砌体与装饰、安装全面铺开，该阶段为工程的施工高峰期。

第四阶段，装饰、安装阶段。该阶段是工程竣工的关键阶段，应重点做好各方的协调工作。

第五阶段，总平面工程。该部分包括室外道路等公共部分施工内容。此时其他各专业工种已处于收尾阶段，应做好工程成品保护和周边环境创建工作。

四、施工准备计划

1)施工现场准备

(1)我方进场后将根据现场实际情况及业主能提供的条件，尽快接通现场临时施工用电、用水，以解决生产、生活之需。

(2)与业主办理坐标控制点、高程控制点的现场复核及移交后，我方引测并建立可靠的控制点。

(3)现场临建设施及时向驻地公安消防、城管等部门办理报建手续，待批复后迅速修建，确保施工人员按时进场。现场临建布置，设备就位严格按照施工总平面布置图的规划进行。

(4)与驻地派出所、城管、环卫等部门取得联系，办理施工必备的其他有关手续。

(5)协调好与周边环境各单位的关系，以利于工程施工顺利进行。

2)技术准备

(1)测量组根据核定的坐标控制点及设计图放线。

(2)项目主任工程师组织全体技术人员阅读施工图，对设计构思与施工常规相冲突的地方做到心中有数，在图纸会审中与设计方协商取得一致，以便正确施工，实现设计意图。

(3)技术部提交钢筋加工料表，提出主要材料需用计划。

(4)技术部编制建筑安装工程项目质量保证计划，交项目质量经理审核通过后颁布实施。该计划呈报业主、现场监理备案。

(5)技术部针对关键工序、特殊过程的施工编制施工作业指导书。

(6)质安部完成对进场人员的安全技术教育、质量方针及质量意识的宣贯工作。

3)劳动力、材料、机械设备的准备及计划

(1)施工机械设备进场计划。根据工程实际情况，为保证工程顺利进行，将根据现场布置情况设型号为 F0/23B 塔吊三台，SCD200/200 施工电梯三台，HBT60 混凝土输送泵三台。

(2)工程材料的进场计划。预算部门根据施工图纸预算和单位工程材料汇总表，提前提出需用计划；技术部门根据工程实际进度情况需要，按月提出工程材料，周转材料及零星材料需用计划，送项目物资部门编制采购计划，由单位物资部统筹调入，项目物资部门做好现场的验收工作，物资采购必须提前组织进场。主要材料需要量如表 8-4 所示。

表 8-4　主要材料需要量

序号	材料名称	单位	用量
1	钢材	t	7 000
2	混凝土	m^3	30 000
3	模板	m^2	80 000

(3)劳动力需用计划(表 8-5)。

表 8-5　单位工程劳动力需用量计划

序号	分项工程名称	高峰期人数	进、出场时间	备注
1	测量工程	6	分阶段进出	
2	土方工程	130	分阶段进出	
3	钢筋工程	100	分阶段进出	
4	混凝土工程	60	分阶段进出	
5	抹灰工程	40	分阶段进出	
6	模板工程	150	分阶段进出	
7	脚手架工程	100	分阶段进出	

第三节　项目施工进度计划及施工总平面布置

本工程工期极紧，故在项目施工进度计划的安排上也要突出其在保证工程质量、工程安全的前提下达到最快，根据工程特点、现场情况、社会环境等，对本工程的项目施工进度节点作如表 8-6 所示的安排。

表 8-6　项目施工进度节点安排

节点	节点工期	自开工起日历天
开工	2005.5.18	0
结构出±0.00	2005.8.25	100
裙房三层完成	2005.10.25	157
结构封顶	2006.4.21	339
屋面及粗装修完	2006.9.20	486
本工程全部竣工交付	2006.12.8	570

在项目施工进度计划安排上，我们将以 570 个日历天数完成本工程的施工任务，在这 570 个日历天数内，将以 100 个日历天数完成地下部分结构的施工工作，以 339 个日历天数完成主体施工。

项目施工进度计划表将分成三级项目施工进度计划，即第一级项目施工进度计划为施工总进度计划，第二级为阶段性项目施工进度计划，第三级为标准层项目施工进度计划。

一、总项目施工进度计划

《团结小区(三期)商住楼主体建筑安装工程　施工总进度计划(网络图　一级)》见图 8-3。

《团结小区(三期)商住楼主体建筑安装工程　施工总进度计划(横道图　一级)》见图 8-4。

二、阶段性项目施工进度计划

阶段性项目施工进度计划是对施工总进度计划的补充，对穿插施工的过程在这一级的计划中将有较明显的表示，它对整个施工的生产安排起到一定的指导作用。

在本工程施工过程中，需编制以下项目施工进度计划：①地下部分项目施工进度计划。②主体结构项目施工进度计划。③装修项目施工进度计划。

三、施工总平面布置

1)施工临时用电布置

经计算，本工程施工用电总需容量较大，因此我单位将合理安排现场施工工序，避开用电集中。

照明线路室内用一芯塑料护套线，室外采用截面积为 $10mm^2$ 的 BXF 型铜芯橡皮电缆。根据现场情况电缆线敷设在电缆沟内，过道路时电缆线外套钢管保护。

2)施工临时用水的布置

本工程现场用水分为施工用水、施工机械用水和消防用水。

施工用水量以高峰期为最大日施工用水量，经计算为 3.95L/s。施工机械用水量经计算为 0.79L。生活用水量经计算为 0.66L/s，按现场高峰人数为 630 人取值，人均日用水量取 20L。消防用水量按 15L/s 考虑。现场总用水量取 15L/s。

3)现场出入口及围墙

(1)工地大门：根据规范结合现场实际条件，采用门楼式大门两个。

(2)围墙。其包括：①施工现场南侧围墙规格：采用金属彩色钢板围墙，因道路硬化、高度定为 2 米。钢板围墙主要用于南侧和西侧的部分墙段。②生活区围墙规格：围墙采用一次性使用的砖砌式，高度定为 2.2 米，颜色为白色，其中上端 0.2 米高、下端 0.3 米高为蓝色。

4)现场道路及排水

现场沿基坑四周至围墙边全部用素混凝土硬化，同时沿基坑周围砌排水明沟。明沟尺寸为 300×300，同时向两处入口放坡 5‰，经过处理后引入市政排污管。

5)现场机械、设备的布置

根据现场及建筑物的外观，在地下室施工阶段，我方布置三台塔式起重机，塔吊回转半径为 50m。混凝土泵车在两个入口处靠近施工区各布置两台。

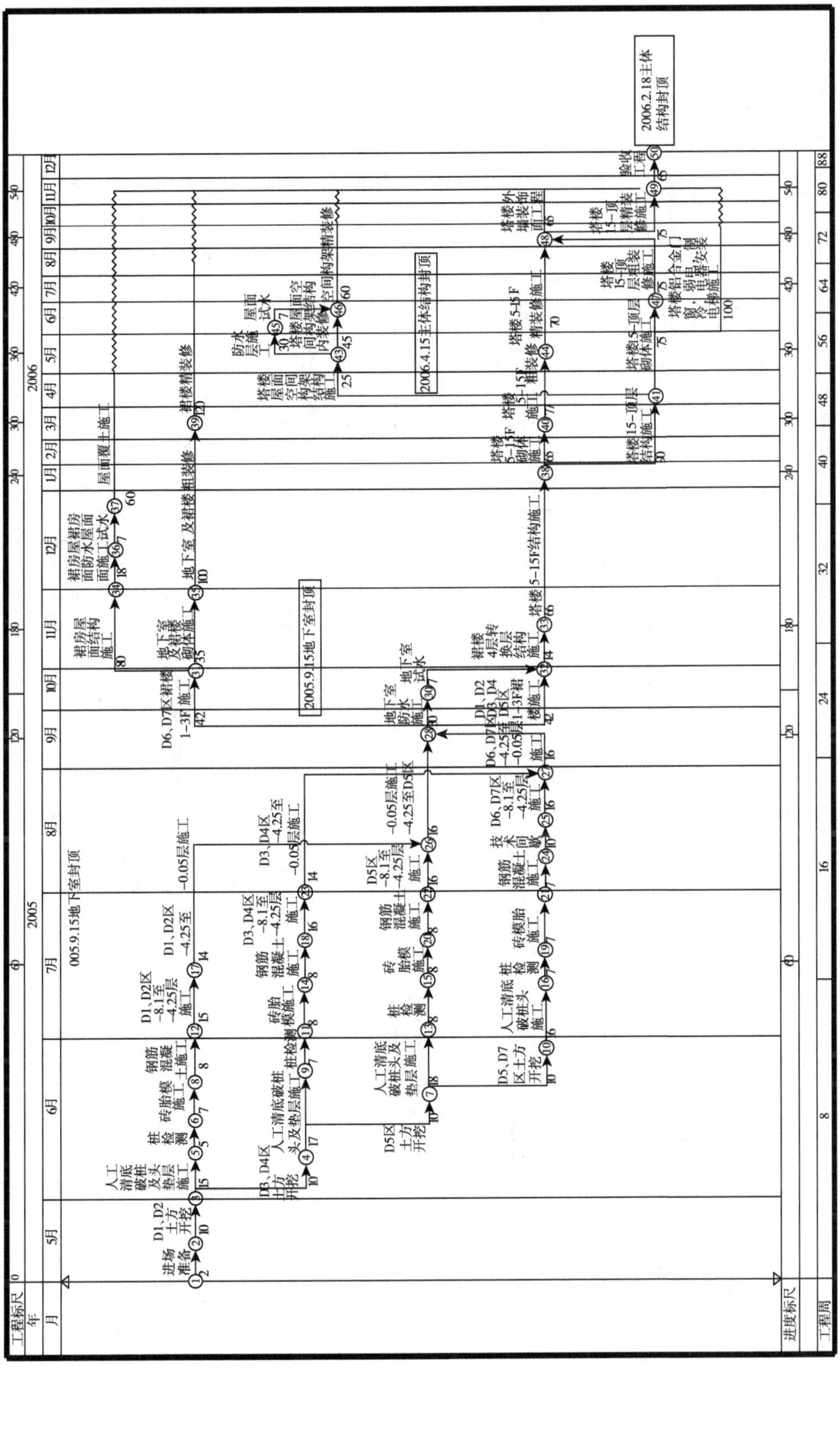

图8-3　施工总进度计划网络图

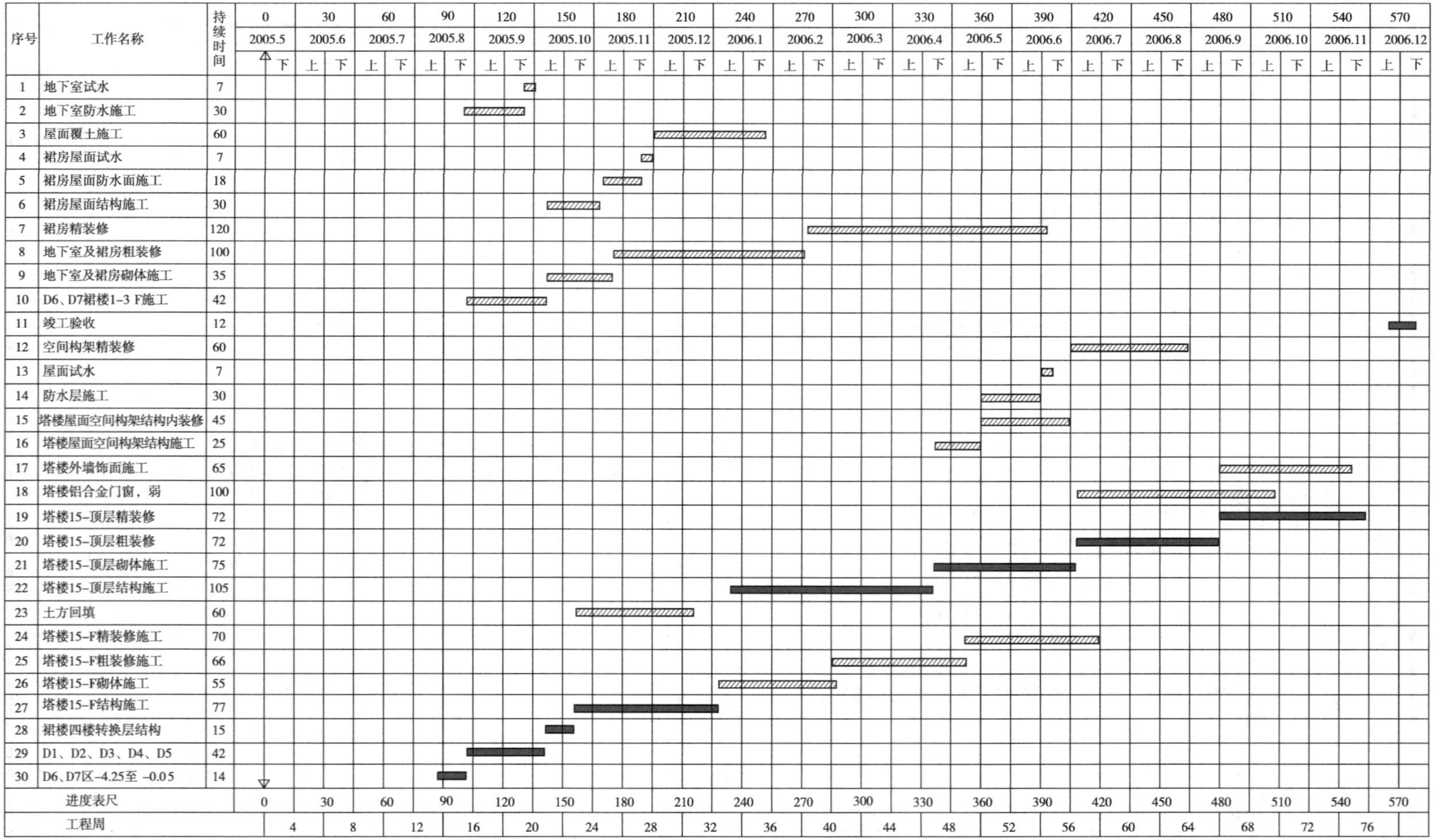

图8-4　施工总进度计划横道图

6)现场材料加工、堆放场地

现场材料加工及堆放根据施工区域不同分阶段进行，第一阶段为施工 D1、D2 区时，将部分材料堆场设置在南面，钢筋房、木工房及材料堆放场设置在 D6、D7 区内，等 D1、D3 地下室施工完毕后，将钢筋房，材料堆放场移至 D1、D3 地下室顶板上。

四、施工现场总平面管理

1)平面管理体系

由项目副经理负责总平面的使用管理。现场实施总平面使用调度会制度，根据工程进度及施工需要，对总平面的使用进行协调和调整，总平面使用的日常管理工作由工程部负责，并设专职工长，其主要职责是负责整个工地现场的平面布置，道路畅通，材料堆放及环境卫生等。

2)平面管理计划

地下施工阶段施工总平面管理重点保证项目：场内外环境卫生；安全用电；场内道路有序安排及合理使用；排水系统畅通等。地上施工阶段施工总平面管理重点保证项目：垂直运输及其安全管理；料具堆场的有序调整、管理；材料、机械进退场及管理使用和科学调度；施工作业面上的工人区域化管理等。同时将上述计划输入计算机，进行动态调控管理。根据工程项目施工进度计划的实施调整情况，分阶段发布详细平面管理实施计划，包含时间计划表，具体实施责任人，执行标准，奖罚制度。

地下室施工总平面图见图 8-5。

第四节　主要分部分项工程的施工方法及技术措施

一、土方工程

1. 施工方法的选择

本工程土方由业主先期分包，开挖至基底标高 400mm 以上，剩余土方采用人工开挖清底。进场后，尽快建立现场排水系统并进行场地硬化，组织起基坑上下的有组织排水，确保基坑安全。

2. 基坑排水

在土方开挖的同时，有组织地排放基坑内积水，通过设在门口的沉淀池排入市政地下排水管道。基坑底采用明沟加集水坑排水方法。

3. 破桩头施工

破桩头高度为 400mm，采用人工破桩头方法施工。

(1)土方开挖时，及时插入人工破除工程桩桩头，因桩头处理施工会破坏垫层，故要求桩头处理工作必须在土方开挖过程中紧密配合，并于垫层施工前完成，在破桩时，严格控制好桩头标高，保证按设计要求足够长的桩和钢筋锚入承台内，并将桩头的浮浆及疏松混凝土清除干净。

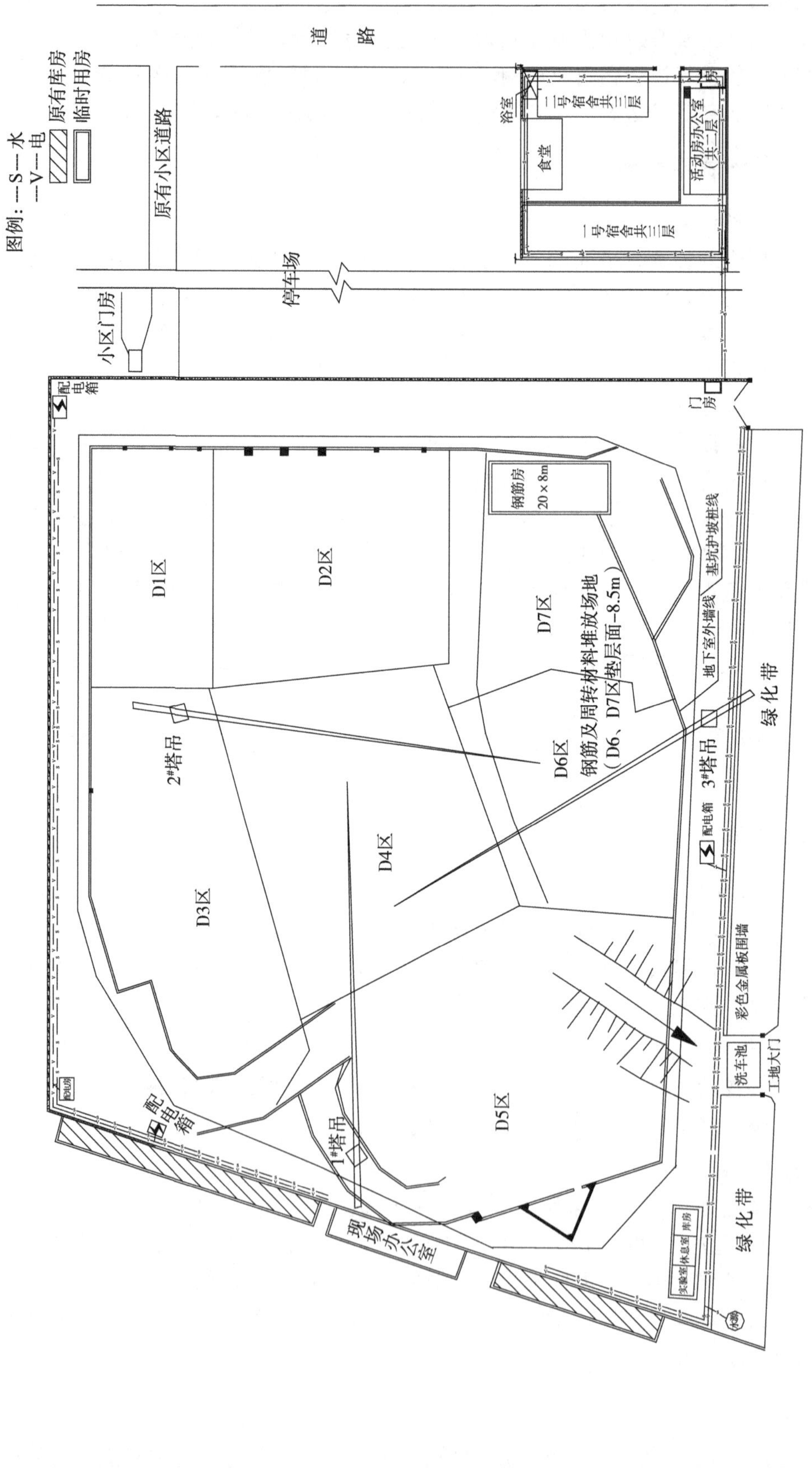

图8-5 地下室施工总平面图

(2)桩头处理程序为：先在桩身上用红油漆标出要破除破桩的标高线，复核无误后开始破桩，先破除周边上部桩体，再破碎中部桩体，剥离出桩头锚固钢筋，按设计要求以一定角度弯成放射状，底部保留坚固桩头。

(3)凿桩工作由人工进行，配备足够的空压机、冲击钻，人员三班作业，确保垫层及时施工，凿除的桩头及时运出基坑，统一由运土车运走。

4. 基坑安全

在土方开挖的同时，本单位将采用信息法施工，每天对基坑进行观测，发现问题就立刻实施临时加固措施以确保周围建筑的安全。

5. 基坑围护

在基坑上顶边用钢管搭设栏杆并涂刷红白油漆，作为基坑安全围护。

6. 环境卫生

在现场大门口设置洗车台，以维护市容卫生和现场环境。减少施工噪声，夜间施工不扰民。

二、钢筋工程

1. 钢筋加工场地及运输方式

本工程中钢筋工程量大，但是施工现场极为狭窄。本单位拟在现场加工制作，用塔吊运至场内，其制作进度可按施工的进度需要进行安排。地下室施工时现场设四台钢筋弯曲机、四台钢筋电焊机、三台直螺纹车丝机；塔楼施工时现场设三台钢筋弯曲机、三台钢筋电焊机、三台电渣压力焊机。

2. 钢筋翻样及加工

根据图纸及规范要求进行钢筋翻样，经技术人员对钢筋翻样料单审核后，方可进行加工制作。钢筋的弯钩应按施工图纸中的规定执行，同时也应满足有关标准与抗震设计要求。

3. 钢筋连接

钢筋加工房加工配料接头采用闪光对焊；本工程水平钢筋直径 $d \geqslant 22$ 的现场接头采用直螺纹套筒接头，$14 \leqslant d \leqslant 20$ 的现场接头采用单面搭接焊，搭接长度为 $10d$，$d \leqslant 12$ 的现场接头采用冷搭接工艺；竖向钢筋 $16 \leqslant d \leqslant 18$ 的采用电渣压力焊工艺施工，其余采用冷搭接工艺施工。

底板中通长钢筋采用单面搭接焊，搭接长度为 $10d$，地下室顶板钢筋采用冷搭，搭接长度为 $35d$，板面钢筋在跨中 $L_0/3$ 范围内搭接(L_0 为板净跨)，楼面(屋面)板面钢筋伸入边支座的长度应为支座宽－15mm。板底钢筋均应伸入至梁或墙中心线且不少于 $5d$。

4. 钢筋固定及绑扎

1)地下室钢筋部分

(1)底板钢筋绑扎顺序为：清扫垫层→弹线标明墙柱位置→放板底混凝土保护层垫块→扎承台钢筋→扎地梁钢筋→扎底板底层→安上层钢筋支架→扎底板上层钢筋→扎墙柱插筋→安设钢板止水带(300×4)。

(2)地下室钢筋绑扎的顺序为：底板钢筋→(－8.1 至－4.25 层)墙、柱钢筋→(－4.25层)梁板钢筋→(－4.25 至－0.05 层)墙、柱钢筋→(－0.05 层)梁板钢筋。

2)地上钢筋部分

由于梁板部分模板工程量较大，为方便各工序在工作面上衔接进行，工程计划在满堂脚手架搭设及梁板模板支设这段时间内，完成墙、柱钢筋施工，接着进行梁板钢筋绑扎，同时进行墙体封模。施工顺序为：柱、剪力墙钢筋绑扎→框架梁钢筋绑扎→楼板钢筋绑扎。

5. 与钢筋施工的配合

钢筋施工的配合主要指与木工及架子工的配合，一方面，钢筋绑扎时应为木工支模提供空间，并提供标准成型的钢筋骨架，以使木工支设模板时能确保几何尺寸及位置达到设计要求；另一方面，模板的支设也应考虑钢筋绑扎的方便，梁板钢筋绑扎时凡梁高大于 700mm 者应留出一面侧模不得支设，以供钢筋工绑扎梁底钢筋。待绑扎以及垫块放置均已完成后梁侧模方可封模。另外，必须重视安装预留预埋的适时穿插，及时按设计要求绑附加钢筋，确保预埋准确，固定牢靠，更应做好看护工作，以免被后续工序破坏，混凝土施工时，应派钢筋工看护钢筋，保证楼板钢筋保护层厚度符合规范要求，墙、板、柱插筋位置准确。

三、模板工程

针对本工程结构的实际特点，以及本单位的实践经验，对本工程结构模板采用 18 厚九层板，支撑系统采用 $\phi48\times3.5$ 钢管，50×100 木背枋。支模顺序为：搭设脚手架→安装柱模→安装梁、板模板。内外脚手架均采用钢管扣件式脚手架。

底板承台、地基梁均采用砖胎膜。砖为灰砂砖，砖胎膜厚为 250mm，MU7.5 水泥砂浆砌筑。筏板侧模也可采用木膜、胎膜，外用土方回填。

(一)模板支撑要求及方法

根据本工程结构实际特点，施工前编写柱模、梁板模、混凝土墙模及封闭楼梯模板的施工方案。

1. 模板支撑系统

本工程结构模板支撑全部采用 $\phi48\times3.5$ 钢管，对于柱沿竖直方向每 1 500mm 高与满堂脚手架通过扣件横向连接加固，增加其稳定性。满堂脚手架作为梁、板模底撑采用$\phi48\times3.5$ 的钢管搭设，各钢管通过直角扣件、旋转扣件、对接扣件相连。梁底支撑采用双排钢管架，双排钢管架横向间距根据梁宽度而定，主梁纵向立杆间距为 0.8m，竖向步距为 1.2m，次梁立杆间距为 1.2m，竖向步距为 1.5m，沿横向每档与满堂脚手架相连以加强其稳定性和整体刚度。

2. 墙、柱、梁板及楼梯模板支设方法

1)地下室墙、柱、梁、板模板施工

当柱、墙钢筋绑扎完毕隐蔽验收通过后，进行竖向模板施工，应先在墙柱底进行标高测量和找平，然后进行模板定位卡的设置和保护层垫块的设置，埋设预留洞，安装预埋管，经查验后支设柱、墙等模板。柱墙模实行散装拼合，用塔吊在楼层间提升周转。模板就位后，柱模采用轻型槽钢柱箍进行加固。大于 900mm 截面的柱采取对拉螺栓进行加固。

柱、墙模板的垂直度依靠楼层内满堂脚手架和加斜向连接支撑进行加固调整。柱、墙模底留清扫孔，以便在混凝土浇筑前进行杂物清理。

梁模板施工时先测定标高，按规范要求起拱，铺设梁底模，根据楼层上弹出的轴线进行平面位置校正、固定。较浅的梁(450mm 以内)可在梁钢筋绑扎前支好侧模，而较深的梁先绑扎梁钢筋，再支侧模，然后支平台模板和柱、梁、板交接处的节点模板。

2)混凝土墙模板

本工程混凝土墙体模板均采用 18 厚九层板，竖向用 60×100mm 木枋作背枋，其间距为 200mm。

3)塔楼相临剪力墙模板

本工程塔楼相距很近，两墙间的距离约为 200mm，在模板支设上有较大难度。

在施工时，按塔楼 A→塔楼 B→塔楼 C 的顺序组织相隔一层的流水施工。塔楼模板支设时，前一栋塔楼的相邻板的模板采用普通九层板支设，后一栋塔楼的模板采用木模制成的组合模板，三道 12 号槽钢作为背枋，同时在墙的两端各设置 6 根 $\phi12$ 的对拉螺杆紧固模板。

4)梁、板模板

本工程一般的梁、板模板为 18 厚九层板配制，支撑采用钢管满堂脚手架，梁高大于 800mm 时，设置对拉螺杆 $\phi12$@600 并设圆形垫片，并设横向钢管与满堂脚手架固定，加强侧边刚度，间距 1 200。梁底撑与板竖向支撑通过间距 1 200mm 的横向钢管与满堂脚手架相连。

大跨度框架梁、转换梁模板支撑体系施工时，通过计算确定起拱高度并编制详细施工作业指导书，经设计方、业主、监理审核认可后方可进行施工。

5)井字梁模板

本工程井字梁构件模板采用九层板配制，支撑采用钢管满堂脚手架，模板纵楞采用 50×100mm 木枋间距 400mm，横楞采用 $\phi48\times3.5$mm@800，因为梁高大于 750，在梁中设置 $\phi12$ 的对拉螺杆，其间距按 500mm 设置，支模时按设计要求起拱。

6)楼梯模板

为保证混凝土施工质量和节约模板，1#、2#、3#、4#、8# 楼梯模板采用上表面敞开式且上层楼板施工后支撑楼梯模板，5#、6#、7# 楼梯模板采用封闭式模板。

(二)模板接头处拼缝处理

在模板拼接处平整的前提下，对于模板拼缝，用双面海绵胶填嵌密实；对于梁板和墙柱分开浇筑的楼层，为防止先后两次浇筑柱接头处，由于出现流浆上下不平的现象，在第一次浇筑柱、墙时，在柱侧边离柱上口混凝土面约 10cm 处，预埋 $\phi12$ 螺栓，待下次浇筑前，用螺帽将螺栓拧紧，从而将柱模夹紧。

(三)模板早拆工艺

根据《混凝土结构工程施工及验收规范》的有关规定，以及本工程结构的实际特点，遵循一般的拆模原则，本工程侧模 5 天拆除，底模采用模板早拆工艺，根据结构受力情况，模板早拆最重要的是框架梁和次梁的结构安全性的问题，因此，拆除底模前，主梁用快拆体系每隔 1 000mm 设置一道底撑，次梁每隔 1 500mm 设置一道底撑，底撑上部沿梁宽垫一木枋，下部用“△”形木楔调节其具体高度，底撑全部支好后，遵循模板拆除“先支后拆，后支先拆”的原则。先拆除非承重部分，后拆承重构件，自上而下拆除。悬臂构件要等强度达到 100%后，方可拆除。

(四)其他注意事项

(1)由于层高较高，浇筑时倾倒混凝土的侧压力较大，又由于清水墙要求，对于截面较大的柱未设穿心螺杆，为更好地保证混凝土浇筑时的模板及支撑的刚度和稳定性，浇筑柱混凝土时，以每层浇 60cm 每 5 根柱子进行循环浇筑，以降低侧压力并防止爆模。

(2)模板面用刨光机刨光调整，并且在使用中要满涂脱模剂，周转使用前，一定要将模板清理干净。

(3)进场的模板及木枋质量要严格控制，特别是模板表面平整度和木枋尺寸。

(4)施工过程中一定要注意复核模板的几何尺寸及垂直度，保证模板定位准确。

四、混凝土工程

鉴于本工程所处位置和现场场地以及工期的情况，采用商品混凝土泵送运输，塔吊配合保证混凝土施工的连续性。本工程竖向从下至上分层施工。

混凝土施工必须在钢筋绑扎完毕办理隐蔽工程验收且模板安装完毕冲洗湿润后方可进行。

1)混凝土的试配与选料

本工程混凝土强度等级有 C50、C40、C35、C30、C25、C20、C15 七种。为了确保工程质量，应严格控制材料质量，选用级配良好，各项指标符合要求的砂石材料，水泥选用同品种，同标号产品，以同一生产厂家为好。

进场后，立即组织对原材料的选料试验并参考以往的施工级配，按照项目施工进度可能遇到的气候，外部条件变化的不利影响，优化配合比设计。配合比一经确定后，即通知商品混凝土供应厂家按要求备料，做好施工前期准备。

2)泵送工艺

本工程为高层建筑，合理布设泵管是保证泵送施工得以顺利进行的条件。混凝土泵管根据路线短、弯头少的原则布置，同时还需满足水平管与垂直管长度之比不小于 1∶4且相差不小于 30m 的要求。由于场地限制及随着楼层高度增加，长度不能满足要求时，为平衡压力，必须在输送泵出料口附近泵管上增加一个逆止伐。室外一般泵管用 $\phi48\times3.5$mm 钢管及扣件组成支架予以固定。竖向泵管用钢抱箍夹紧，再与电梯井内壁予以埋件焊牢，垂直管的底部弯头处受力较大，故用钢架重点加固。

3)地下部分混凝土施工

为确保本工程的顺利进行，地下室施工时本单位拟投入三台 HBT60 输送泵。

混凝土的浇筑顺序为：底板、导墙→地下二层柱、墙→地下二层梁板→地下一层柱、墙→±0.000 梁板。

根据设计要求，有抗渗要求的底板、外墙、水池混凝土中必须掺加 UEA 微膨胀剂。考虑到施工工艺的要求，内外墙混凝土一起浇筑，所以施工时内筒墙、柱也需要掺加微膨胀剂。

4)地上部分混凝土工程

本工程地上部分混凝土采用商品混凝土，三台泵送运输，形成混凝土从搅拌、运输、泵运一条龙，以加快混凝土施工速度。每层混凝土的浇筑顺序为：柱、墙→梁、板。

为提高混凝土早期强度加快模板的周转率，在混凝土施工中掺加 FDN-1 减水剂，每次混凝土施工过程中试验部门要派人至搅拌站监督，以确保混凝土搅拌的质量。竖向结构采用养生液养护，水平结构采用浇水养护。

后浇带的混凝土应在主体封顶后两个月或沉降稳定后封闭，在封闭后浇带之前，应征得设计院方面的同意，方可浇筑混凝土。

5)混凝土检测

按国家现行有关检测抽样标准 100％地实行见证取样检测。其中 30％的见证取样试块送建设行政主管部门指定的检测单位进行监督检测。

五、底板大体积混凝土施工

底板及承台混凝土强度等级为 C30，抗渗等级为 S8。本工程底板最薄处厚 300mm，塔楼部分承台厚度为 1 600mm 或 1 800mm，最深处达到 5 000mm。

1)施工部署

(1)施工程序：施工准备→混凝土搅拌、运输、泵送→混凝土浇筑→混凝土找平、收光→混凝土养护。

(2)施工准备。其内容包括：①混凝土试配。底板浇筑前进行混凝土的试配，重点解决混凝土施工中 UEA 掺量控制和降低混凝土水化热问题。②材料检验。对底板用商品混凝土严格按照有关规范要求进行，检验和试验，把好材料质量关。③技术交底。组织分级技术交底，包括混凝土浇筑平面布置、浇筑方向、操作要点、施工注意事项，以及混凝土施工质量、安全、工期、文明施工等要求。

(3)混凝土浇筑方向。由北面方向向南面方向退行浇筑。

(4)混凝土浇筑平面布置：底板混凝土浇筑时现场布置三台 HBT60 混凝土输送泵，采用混凝土输送泵管口接弯管和软管送料。

2)泵送混凝土性能要求

(1)混凝土坍落度：出机坍落度 18～20cm，到工地入泵混凝土坍落度 15±2cm；

(2)混凝土凝结时间：初凝 6～8h，终凝 10～12h。

3)混凝土保温蓄热养护及其防护措施

大体积混凝土的养护采用蓄热保温养护法。

4)混凝土供需量分析

底板混凝土量约 8 400m^3，按施工部署计划将底板按施工缝分为七块施工，计划每块 1.5 天浇完，混凝土供应采用三台混凝土输送泵，12 台混凝土输送车。

根据我单位对商品混凝土搅拌站的考察，每小时平均混凝土供应量为 100m^3 大于施工需要量，满足施工的需要。因此混凝土的拌制、运输、入模量完全能满足施工要求，不会形成施工冷缝。

六、脚手架工程

1)外脚手架

本工程主体施工裙房及塔楼四至六层的外脚手架采用全封闭双排外脚手架，塔楼七层以上的外脚手架采用每八层搭设一道外挑脚手架。具体分为 7～14 层、15～22 层、23 层屋面三段，分段搭设。可从外观、安全、质量、速度上保证本工程施工，主体施工完用外挑脚手架配合外装修施工。

2)内脚手架

本工程主体结构施工时，内模采用扣件式钢管脚手架支撑。内脚手架主梁立杆间距 800mm，次梁立杆间距为 1 000mm，板立杆间距为 1 200mm，水平步距 1 300mm～1 500mm。为保证混凝土的强度，拆除时须待混凝土强度达到规范要求后方可进行拆除。

七、围护(砌体)工程

本工程砌体在结构主体 17 层完成并进行中间结构验收后插入。

本工程框架结构内填充墙，包括地下室均采用 190 或 90 厚混凝土空心砌块，采用≥MU7.5 砌块，M5 水泥砂浆砌筑。剪刀楼梯间隔墙采用 120 厚粉煤灰加气混凝土砌块。

1)施工准备

(1)砌体施工所在的施工层，在施工前应先进行结构验收，办理好施工隐蔽验收手续。

(2)做好砂浆配合比技术交底及配料的计量准备。

(3)弹出建筑物的主要轴线及砌体的控制边线，经技术复线，检查合格后方可施工。

(4)砌筑前按砌块尺寸计算皮数和排数，编制排列图。

2)砌体工程施工注意事项

(1)砌筑时，墙体顶部与梁之间的缝隙用混凝土配套实心砌块斜砌顶紧，并沿缝的长度方向加铺 200 宽 $\varphi1$ 镀锌钢丝网，用射钉绷紧钉牢，做饰面前用建筑胶水泥浆涂刷钢丝网。

(2)砌块墙的转角处，应隔皮纵、横墙砌块相互搭砌。砌块墙的 T 字交接处，应使横墙砌块隔皮端面露头。

(3)在操作之前必须检查操作环境是否符合安全要求，道路是否畅通，机具是否完好牢固，安全设施和防护用品是否齐全，经检查符合要求后才可施工。

(4)墙身砌体高度超过地坪 1.2m 以上时，应搭设脚手架。在一层以上施工采用里脚手架必须搭设安全网；采用外脚手架应设防护栏杆和挡脚手板后方可砌筑。

(5)脚手架上堆料量不得超过规定荷载，同一块脚手板上的操作人员不应超过两人。

(6)楼层内堆载量过大时，必须经过验算采取有效加固措施后，方可进行堆载和施工。

(7)不准站在墙顶上作划线、刮缝及清扫墙面或检查大角垂直等工作。

(8)不准用不稳固的工具或物体在脚手板板面垫高操作，更不准在未经过加固的情况下在一层脚手板上再叠加一层。

(9)砍砖时应面向内打，注意砍砖时应面向内打，以免挑出碎砖伤人。

(10)用于垂直运输的电梯不得超负荷运输，并应经常检查，发现问题应及时修理。

(11)砌块和砂浆运输车两车前后距离平道上不小于 2m，装砌块时要先取高处后取低处，防止垛倒砸人。

(12)冬季施工时，脚手板上如有冰霜、积雪，应先清除干净才能上架子进行操作。

(13)在同一垂直面内上下交叉作业时，必须设置安全隔板，下方操作人员必须佩带安全帽。

(14)如遇暴风雨天气，要采取防雨措施，避免恶劣天气吹倒新砌筑的墙体，同时应及时浇筑圈梁混凝土，增加墙体的稳定性。

(15)人工垂直向上或向下传递砌块时，要搭设架子，架子上的站人宽度应不小于 60cm。

(16)已经就位的砌块，必须立即进行竖缝灌浆；对稳定性较差的窗间墙、独立柱和挑出墙面较多的部位，应加临时稳定支撑，以保证其稳定性。

(17)在砌块砌体上，不宜拉锚风绳，不宜吊挂重物，也不宜作为其他施工临时设施、支撑的支承点，如果确实需要时，应采取有效的构造措施。

(18)大风、大雨、冰冻等异常气候之后，应检查砌体是否有垂直度的变化，是否产生裂缝，是否有不均匀下沉等现象。

八、装饰工程

装饰工程在主体结构验收合格后开始进行，首先集中人力物力，确保外墙先施工完。装饰工程施工顺序为：内粗装修由底层向上进行，外装修待外墙砌体完后，由顶层从上往下进行。外装修采用外挑脚手架兼作操作架。

内装修每层按照从上至下先墙面后地面的施工顺序进行施工。内装修待吊顶施工完后，墙面抹灰完全干燥后进行，严格按照施工操作工艺标准进行施工，涂料涂刷前，必须经质检人员检查验收后方可进行施工，同时应加强对成品的保护。

楼地面施工前，基层必须清理干净，洒水湿润，并弹好地面标高线。铺设细石混凝土面层前，先在基层上铺水灰比为0.4的素水泥浆一道，随刷随铺。地砖地面均按图纸设计及施工规范施工。

(一)楼地面工程

1. 水泥楼面

1)施工顺序

住宅楼梯间、强弱电竖井、屋面水箱间、人防工作间施工顺序：钢筋混凝土楼板或地下室顶板→素水泥浆结合层一遍→20厚1∶2水泥砂浆抹面压光。

所有需进行二次装修的楼面施工顺序：钢筋混凝土楼板或地下室顶板→素水泥浆结合层一遍→10厚1∶3水泥砂浆抹平扫毛或划出纹道→预留20厚(塔楼)或40厚(裙房)面层及结合层，由二次装修处理。

2)工艺流程

工艺流程为：检验水泥、砂子质量→配合比试验→技术交底→准备机具设备→基底处理→找标高→贴饼冲筋→搅拌→铺设砂浆面层→搓平→压光(扫毛)→养护→检查验收。

2. 防水水泥砂浆楼面

(1)施工部位：住宅卫生间、厨房、阳台、裙房卫生间。

(2)装修做法：钢筋混凝土楼板或地下室顶板→素水泥浆结合层一遍→15厚(最薄处)1∶3水泥砂浆，找平、找坡层，找坡0.5%，坡向地漏→2.5厚PA-C型高分子益胶泥防水层，四周沿墙上翻200→预留20厚面层及结合层，由二次装修处理。

3. 细石混凝土楼面

(1)施工部位：地下一层的车库和设备用房、储藏间、报警闸间、电梯机房。

(2)装修做法。地下一层的车库和设备用房施工顺序为：钢筋混凝土楼板→素水泥浆结合层一遍→50厚C20细石混凝土随打随抹，上撒1∶1水泥砂子压实赶光。

储藏间、报警闸间、电梯机房施工顺序为：钢筋混凝土楼板或地下室顶板→素水泥浆结合层一遍→30厚C20细石混凝土随打随抹，上撒1∶1水泥砂子压实赶光。

(3)工艺流程：同水泥砂浆楼面。

4. 地砖楼面

(1)施工部位：住宅门厅、住宅各层消防前室(电梯厅)、裙房(商业)部分楼梯间。

(2)装修做法：钢筋混凝土楼板或地下室顶板→素水泥浆结合层一遍→20～24厚1∶4干硬性水泥砂浆，面上撒素水泥→6～10厚地砖铺实拍平，素水泥浆擦缝。

(3)工艺流程：检验水泥、砂、地砖质量→试验→技术交底→选砖→准备机具设备→排砖→找标高→基底处理→铺抹结合层砂浆→铺砖→养护→勾缝→检查验收。

5. 水泥地面

(1)施工部位：地下二层的楼梯间。

(2)装修做法：钢筋混凝土(自防水)地下室底板→底板表面附加防水水泥基渗透结晶型防水涂料，遇地下室侧墙、柱子上翻1m→200厚级配砂石填充→80厚C10混凝土垫层→素水泥浆结合层一遍→20 厚 1：2 水泥砂浆抹面压实赶光。

6. 细石混凝土地面

(1)施工部位：地下二层车库及设备用房

(2)装修做法。地下二层车库施工顺序为：钢筋混凝土(自防水)地下室底板→底板表面附加防水水泥基渗透结晶型防水涂料，遇地下室侧墙、柱子上翻 1m→级配砂石填充并找坡(最薄处按设计标高而定)，找坡 0.5%，坡向地沟→100 厚 C10 混凝土垫层→素水泥浆结合层一遍→40 厚 C20 细石混凝土，随打随抹，上撒 1：1 水泥砂子压实赶光。

地下二层设备用房施工顺序为：钢筋混凝土(自防水)地下室底板→底板表面附加防水水泥基渗透结晶型防水涂料，遇地下室侧墙、柱子上翻 1m→180 级配砂石填充→80 厚 C10 混凝土垫层→素水泥浆结合层一遍→40 厚 C20 细石混凝土，随打随抹，上撒 1：1 水泥砂子压实赶光。

7. 地砖地面

(1)施工部位：地下二层的消防前室(电梯厅)。

(2)装修做法：钢筋混凝土(自防水)地下室底板→底板表面附加防水水泥基渗透结晶型防水涂料，遇地下室侧墙、柱子上翻 1m→190 厚级配砂石填充→80 厚 C10 混凝土垫层→素水泥浆结合层一遍→20～24 厚 1：4 干硬性水泥砂浆，面上撒素水泥→6～10 厚地砖，铺实拍平，素水泥浆擦缝。

(3)工艺流程：检验水泥、砂、花岗石质量→试验→技术交底→试拼编号→准备机具设备→素土夯实→100 厚 C10 混凝土浇筑→铺抹结合层砂浆→铺花岗石→养护→勾缝→检查验收。

(二)内墙面

1. 水泥砂浆内墙

(1)施工部位：初装面。

(2)装修做法：墙体基层→12 厚 1：3 水泥砂浆→面层由二次装修处理。

(3)工艺流程：基层清理→浇水湿润→吊垂直、套方、找规矩、抹灰饼→抹水泥踢脚→做护角抹水泥窗台→墙面充筋→抹底灰→修补预留孔洞、电箱槽、盒等→抹罩面灰。

2. 水泥防水砂浆内墙

(1)施工部位：须进行二次装修的墙面。

(2)装修做法：墙体基层→12 厚 1：3 水泥砂浆→2 厚 PA-A 型高分子益胶泥防水层→面层由二次装修处理。

3. 乳胶漆内墙

(1)装修做法：墙体基层→12 厚 1：3 水泥砂浆→6 厚 1：2.5 水泥砂浆→白色乳胶漆二遍。

(2)工艺流程：基层处理→修补腻子→磨砂纸→第一遍满刮腻子→磨砂纸→刷 801

胶水溶液或底漆一遍→补腻子磨砂纸→刷第一道涂料→磨砂纸→刷第二道涂料。

4. 抛光砖内墙面

(1)施工部位：住宅门厅、各层电梯厅、走道。

(2)施工顺序：墙体基层→12 厚 1∶3 水泥砂浆→6 厚 1∶2.5 水泥砂浆→6～8 抛光砖，高分子胶泥浆擦缝。

(3)工艺流程：基层处理→吊垂直、套方、找规矩→贴灰饼→抹底层砂浆→弹线分格→排砖→浸砖→镶贴面砖→面砖勾缝与擦缝。

(三)顶棚工程

1. 水泥砂浆顶棚

(1)施工部位：须进行二次装修的房间。

(2)装修做法：钢筋混凝土板底或梁底→8 厚 1∶3 水泥砂浆抹平扫毛或划出纹道→面层由二次装修处理。

2. 乳胶漆顶棚

(1)装修做法。带抹灰的施工顺序：钢筋混凝土板底或梁底→8 厚 1∶3 水泥砂浆→4 厚 1∶2 水泥砂浆→白色乳胶漆二道(另加底漆一道，满刮腻子一道)。

不带抹灰的施工顺序：钢筋混凝土板底或梁底→基层清理，局部刮腻子→白色乳胶漆二道。

(2)操作工艺：同涂料内墙面。

3. 外墙涂料顶棚

(1)施工部位：阳台顶棚。

(2)施工顺序：钢筋混凝土板底或梁底→8 厚 1∶3 水泥砂浆→4 厚 1∶2 水泥砂浆→白色外墙涂料包括底涂、中涂和面涂料。

(四)外墙面

1. 涂料外墙

(1)装修做法：墙体基层→12～20 厚(厚度按墙体面不平程度而定)1∶3 聚合物水泥砂浆，分两次抹灰→3 厚专用黏结剂黏结挤塑板，黏结面积不少于挤塑板面积的 50%，并用专用尼龙胀管固定件锚固挤塑板→欧文斯可宁 FWB-25 墙体专用挤塑泡沫板→4 厚专用聚合物砂浆，分两次抹灰，中间压入一层耐碱玻纤网格布→优质外墙水溶性高弹涂料(宜选用透水、透气、耐候涂料)。

(2)施工顺序：墙面基层清理、浇水湿润→堵门窗口缝及脚手眼、孔洞等→吊垂直、套方、找规矩、做灰饼、充筋→抹底层灰→抹面层灰→涂料施工同内墙面涂料施工。

2. 外墙面砖

1)施工准备

(1)技术准备：编制室外贴面砖工程施工方案，并对工人进行书面技术及安全交底。

(2)材料准备。其包括：①水泥：32.5 级矿渣水泥或普通硅酸盐水泥。应有出厂证明或复验合格单，若出厂日期超过三个月或水泥已结有小块的不得使用；白水泥应采用符合 GB2015—91《白色硅酸盐水泥》标准中 425 号以上并符合设计和规范质量标准的要求。

②砂子：粗中砂，用前过筛，其他应符合规范的质量标准。

③面砖：面砖的表面应光洁、方正、平整、质地坚固，其品种、规格、尺寸、色泽、图案应均匀一致，必须符合设计规定。不得有缺楞、掉角、暗痕和裂纹等缺陷。其性能指标均应符合现行国家标准的规定，面砖的吸水率不得大于 10%。

④石灰膏：用块状生石灰淋制，必须用孔径 3mm×3mm 的筛网过滤，并储存在沉淀池中，熟化时间常温下不少于 15d，用于罩面灰，不少于 30d，石灰膏内不得有未熟化的颗粒和其他物质。

⑤生石灰粉：磨细生石灰粉，其细度应通过 4 900 孔/m^2 筛子，用前应用水浸泡，且浸泡时间不少于 3d。

⑥粉煤灰：细度过 0.08mm 筛，筛余量不大于 5%。

⑦界面剂和矿物颜料：按设计要求配比，其质量应符合规范标准。

⑧黏贴面砖所用水泥、砂、胶黏剂等材料均应进行复检，合格后方可使用。

2)工艺流程

工艺流程为：基层处理→吊垂直、套方、找规矩→贴灰饼→抹底层砂浆→弹线分格→排砖→浸砖→镶贴面砖→面砖勾缝及擦缝。

3. 干挂大理石板基层处理

本工程干挂大理石板由业主分包，我单位仅进行抹灰及防水保温施工。抹灰及防水保温施工的基层做法同外墙涂料抹灰做法。

九、防水工程

(一)地下室防水

地下室底板、外墙及顶板的混凝土均为抗渗混凝土，其抗渗等级为 S8，地下室防水成功与否，首先在于抗渗混凝土浇筑的成功与否，也就是混凝土浇筑的密实度。因此首先要保证混凝土的浇筑成功。

1. 地下室防水做法

(1)地下室顶板附加防水：水泥基渗透结晶型防水涂料。

(2)地下室侧墙附加防水：地下室侧墙附加防水(迎水面)，水泥基渗透结晶型防水涂料→钢筋混凝土(自防水)地下室侧墙→地下室内墙面粉刷。

(3)地下室底板附加防水：素土夯实→100 厚 C15 混凝土垫层→钢筋混凝土(自防水)底板→地下室底板表面(背水面)附加防水，水泥基渗透结晶型防水涂料，沿地下室侧墙及柱子上翻 1mm→地下室地面构造。

2. 成品保护

在防水层施工前，应将穿过防水层的管道、设备及预埋件安装完毕，凿孔打洞或重物冲击都会破坏防水层的整体性，从而易导致渗漏。

(二)屋面防水

在本工程的屋面防水施工，我们将根据施工顺序对施工的主要操作过程作简要的介绍。

1. 浅色地砖上人屋面(Ⅱ级防水)

(1)施工部位：裙房部分屋面，屋顶层。

(2)装修做法：结构层：钢筋混凝土屋面板，表面清扫干净→找坡层：80 厚(最薄处)1∶8 水泥陶粒，找 2%坡，坡向屋面天沟→找平、结合层：15 厚 1∶0.8∶4 水泥石灰膏砂浆→柔性防水层：3 厚双面自黏 BAC 防水卷材→隔热层：25 厚 FM 型欧文斯科宁挤塑聚苯乙烯泡沫板→40 厚 C20 细石混凝土，配 $\phi 6$ 钢筋双向中距 100→黏结层：5 厚聚合物水泥砂浆黏贴→面层：6～10 厚浅色地砖铺平拍实，聚合物水泥砂浆。

(3)施工工艺：基层清理→弹线找坡→管根封堵→施工找平层→涂刷基层处理剂→铺贴卷材附加层→铺贴卷材→热熔封边→蓄水试验→隔热板→点黏沥青油毡→弹分格缝线→安装分格缝木条、支边模板→绑扎防水层钢筋网片→浇筑细石混凝土→贴地砖。

2. 不上人屋面(Ⅲ级防水)

(1)施工部位：楼梯间小屋面。

(2)装修做法：结构层：钢筋混凝土屋面板，表面清扫干净→找坡层：80 厚(最薄处)1∶8 水泥陶粒，找 2%坡，坡向屋面天沟→找平、结合层：15 厚 1∶0.8∶4 水泥石灰膏砂浆→柔性防水层：3 厚双面自黏 BAC 防水卷材→隔热层：25 厚 FM 型欧文斯科宁挤塑聚苯乙烯泡沫板→保护层：20 厚 1∶3 水泥砂浆保护层，每 1m 见方设分隔缝，缝宽 10mm 缝内填粗砂，水泥砂浆保护层配 $\phi 1$ 镀锌钢丝网，每块 980mm×980mm，网孔 25～30。

(3)施工工艺：基层清理→弹线找坡→管根封堵→施工找平层→涂刷基层处理剂→铺贴卷材附加层→铺贴卷材→热熔封边→蓄水试验→保温层→保护层。

3. 种植土上人屋面(Ⅱ级防水)

种植介质层，即覆土不在本次招标范围内，故不考虑覆土施工。

(1)装修做法：钢筋混凝土屋面板，表面清扫干净→找坡层：80 厚(最薄处)1∶8 水泥陶粒，找 2%坡，坡向屋面天沟→找平、结合层：15 厚 1∶0.8∶4 水泥石灰膏砂浆→柔性防水层：3 厚双面自黏 BAC 防水卷材→隔热层：25 厚 FM 型欧文斯科宁挤塑聚苯乙烯泡沫板→刚性防水层：40 厚 C20 细石混凝土，每 1m 见方设分隔缝，缝宽 10mm 缝内填粗砂，水泥砂浆保护层配 $\phi 1$ 镀锌钢丝网，每块 980mm×980mm，网孔 25～30 一层→排水层：50 厚 20～30 卵石层→蓄水层：40 厚聚氯乙烯泡沫塑料→隔离层：无纺布一层。

(2)对防水层的要求。本工程种植屋面采用 3 厚双面自黏 BAC 防水卷材，表面设置 40 厚 C20 细石混凝土刚性防水层，每 1m 见方设分隔缝，缝宽 10mm 缝内填粗砂，水泥砂浆保护层配 ϕ1 镀锌钢丝网，以抵抗植物根系的穿刺和种植工具对防水层的破坏。

(3)成品保护。屋面保护层施工时避免破坏防水层。

(三)卫生间防水施工方法

卫生间防水操作工艺和操作方法与屋面做法相同，其重点是细部处理。

卫生间等处贯穿楼板的管道根部处理是防水的重点，也是极易出现渗漏的地方，该处的施工必须认真仔细，其详细施工方法如下：

(1)待立管安装完毕，固定并检查合格后，清洗洁净楼板孔壁混凝土，保持湿润，清理里管外围的油污和漆膜。

(2)制成定型(抱箍式)专用托地式模板，固定托好。

(3)混凝土的调制，配合比为 1∶2∶2(水泥∶砂∶细石子)。水灰比不大于 0.5，并渗入水泥用量 6%的防水剂，水泥选用 325 号普通硅酸盐水泥，空隙内的混凝土面应比楼板面低 10mm，拍平压实抹光，隔 24 小时浇水养护，并检查缝底是否漏水。

(4)管周防水处理：混凝土硬化干燥后，将管道外壁 200mm 高的范围内刷除灰浆和油污，刮除管根混凝土面的灰疙瘩杂物，扫刷洁净，按选定的聚氨酯的防水材料，将 10mm 的凹坑填平防水材料，并将管周的立面涂刷 200mm 高的防水涂料。

(5)地漏的作用是排除卫生间、阳台的污水。传统地漏的存水弯在楼板下面，当发生堵塞及周边渗水时，很难到下层去处理，因此，防水施工应按施工规范要求做好细部处理。

(6)由于大便器是陶瓷釉质的，表面较光滑，不易黏结，在固定大便器时，常造成接口松动，连接不严。这是主要漏水之处，故特作施工防水说明：缝隙小于 20mm 用 1∶3防水砂浆加水泥用量 6%防水剂。当缝隙大于 21mm 用 1∶2∶2 细石混凝土封嵌堵实。

大便器与楼板接触处四周应在楼面找平层上留 15mm×10mm 凹槽。在槽内填嵌密封材料。

(四)外墙面防水施工

外墙防渗漏大体可分为两大部分：墙面防渗漏、窗接缝处渗漏。本工程不包含门窗施工，故在此只针对墙面防渗漏进行阐述。

墙面防渗漏的关键是墙体本身质量，无论是钢筋混凝土外墙或砌体外墙都应保证质量，使大面不易漏水。对墙上的预留管洞四周用水泥砂浆分层进行补实，其补洞办法同浴厕间补洞办法，表面再用 801 胶水泥浆堵塞压实。

十、室外道路工程(略)

十一、给排水工程(略)

十二、采暖通风工程(略)

十三、“四新”技术运用

在本工程施工中，我们将采用成熟的科技成果和现代化管理技术，以实现公司“优质、高效、安全、低耗”的施工指导方针，本工程计划列入我公司科技示范工程，其主要内容如下：

(1)信息化施工与管理技术，包括计算机在成本分析、劳资管理、网络计划，钢筋翻样、监控系统等方面得到充分应用。

(2)先进的激光测量技术。

(3)混凝土外加剂防水技术(粉煤灰等)。

(4)混凝土养护使用养生液养护技术。

(5)混凝土使用 FDN-1 减水剂加快混凝土早期强度增长技术。

(6)钢筋连接技术，包括钢筋直螺纹连接、闪光对焊等。

(7)粉煤灰在砌筑砂浆中的综合利用，抹灰砂浆中掺入外加剂。

(8)对拉螺杆的重复利用。

(9)混凝土楼地面一次性抹光技术。

(10)楼梯混凝土封闭施工技术。

十四、计算机管理应用

(一)目标

建立企业信息化管理工作的目的是通过计算机网络和数据库系统，实现信息和资源的共享，提高工作效率，加快公文的流转速度，降低成本，为领导决策提供信息参考，通过工作数据的统计与分析，迅速做出决策反应，使领导能运筹帷幄，把握全局。

(二)网络系统建设

1. 网络的组建

通过一个 16 口的 HUB 将项目各部门的十台计算机及分包单位、监理、甲方办公室的计算机采用星型结构组建成一个小型局域网，并通过 ISDN 与 Internet 连接。

2. 网络的主要功能及应用

(1)实现数据共享。实现项目各部门之间的数据资源共享，并与监理、业主及分包单位实现数据通信。

(2)现场监控。通过主控服务器实现现场监控的视频转换，并通过局域网实现局域网内每台计算机的分控功能。

(3)提供电子邮件服务。通过安装电子邮件服务器，本系统内的各客户彼此之间可以接收和发送电子邮件，同时也可以通过服务器的 Internet 连接与外界进行电子邮件的收发。

(4)提供电子公告牌服务。通过 BBS 电子公告栏使局域网内的各用户可以自己发布和阅读信息，对项目管理、工团活动发表自己的看法。

(5)外设资源的共享。通过网络系统的设置，使网上的所有外部资源达到共享，各客户端就像在利用本地的资源一样，如各种打印机、扫描仪、光盘库等。

(6)其他服务。通过网络资源及相关外设的使用，实现视频会议、多媒体教学、网间通话等。

(三)项目管理软件的应用

为了进一步提高项目管理水平，项目自开工起，将引进梦龙项目动态管理软件、海文预算软件、用友财务软件。

第五节　重点部位施工方法

一、结构自防水施工

(一)地下室结构自防水施工

(1)严格控制防水混凝土原材料。

(2)模板系统处理。确保模板系统有足够的刚度，模板接缝要严密、平整、光滑，不得变形、裂缝，混凝土浇捣时不发生漏浆现象。混凝土浇筑前，模板要充分湿润，避免模板在施工中遇水后膨胀而拉裂混凝土面。

(3)钢筋工程。钢筋表面的油污、铁锈等必须清除干净；钢筋下料、加工尺寸要准确；钢筋绑扎后，应根据设计图纸检查钢筋的钢号、直径、根数、间距、形状等是否正确，特别要注意检查负筋的位置。

(4)混凝土工程。从提高混凝土内在质量着手，保证混凝土达到设计要求，使用优质骨料，控制含泥量(不超过 1%)，采用连续性级配，严格控制混凝土配合比，以提高混凝土抗拉性能；模板拆模时混凝土强度不得低于设计强度的 70%，以防拆模造成裂缝。

(5)后浇带及施工缝防水处理措施。其内容如下：

①底板后浇带的施工。后浇带两侧边拟采用快易收口网呈“V”形企口缝封堵，其表面无需经过处理就可与新浇筑的混凝土相连接，钢筋需穿过收口网时，后浇带结构中原有钢筋应贯通。

后浇带混凝土浇筑前，应清除流于垫层上钢筋下的砂浆，以及钢筋表面砂浆，并将钢筋除锈，冲洗干净，经检查验收后才可浇筑混凝土。

②施工缝防水措施。底板与外墙之间的施工缝应留设在底板以上 500mm 处，并通长设置 300mm×4mm(宽×厚)钢板止水带。

在浇筑混凝土前，首先在施工缝面上涂刷水灰比不大于 0.4 的水泥浆两遍，接着铺设 10mm 的防水混凝土标号相同的水泥砂浆振捣密实，直至表面泛浆再接着浇上部的混凝土。

混凝土浇筑的施工缝，要求用振捣器振捣密实，不抹光。在施工缝处浇筑混凝土时，已浇筑混凝土的强度(抗压)不应小于 1.2MPa；在已硬化的混凝土表面上，应清除水泥薄膜和松动的石子以及软弱混凝土层，并加以充分的湿润和冲洗干净，且不得有积水。

(6)防水工程质量保证技术措施。其内容如下：

①原材料的质量控制。所有防水材料的品种、牌号及配合比，必须符合设计要求和施工规范的规定。没有产品合格证及附使用说明书等文件的材料，不得采购和使用。凡进场的材料都须按规定抽样检查。凡抽查不合格的产品，坚决不能使用。加强计量管理工作，并按规定计量器具进行检验、校正，保证计量器具的准确性。

②施工全过程的技术控制。审查好设备图纸并加强施工管理，认真制定详细的施工方案。施工过程中，层层把关，前一道工序合格后，方可施工后一道工序。

(二)屋面结构自防水施工同地下室结构自防水施工(略)

二、电梯井道垂直度控制施工方法

(1)主体工程中，采用经纬仪及激光铅直仪投线法，保证建筑物的垂直度。

(2)在楼层施工中，严格按照设计图对电梯井周围梁、墙进行准确定位。保证每层预留电梯井孔洞尺寸达到规范要求。

(3)电梯井操作平台及筒模配套使用工艺步骤：①现场组装筒模时张开状态；②收拢筒模四角，刷脱模剂，准备吊装；③通过预留孔现场组装电梯井操作平台，调节高度及水平；④绑扎墙体钢筋，支模板，插入穿墙螺栓，预留预埋，吊入筒模；⑤张开筒模四角，上紧穿墙螺栓，现浇墙体；⑥拆除墙模，收紧筒模四角，使筒模脱离墙体；⑦筒模吊离井筒，清理井筒，刷脱模剂，准备再次装吊；⑧起吊电梯井操作平台；⑨电梯井操作平台支脚自动弹入预留孔，调节平台高度及水平，打预留孔进入下一层施工。

三、预留预埋措施

本工程招标范围内的孔洞、沟槽、预留预埋以及所有与分包配合的工作较多(如预留、预埋、墙面开槽、雨篷的结构预埋、设备管线的暗敷预埋)，因此要做好前期预留预埋工作，为设备安装、装修创造良好的作业面，是该项目质量、工期保障的基本条件，为做到预留预埋工作万无一失，拟采用以下施工保障措施。

1)绘制预埋图

根据图纸到位情况及时组织项目土建、安装专业工长按楼层及标高绘制预埋综合图。然后各专业施工工长会签，项目主任工程师审核并送业主代表及监理工程师审定后，作为法定技术文件实施。

2)协调例会制

由项目部牵头组织预留预埋施工的周协调例会制，由项目主任工程师、生产经理、各专业工长参加，请业主代表及监理工程师参加，解决本周内预期可能的生产协调问题，并形成会议纪要下发各专业实施。

各专业工长按正常施工程序事前向施工班组人员组织技术交底会，并形成书面技术交底文件。

3)浇筑混凝土前实施会签制

会签按楼层及施工区域分别编制，注明预埋件、预留洞规格尺寸、数量、标高及轴线位置。在支模及钢筋工程完工后，混凝土浇筑前由各专业工长会签，责任落实到人。在各专业全面检查、复核完成后请监理工程师核查，签收隐蔽记录。

4)24 小时监护、检查制

在混凝土浇筑期间派专人全天候监护、检查，以过程精品，确保预埋工程质量。一旦发现可能的移位等隐患，及时采取措施加以排除。过程检查制度按单位及项目相关质量保证计划的"三检"制严格实施。

5)按楼层及标高进行逐项检查制

混凝土浇灌后，施工预留预埋并未结束，待混凝土达到强度后拆模时派专人参照《团结小区(三期)商住楼建安工程项目预留预埋检查表》逐项清理核销。如有不合格品，根据有关质保计划中的纠正与预防措施加以修正。

四、结构主体的标高水平及垂直度控制

1)轴线控制

模板轴线放线后，要有专人进行技术复核，无误后才能支模；墙、柱模板根部和顶部必须设限位措施，如采用焊接钢件限位，以保证底部和顶部位置准确；支模时要拉水平、竖向通线，并设竖向总垂直度控制线，以保证模板水平、竖向位置准确；根据混凝土结构特点，对模板进行专门设计，以保证模板及其支架具有足够强度、刚度和稳定性；混凝土浇捣前，对模板轴线、支架、顶撑、螺栓进行认真检查、复核，发现问题及时进行处理；混凝土浇捣时，要均匀、对称下料，浇灌高度要控制在施工规范允许范围内。

2)标高控制

每层楼设标高控制点，竖向模板根部须做找平；模板顶部设标高标记，严格按标记施工；楼梯踏步模板安装时应考虑装修层厚度。

五、内外墙和填充墙的封堵施工

(1)内外墙和填充墙在砌筑前，应根据建筑物平面和墙体情况绘制砌块排列图，尽量采用主规格砌筑，上下皮砌块错缝搭砌，纵横墙交错搭砌，保证砌体强度、整体性和承载能力。

(2)砌块上下皮错缝搭砌的长度控制在不小于砌块高的三分之一，也不应小于

150mm，如个别排列不开，无法满足搭砌长度要求的，应按规定在水平灰缝内放置拉结筋或钢筋网片。

六、屋面、厕所等楼地面墙面的抗渗防水

1)水泥基渗透结晶型防水涂料施工

清理干净处理好的基层表面涂布一层水泥基渗透结晶型防水涂料，底胶干燥固化24h后进行防水涂层施工。防水涂层施工是在基层底胶基本干燥固化后进行第一度涂层施工，涂刮厚度1.5mm左右，涂布量控制在1.5kg/m^2，在24～72h内进行第二度涂层施工，具体时间由施工时环境温度和涂膜固化程度确定，第一度和第二度防水涂层的涂刮方向应互相垂直。

2)屋面防水的施工

屋面的天沟、檐沟、檐口、泛水、水落口、分格缝、变形缝、排汽管道、伸出屋面管道等部位，是屋面工程中最容易出现渗漏的薄弱环节，施工时对这些部位进行防水增强处理，并作为施工控制重点。防水层所选用的卷材质量必须符合现行技术标准和相应技术规范的有关规定。双面自黏BAC防水卷材外观不得出现断裂、皱折、孔洞、剥离、胎体未浸透、露胎、涂盖不均匀等现象，边缘要整齐、砂砾要均匀；严禁在负温下和雨、雪天气施工；5级风及其以上时不得施工；热熔法施工气温不宜低于－10℃。

屋面防水层施工时应事先做好节点、附加层和排水比较集中部位的处理；从屋面最低标高处向上施铺卷材；铺设天沟、檐沟卷材时，宜顺天沟和檐沟方向铺置，尽量减少搭接。

第六节　各项管理及保证措施

一、质量保证体系及措施

1)质量保证目标

树立"百年大计、质量第一"的观念。质量检验项目一次合格率100%，工程质量达到市级优质工程标准。

2)质量保证体系

为确保主体建筑安装工程施工质量达到现行质量检验评定标准等级，建立以项目经理为首，以项目质安部为主体，单位总工程师、质量安全科、监理、市质量监督总站实施逐级监督，单位各职能部门、各专业科室积极配合的多层质量管理体系，全面控制每一个分项、分部工程质量。

3)施工质量保证措施

在本工程施工中采用科学管理，大力推广应用科技成果，严格按施工规范和操作规程施工，组织合理的施工程序，确保该工程优质高速完成。具体措施如下：

(1)贯彻执行各级技术岗位责任制，在熟悉图纸的基础上，认真搞好图纸会审、施

工组织设计、施工作业设计和作业指导书等技术基础工作。

(2)严格把好原材料进场质量关，材料进场必须有出厂合格证或材质证明，并应按要求做好原材料的送检试验工作。并做好成品、半成品的保护工作。

(3)现场设专职质检员，严格质量检查制度，实行质量一票否决权，质检员对整个工程质量有严格把关的责任，对关键部位、隐蔽工程应重点检查，并随时检查各道工序，发现问题及时限期整改或停工处理。

(4)施工过程中应严格按图纸设计要求和施工验收规范对施工全过程进行质量控制，贯彻以自检为基础的自检、互检、专职检的"三检"制，每道工序经检查合格后，方可进行下道工序施工。

(5)加强施工技术的控制。做到轴线、标高控制准确，组织专业测量小组施测，并做好标志，应严格按测量的结果进行轴线、标高的控制施工。

(6)为保证混凝土的施工质量，改善混凝土的泵送性能及避免早期混凝土表面裂缝和温度贯穿裂缝，根据气温及施工需要保证混凝土坍落度、流动性、初凝时间等技术参数，在混凝土中掺入外加剂和掺合料，由具有资质的试验室试验得出混凝土配合比，并派专人负责监督混凝土配合比的执行情况。

(7)组织高素质的专业施工队伍，对参加施工的人员必须进行进场教育和技术交底，对特殊工作人员，还必须持证上岗。

4)全面质量管理

在本工程的施工过程中，项目经理部将大力推行和开展全面质量管理活动，以实行全过程、全员、全方位的"三全"管理为基本手段，开展群众性的质量管理和 QC 小组活动。本工程拟建 3 个 QC 小组。

(1)混凝土质量 QC 小组。工程主体结构中混凝土的各项质量指标，达到相应的要求，这个 QC 小组与钢筋、混凝土、模板均有密切联系，可对整个工程质量的提高起到促进作用。

(2)转换层施工质量 QC 小组。其主要解决转换层施工中的难点及质量要点，在保证施工质量、进度的要求下，完成转换层的施工工作。

(3)屋面构架施工 QC 小组。屋面构架为双曲面形式，又在 90 多米的高空，在施工中不但要解决双曲面梁板的模板支设、钢筋绑扎、混凝土浇筑的施工问题，还应多注意安全施工方面。

二、技术保证措施

(一)施工阶段性的质量控制技术要求和措施

1. 事前控制阶段

事前控制，主要是建立完善的质量保证体系，质量管理体系，编制《质量保证计划》，制定现场的各种管理制度，完善计量及质量检测技术和手段。对工程项目施工所需的原材料、半成品、构配件进行质量检查和控制，并编制相应的检验计划。进行设计交底，图纸会审等工作，并根据本工程特点确定施工流程、工艺及方法。对本工程将要采用的新技术、新结构、新工艺、新材料均要审核其技术审定书及运用范围。检查现场的测量标桩，建筑物的定位线及高程水准点等。

2. 事中控制阶段

严格工序间交换检查，做好各项隐蔽验收工作，加强交检制度的落实，对达不到质量要求的前道工序决不交给下道工序施工，直至质量符合要求为止。对完成的分部分项工程，按相应的质量评定标准和办法进行检查、验收。

审核设计变更和图纸修改。同时，如施工中出现特殊情况，隐蔽工程未经验收而擅自封闭，掩盖或使用无合格证的工程材料，或擅自变更替换工程材料等，技术负责人有权向项目经理建议下达停工令。

3. 事后控制阶段

事后控制是指对施工过的产品进行质量控制，是弥补。按规定的质量评定标准和办法，对完成的单项工程进行检查验收。整理所有的技术资料，并编目、建档。在保修阶段，对本工程进行维修。

(二)施工过程的质量控制技术要求和措施

1. 施工技术的质量控制技术要求和措施

发放图纸后，内业技术人员会同施工工长先对图纸进行深化、熟悉、了解，提出施工图纸中的问题、难点、错误，并在图纸会审及设计交底时予以解决。同时，根据设计图纸的要求，对在施工过程中，质量难以控制，或要采取相应的技术措施、新的施工工艺才能达到保证质量目的的内容进行摘录，并组织有关人员进行深入研究，编制相应的作业指导书，从而在技术上对该类问题进行质量上的保证，并在实施过程中予以改进。

本工程施工过程中将采用二级交底模式进行技术交底。第一级为项目技术负责人，根据经审批后的施工组织设计、施工方案、作业指导书，对本工程的施工流程、进度安排、质量要求以及主要施工工艺等向项目全体施工管理人员，特别是施工工长、质监人员进行交底。第二级为施工工长向班组进行分项专业工种的技术交底。

2. 施工操作中的质量控制技术要求和措施

首先，对每个进入本项目施工的人员，均要求达到一定的技术等级，具有相应的操作技能，特殊工种必须持证上岗。对每个进场的劳动力进行考核，同时，在施工中进行考察，不合格的施工人员应坚决退场，以保证操作者本身具有合格的技术素质。

其次，加强对每个施工人员的质量意识教育，提高他们的质量意识，自觉按操作规程进行操作，在质量控制上加强其自觉性。

再次，施工管理人员，特别是工长及质监人员，应随时对操作人员所施工的内容、过程进行检查，随时指出达不到质量要求及标准的部位，要求操作者整改。

最后，在施工中各工序要坚持自检、互检、专业检制度，在整个施工过程中，做到施工前有交底，施工中有检查，施工后有验收的“一条龙”操作管理方式，以确保工程质量。

3. 施工材料的质量控制技术要求和措施

各种材料进场时，一定要求供应商随货提供产品的合格证或质保书，有必要提供进场许可证的必须提供进场许可证；同时对钢材、水泥等及时作复试和分析报告，只有当复试报告、分析报告等全部合格后方能允许用于施工。

本工程拟采用商品混凝土，故施工前必须进行试配工作，达到设计要求后，出具各种不同标号的混凝土级配报告，提交有关方面的审核，通过后才能用于施工。

在材料供应和使用过程中，必须做到“四验”、“三把关”。即“验规格、验品种、验数量、验质量”、“材料验收人员把关、技术质量试验人员把关、操作人员把关”，以保证用于本工程上的各种材料均是合格优质的材料。

4. 施工中的计量管理技术要求和措施

在计量工作中，我们将加强各种计量设备的检测工作，并在指定权威的计量工具检测机构(经业主及监理同意)，按本单位的计量管理文件进行周检管理。同时，按要求对各操作程序绘制相应的计量网络图，使整个计量工作符合国家的计量规定的要求，使整个计量工作完全受控，从而确保工程的施工质量。

5. 钢筋工程质量控制技术要求和措施

(1)钢筋加工的形状、尺寸必须符合设计要求，钢筋的表面确保洁净、无损伤、无麻孔斑点、无油污，不得使用带有颗粒状或片状老锈的钢筋。

(2)钢筋的弯钩应按施工图的规定执行，同时满足有关标准与规范的规定。

(3)钢筋加工的允许偏差对受力钢筋顺长度方向为＋10mm，对箍筋边长应不大于＋5mm，以免造成穿箍困难以及对模板支设不利的影响。

(4)钢筋加工后应按规格、品种分开堆放，并在明显处挂识别标记。

(5)钢筋焊接的接头形式、焊接工艺和质量检验应符合国家现行规范的有关规定。

(6)钢筋焊接前，必须根据施工条件进行试焊，合格后方可正式施焊。

(7)受力钢筋的焊接接头在同一构件上应按规范和设计要求相互错开足够的距离。

(8)雨天钢筋焊接要按规范要求和钢筋材质特点采取科学有效的保护措施，以保证焊接质量达到设计和规范要求。

(9)对柱梁节点、墙梁、柱墙节点等部位的钢筋绑扎，施工前应详细编制绑扎顺序，钢筋工长和质监员需层层把关，以防出现钢筋规格错项和钢筋数量错漏。

(10)混凝土浇捣过程中，设专职钢筋看守工，对偏移钢筋及时修正。

6. 防水工程施工质量控制技术要求和措施

(1)防水层施工前，应先将基层表面的砂浆疙瘩、尘土、杂物等彻底清扫干净，基层必须基本干燥，一般在基层表面均匀泛白无明显水印时，才能进行防水层施工。

(2)铺贴立面防水卷材时，其接槎作法应是上层盖过下层，覆盖搭接长度不小于160mm；铺贴平面防水卷材时，搭接长度以100mm为宜，搭接部位的骑缝和压缝处理严格按施工规范、设计要求和施工方案进行操作。

(3)阴阳角及穿管处等关键部位的防水施工严格按标准图集和图纸设计要求进行处理，质监员对这些部位要进行重点监控检查。

7. 装饰工程质量控制技术要求和措施

(1)施工人员必须认真按国家施工验收规范和经过会审的图纸进行装饰工程施工。

(2)把住材料、半成品的质量关。

8. 给排水工程质量保证技术要求和措施(略)

9. 电气工程质量保证技术要求和措施(略)

10. 通风空调工程质量保证技术要求和措施(略)

三、工期保证措施

(一)项目施工进度计划管理

1. 项目施工进度计划完成的条件

根据我们编制的项目施工进度计划，专门编制了关于图纸、设备、材料等的确定、订货、进场等时间表，这些时间的确定，是根据以往工程的施工经验而形成的，业主只要保证了这些时间表的要求，就能按项目施工进度计划完成本工程的施工任务。

2. 项目施工进度计划管理及管理措施

四级管理是指总进度计划管理、阶段性进度计划管理、月进度计划管理、周进度计划管理，并以周计划作为实施性计划，在确保周计划按时完成的前提下，保证月计划完成，阶段性计划直至总进度计划的完成。项目施工进度计划的控制结果作为本单位对项目的重点考核指标以月度进行全面检查，并与经济收入相挂钩的手段，以确保工期按各节点要求准时完工或提前完工。同时明确项目副经理主管并落实计划的实施，各工长主管并落实日计划的实施，项目经理对整个过程的项目施工进度计划，特别是阶段性网络计划进行总控制。

(二)工期保证措施

(1)我方保证工期如期完成，如有延期，从第 11 天起(包括当天)每延误一天按照合同罚款，但违约金的总金额不超过合同价格的百分之三。

(2)项目经理部对本工程行使计划、组织、指挥、协调、控制、监督六项基本职能，并在单位系统内选择能打硬仗的施工队伍组成作业层，承担本工程的施工任务。

(3)建立生产例会制度每星期 1～2 次，检查上一次例会以来的执行情况，布置下一次例会前的计划安排，对于拖延进度的工作应找出原因并分析，及时采取有效措施保证计划完成。

(4)采用项目施工进度总计划与季、月、旬计划相结合的各级网络计划进行控制与管理，并利用计算机技术进行动态管理。施工生产中组织流水交叉、安排合理的施工程序，做好劳动力组织调动和协调工作，通过施工网络节点控制目标的实现来保证各控制点工期控制进度计划的实现。

(5)根据业主的使用要求及各工序施工周期，科学合理地组织施工，形成各分部分项工程对时间、空间的充分利用和紧凑搭接，打好交叉作业仗，从而缩短工程的施工工期。

(6)实行合理的工期目标奖罚制度，根据工作需要，主要工序采取每日三班制。

(7)做好施工配合及前期施工准备工作，拟定施工准备计划，专人逐项落实，搞好后勤保障的高质、高效。

(8)采用成熟的科技成果，向科学技术要速度、要质量，通过新技术的推广应用来缩短各工序施工周期，从而缩短工期。

(9)搞好与安装等其他合作施工单位的配合，每天召开一次联席会，解决施工中的现场问题，加快项目施工进度。

四、降低成本的措施

(1)采用国内外先进的施工技术，科学地确定施工方案，提高工程质量，确保安全施工，缩短施工工期，降低工程成本。

(2)发动全体施工人员献计献策，在工程中推广"四新"成果，降低原材料消耗，提高劳动生产率。

(3)开展全面质量管理活动，组织全面质量管理小组，针对具体问题进行活动，通过群众性的全面质量管理活动提高本工程的质量，降低消耗，提高劳动生产率。

(4)与设计单位密切配合，积极推广运用建设部确定的十项新技术成果，增加施工过程中的科技含量，向科技技术要效益。

(5)在物资管理方面，加强计量管理工作，控制能源、材料消耗。减少库存，提高资金周转率，降低工程成本。

(6)坚持文明施工，周转材料、工具应堆放整齐，模板、架料不得随意抛掷，拆下的模板要及时清理修整，以增加模板使用周转次数。

(7)大力加强机械化施工水平，以减少劳动力的用量，缩短工期，从而降低管理费用。

(8)加强对机械设备的保养维护工作，提高其使用率。及时地做好机械的进出场工作，减少机械占用。合理地安排塔吊吊次，减少塔吊的空转，提高利用率。

(9)加强成品、半成品的保护，制定切实可行的措施保证成品、半成品的质量，减少重复投入，减少浪费。

(10)合理划分施工区段，按流水法组织施工，避免人员窝工，保证施工的顺利进行。

(11)在施工过程中，采用计算机技术进行动态施工管理，使施工组织、计划与管理更及时、更准确。

(12)钢筋采用连续配料，现场竖向钢筋接长及横向钢筋接长采用直螺纹连接。

(13)混凝土中掺入减水剂，减少单方水泥用量。

五、成品保护措施

我单位施工的工程及由业主指定分包工程交工后按下述成品保护措施执行；业主指定分包工程交工前及专业指定工程的成品保护由施工该工程的单位自行保护，我单位负责总体协调工作。

(一)制成品保护

1. 场地堆放要求

装饰用成品应堆放在室内场地，钢筋制品、混凝土构件及金属制品，预埋件等可堆放在室外。

场地要求：地基平整、干净、牢固、干燥、排水通风良好、无污染。

2. 成品堆放控制

分类、分规格，堆放整齐、平直、下垫木；叠层堆放，上、下垫木在水平位置上应保持上、下对齐，防止变形损坏；侧向堆放除垫木外应加撑脚，防止倾覆。成品堆放地应做好防霉、防污染、防锈蚀措施。

3. 成品运输

要做到车厢清洁、干燥，装车高度、宽度、长度符合规定，堆放科学合理；超长构件成品，应配置超长架进行运输。装卸车做到轻装轻卸，捆扎牢固，防止运输及装卸散落、损坏。

(二)现浇钢筋混凝土工程成品保护

1. 钢筋绑扎成型的成品质量保护

木工支模及安装预埋、混凝土浇筑时，不得随意弯曲、拆除钢筋；基础、梁、板绑扎成型完工的钢筋上，后续工种、施工作业人员不能任意踩踏或重物堆置，以免钢筋弯曲变形；木工支模在钢筋绑扎成型后完工、作业面上的垃圾应及时清理干净；模板隔离剂不得污染钢筋，如发现污染应及时清理干净。

2. 模板保护

安装预留、预埋应在支模时配合进行，不得任意拆除模板及重锤敲打模板、支撑，以免影响质量；模板侧模不得堆靠钢筋等重物，以免倾斜、偏位，影响模板质量；禁止平台模板面上集中堆放重物。

混凝土浇筑时，不准用振动棒等撬动模板、埋件，特殊部位混凝土应反锹入模，以免模板因局部荷载过大造成模板受压变形。

3. 混凝土成品保护

混凝土浇筑完成应将散落在模板上的混凝土清理干净并按方案要求进行覆盖保护。雨期混凝土施工，应按雨期要求进行覆盖保护；混凝土终凝前，不得上人作业，应按方案规定确保间隔时间和养护期。

楼层混凝土面上应按作业程序分批进场施工作业材料，分散均匀尽量轻放，不得集中堆放；不得随意开槽打洞，安装应在混凝土浇筑前做好预留预埋；混凝土面上临时安置施工设备应垫板，并应做好防污染覆盖措施，防止机油等污染；混凝土承重结构模板应达到规定强度方可拆除。

(三)砌体成品质量保护

(1)需要预留预埋的管道铁件、门窗框应同砌体有机配合，做好预留预埋工作。

(2)砌体完成后按标准要求进行养护。雨期施工按要求进行覆盖保护，保证砌体成品质量。

(3)砌体完成后应及时清理干净，保证外观质量。

(4)不得随意开槽打洞，重物重锤击撞。

(5)挑、拱、砌体的模板支撑，应保证砌体达到要求强度后方能拆除。

(四)楼地面成品保护

(1)水泥砂浆及块料面层的楼地面，应设置保护栏杆，到成品达到规定强度后方能拆除，成活后建筑垃圾及多余材料应及时清理干净。

(2)雨期施工要求做好防雨措施，以确保楼地面质量。

(3)水泥砂浆及地砖等硬块料贴在楼地面，不允许放带棱角硬材料及易污染的油、酸、漆、水泥等物料。

(4)下道工序进场施工，应对施工范围楼地面进行覆盖保护，对油漆料、砂浆操作面下，楼面应铺设防污染塑料布，操作架的钢管应设垫板，钢管扶手挡板等硬物应轻放，不得抛敲撞击楼地面。

(五)装饰成品质量保护

(1)不得在装饰成品上涂写、敲击、刻画。

(2)作业架子拆除时应注意防止钢管碰撞，脚手板应轻放。

(3)门窗及时关闭开启，保持室内通风干燥，风雨天门窗应关严，防止装饰后霉变。

(4)对室外装饰品设置护栏杆保护。

(5)高层建筑应按层对装饰成品进行专人值班保管。

(六)屋面防水成品保护

(1)屋面防水施工完工后应清理干净，做到屋面干净，排水畅通。

(2)不得在防水屋面上堆放材料、什物、机具。

(3)不得在防水屋面上用火以及敲、踩。

(4)因收尾工作需要在防水屋面上作业，应先设置好防护木板、铁皮覆盖保护设施，散落材料及垃圾应工完场清，清理干净；电焊工作应做好防水隔离。

(七)安装工程成品保护

(1)安装工程专业交叉施工频繁的吊顶和地下室，施工前会同各专业绘制详细的空间布置图，用以指导施工，确保施工过程中不损坏已就位的安装设备与材料。

(2)安装设备与材料进场后，须有专门库房保管，雨季施工时，设备进场堆放地要垫高，露天存放时应加盖防雨布，以防日晒雨淋，周围应有畅通的排水沟，地下室的设备，在交工前，要采取措施防止设备受潮、被水淹泡。

(3)对施工现场的成品或半成品，派专人巡视保护，井道和设备房内施工中断或施工完毕后，必须将井口或门上锁封死，防止安装后设备材料丢失或损坏。

(4)带包装箱的设备，先不拆箱，待设备吊装到位后，再拆包装箱；拆包装箱时，应请设备供应商、监理单位和施工单位三家代表到场。参加人员不齐时，不得随意拆箱。

第七节　安全生产及消防保证措施

1. 安全生产目标

杜绝死亡和重伤事故，轻伤事故频率控制在2‰以内，确保获得市安全优良现场。

2. 安全生产

1)安全生产责任制

根据本工程管理人员规模，拟指定以项目经理为主，项目总工程师为辅，各级工长及班组为主要执行者，保卫、质安部负责人为主要监督者，医务人员为保障者的安全生产责任制。

2)安全生产制度

根据省市有关文件规定，并结合本工程的实际情况制定关于安全教育、检查、交底、活动四项制度，要求所有进入本施工现场的人员以班组为单位进行检查，同时在中标后，将另行制定本工程安全生产奖罚条例以确保制度及各项措施的落实。

3. 安全管理措施

(1)进入现场的所有人员必须戴安全帽，高空作业必须系安全带，施工现场设置安全警告牌。

(2)所有机电设备实行专人负责操作，并持证上岗，非专业人员不得动用电器设备。供电设备要遮盖严实，经常检修，并设置漏电保护器。

(3)现场施工用电严格遵照《施工现场临时用电安全技术规范》的有关规定及要求进行布置及架设，并定期对闸刀开关、插座及漏电保护器的灵敏度进行常规的安全检查。用电按三相五线制架设的规定，现场用电线路及电器安设由持证电工安装，无证人员不得操作。现场的所有移动式电器须安设漏电保护器，并在每班前由持证电工进行检验。

(4)加强对施工人员的防火安全教育和对现场消防器材的管理，消防器材需配备齐全，其安放位置应符合消防要求；保证消防器材随时处于良好状态。

(5)随时取得气象预报资料，根据气象预报，提前做好防风防雨措施，并切实按措施严格执行实施，并合理安排现场施工生产。

4. 消防管理

1)建立完善的消防管理制度

(1)建立消防组织和制度，贯彻消防工作以预防为主，消防结合的原则。

(2)在工地里建立消防教育体系，由专人负责对新职工进行消防意识和消防制度的教育，认真贯彻各项消防制度，经常开展消防活动，如定期开展群众性、专业性防火检查，不仅可以及时消除火警隐患，更可以加强全员的消防观念。

(3)单位与项目部、项目部与班组长及新职工签订安全消防交底书，明确班组长为班组的第一负责人，负责班组的日常消防、安全工作，使班组职工在项目部的各项制度的制约下进行有效工作，抓好职工、班组的工作是项目部各项规章制度执行的基础。

(4)工地的消防组织要与地区消防组织挂钩，及时把工程情况进行通报，坚决杜绝火灾的发生。

2)强化工地消防的硬件投入

(1)施工现场布置中，埋设环形封闭的100mm管作为专门的消防用水管，根据本工程的实际情况，消防用水立管直径为60mm，每层设四只灭火器，并配65式消防箱、带、枪齐全的消防设备一套、增压泵一只。

(2)施工现场设置两路电源，除正常施工用电外，对启动消防水泵、安全电梯、安全通道及紧急情况使用的电器设备必须另配电源。

(3)消防用水管道、紧急电源线路及垂直安全通道可以选择高层建筑中的一个能通到屋顶的楼梯间，通道内应装设应急灯。

(4)按施工现场的防火规定，在工地各区域设灭火器和太平桶，按规定和计算的数量设置。在建筑结构和装饰施工阶段，外脚手架与楼面上按每层面积的大小设置一定数量的灭火器和太平桶。位置设在显眼易取的地方，各层都要设在相同的位置。

(5)明确规定现场不准吸烟。

(6)施工场地内、木工棚、危险仓库等易燃、易爆地方均按有关规定布置灭火器。

3)加强监督、严格管理

(1)项目部成立以项目经理为组长，生产经理、安全员为副组长，各班组长为组员的消防领导小组，每日均设立消防值班员。

(2)消防值班员掌握对整个施工现场的明火作业，由项目部安全员进行实地考察后，会同消防安全员根据实际情况进行审批。

(3)施工组织设计中对整个工地要划分禁火区域和动火等级。对油库、油漆仓库等不准明火的区域要特别划出禁火区范围，事先挂牌明确，禁止一切可引起明火的火种进入。

(4)建筑施工动用明火，如电焊、气割等都必须按所在区域的动火等级进行动火报批手续，在动火时必须派监护人员值班。高空明火作业，必须在其下方采取隔离措施，不得使火种从高空散落。

(5)建筑施工在结构与装饰阶段，要配专职的消防巡视员，三班制巡回检查，巡回线路要专门设计，坚决杜绝火灾发生。

(6)施工现场必须设置畅通消防车道，配备足够消防器材、消火栓，进水主管务必满足消防要求。

(7)消防设施应能保证建筑物最高的灭火需要。临时消火栓要有防寒防冻保温措施。

(8)现场建立门卫，巡逻护场制度，并实行凭证出入制度。

第八节　施工现场保护措施及文明施工

本工程位于的居民小区是人口密集区，合理安排工序，加强现场管理，改善设备性能，最大限度地减少环境和噪声污染，确保周边行人、车辆安全、小区正常的工作生活秩序极为重要。

一、减少扰民和民扰的保证措施

1)减少施工扰民的措施

(1)在周边门诊楼等噪声敏感区设置监测点，定期用专用仪器测量控制噪声白天在65分贝以内，夜晚在55分贝以内。

(2)施工时间为6：00～22：00。

(3)建立定期噪音监测制度，发现噪音超标，立即查找原因，及时整改。

(4)对大型机械定期进行维修，保持机械正常运转，减少因机械经常性磨损而造成噪声污染。

(5)对施工现场工作噪声大的车间(如木工加工房)在地下室拆模后布置在地下室进行隔音封闭；将一些噪声大的工序尽量安排在白天进行，夜间施工尽量安排噪声小的工序(如砌筑、抹灰等)。

(6)贯彻执行市人民政府关于加强施工现场及噪声扰民管理的有关规定。

2)减少施工民扰的措施

(1)在施工前公布连续施工尤其是夜间的施工时间，发布安民告示，向工程周围的居民做好解释工作。

(2)教育施工人员严格遵守各项规章制度，维护群众利益，尽力减少工程施工给当地群众带来的不便。

(3)环保部门按国家规定的噪声值标准进行测定，并确定噪声扰民的范围。

(4)现场设立群众来访接待处，并配备热线电话，24小时接待来访来电，对所有问题均在24小时内予以明确答复。

(5)与街道办事处、居民代表、派出所共同开展创建文明工地活动，通过沟通和融洽关系减少或防止民扰。

(6)依法处理各种扰乱正常施工秩序的行为和责任人。对不管采取何种措施仍然阻挠正常施工的人或行为，依法向有关部门申请遵照有关法律进行处理。

二、小区环境保护的保证措施

对本工程的环境问题，我们从以下三大方面入手，解决好这一问题。

1)建立居民的协调互助关系

(1)严格执行国家颁布的《中华人民共和国环境保护法》及市有关环保的规章制度，在施工过程中，严格控制噪声、粉尘等对周边环境的污染。

(2)现场布置接待室，专人负责接待居民来访，及时解决居民反映的问题。

(3)成立扰民问题工作小组，建立组织→实施→检查记录→整改的环保工作自我保证体系。现场布置接待室，专人负责接待居民来访，及时解决居民反映的问题。积极和居民建立协调互助关系。

(4)定期对附近居民进行拜访，及时了解情况，达成谅解。

2)采取措施，减少污染、防止施工扰民

根据本工程实际情况，我单位将充分做好施工噪声控制、污水排放控制、粉尘控制等各方面的具体工作，并结合我们正在宣传的ISO14000环境保护标准的各项具体要求进行实际操作，确保小区的生活环境。

三、进行CI设计，美化施工现场

(1)进行CI设计，特别是围墙设计，要体现我单位的企业精神，一种积极向上的美学效果。

(2)在施工现场道路和办公区域，进行绿化工作，即达到减少现场扬尘的效果，又给居民及行人一种视觉上的美感。为了使施工现场按照项目施工进度计划的要求有条不紊地组织施工，施工现场总平面的使用必须严格执行统一管理的原则，由项目经理负责，施工现场总平面的使用，根据进度计划安排内容实施动态管理。

四、文明施工管理措施

(1)施工现场按照文明施工的有关规定在醒目的地方设置工程概况标牌、项目施工进度计划标牌、现场管理制度标牌、安全防火保卫标牌及施工平面布置图。

(2)统一布置工地现场用水、用电管线及排水沟道，保持施工现场场容场貌的整洁、平整，施工道路畅通无阻，并使排水畅通无积水，施工材料及设备按施工平面图的划分区域堆放整齐。

(3)建立施工现场的出入管理制度，施工人员进入施工现场出示工作证，严禁非施工人员进入施工现场。

(4)工程竣工后，及时清理现场建筑废料、剩余建材，保证建筑物周围清洁整齐，保证业主有一个良好的使用环境。

复习与思考

请根据你所在地的某工程背景资料尝试编制其单位工程(土建)施工组织设计。

第九章

计算机技术在施工组织与管理中的应用

第一节 计算机技术在施工组织与管理中的应用概述

一、计算机辅助项目管理系统与施工组织管理

1. 采用计算机技术进行施工组织管理是工程建设发展的必然要求

随着社会经济的快速发展，工程项目规模越来越大，新结构、新工艺、新技术等得到了越来越多的重视和应用，同时，新的工程项目管理理念、模式不断出现，并应用到工程建设管理中。这些变革在创造出一个又一个工程建设奇迹的同时，也为工程项目的组织与管理提出了更高的要求，项目管理变得越来越复杂。项目管理者要处理好项目内部各种要素之间的关系，处理好项目本身与外部环境之间的关系，处理好项目全寿命周期中不同阶段之间的关系，处理好不同项目之间的关系。在项目管理过程中，如何识别、筛选、管理项目产生的大量信息，进而采取合理措施应对，已经成为必须要解决的客观问题，而传统的项目管理方式显然不能满足工程建设发展的需要，借助计算机技术实施项目管理成为解决问题的唯一途径。

在经济全球化的市场背景下，建筑市场竞争日趋激烈，建筑企业已经形成了向大型化、国际化发展的趋势。同时，项目发包方式也发生了巨大变化，建设部 2003 年在建市[2003]30 号文件《关于培育发展工程总承包和工程项目管理企业的指导意见》中明确指出："工程总承包(EPC)和项目管理承包(PMC)是国际通行的工程建设项目组织实施方式。积极推行工程总承包和项目管理承包是深化我国工程建设项目组织实施方式改革，提高工程建设管理水平，保证工程质量和投资收益，规范建筑市场秩序的重要措施。"总承包企业的运作过程实际上就是通过对工程总承包项目一系列活动的执行管理过程，项目执行的成败决定了企业的命运，因此，建立一套符合现代项目管理要求和充分利用信息技术的项目管理系统，已经成为企业能否形成健康向上的良性循环发展的关键因素，计算机辅助项目管理系统应运而生。

2. 项目管理软件的发展简况

项目管理软件是计算机辅助项目管理系统的重要组成部分，是计算机信息技术在

工程项目管理中的具体应用。项目管理技术的发展和计算机技术的发展是密不可分的。自 20 世纪 80 年代以来，随着微型计算机的出现和运算速度的迅猛提升，项目管理技术也呈现出繁荣发展的趋势，涌现出了大量的项目管理软件。

根据管理对象的不同，项目管理软件可分为：①进度计划管理类软件；②合同管理类软件；③风险管理类软件；④投资管理类软件。目前，国内外使用最多的项目管理软件是进度计划管理类软件。根据使用层次不同，项目管理软件可分为高层次项目管理软件和一般层次项目管理软件两大类。

1)高层次项目管理软件

高层次项目管理软件具有以下特点：

(1)主要适用于大型工程建设管理的各种需要；

(2)功能强大，提供了广泛的调度选项，能对任务进行精确的控制，具有计算机网络和通信功能；

(3)使用较为复杂，使用人员需要专门的培训，且价格较高。

高层次项目管理软件主要包括 Primavera 公司的 Primavera Project Planner for Enterprise/Construction(p3e/c)和 Oracle Primavera P6、Software Technology 公司的 Open Plan、Computer Aided Management 公司的 PARISS Enterprise、Lucas Management System 公司的 Artemis Prestige 和 Applied Business Technology 公司的 Project 等，建筑工程中使用较多的是 Primavera 公司的 P3e/c 软件或 P6 软件。

2)一般层次项目管理软件

一般层次项目管理软件具有以下特点：

(1)主要适用于中、小型工程建设管理的需要，可以满足一般管理工作的要求，为工程施工的某一方提供服务；

(2)使用简单，使用者一般只需很短时间培训即可在工作中应用，价格便宜；

(3)功能较简单，提供的指标和功能不是很完善，不能满足复杂工程建设的需要。

一般层次项目管理软件主要包括 Microsoft 公司的 Project 2010、Primavera 公司的 Primavera Sure Trak Project Planner、Scitor 公司的 Project Scheduler、Symantec 公司的 Time Line、Computer Associates 公司的 CA Super Project、Leach Management Systems 公司的 CS Project 和 Asta Development 公司的 ASTA Power Project 等。目前，国内较为常用的是 Microsoft 公司的 Project 2010。

项目管理软件在我国的应用起步较早，20 世纪 80 年代就有很多单位开始使用。当时国内许多院校和科研单位开发了很多项目管理软件，但是受计划经济体制的影响，很多国内软件作为课题开发，所形成的成果没有商品化，导致国内项目管理软件发展十分缓慢。1995 年，建设部组织推广了 Primavera 公司的 P3 软件，使其在我国许多建筑企业工程项目中得到使用并取得了良好的效果，促进了我国计算机技术在施工组织与管理领域的应用，并在一定程度上带动了国内项目管理软件的开发。进入 20 世纪 90 年代，在信息技术的快速推动下，我国国内项目管理软件开发得到了飞速发展。据不完全统计，国内目前有 200 余家企业从事项目管理软件的开发工作，开发出了以清华斯维尔、PKPM、易建、梦龙等优秀项目管理软件为代表的近百种产品，这些软件被建设单位、施工企业、设计单位等应用到工程项目管理工作中，减轻了劳动强度，提高了工作效率和质量，使工程项目管理更为科学合理。

当前，计算机辅助项目管理系统在工程项目管理中发挥的作用越来越重要，已经成为国内大多数企业完成管理工作的得力助手。从工程项目建设程序来看，项目施工阶段属于工程项目建设的实施阶段，是工程项目管理的核心。本章将重点介绍项目管理软件在施工组织与管理中的应用。

二、项目管理软件在施工组织与管理中的作用

运用项目管理软件进行施工组织与管理是提高项目管理水平的重要手段和标志，其不但可以提高企业工作效率、降低成本，而且对项目管理的方式、过程和作用都会产生深远的影响。项目管理软件在施工组织与管理过程中的作用主要体现在以下几个方面。

1. 预算及成本控制

大部分项目管理软件都可以获得项目中各项活动、资源的有关情况。人员的工资可以按小时、加班或一次性来计算，也可以具体明确到期支付日；对于原材料，可以确定一次性或持续成本；对各种材料，可以设立相应的会计和预算代码。另外，还可以利用用户自定义公式来运行成本函数。大部分软件程序都应用这一信息来帮助计算项目成本，在项目过程中跟踪费用。在项目过程中，随时可以就单个资源、团队资源或整个项目的实际成本与预算成本进行对比分析，在计划和汇报工作中都要用到这一信息。大多数软件程序可以随时显示并打印出每项任务、每种资源(人员、机器等)或整个项目的费用情况。

2. 编制日程表

日程表主要用来对项目中各个单项资源或一组资源确定工作时间。可以用这些日程表计算出项目的进度计划。大部分软件都对基本工作时间设置一个默认值，如星期一到星期五，早上 8 点到下午 5 点，中间有一小时的午餐时间。对于各个单项资源或一组资源，可以修改此日程表。例如，修改上、下班时间，按非工作时间输入公司假期，输入各种换班(白天、夜晚)，包括节假日以及数量单位(小时、天、周)。汇报工作进程时要用到这些日程表，它通常可以根据每个单项资源按天、周或月打印出来，或者将整个项目的日程打印成一份全面的项目日程表。

3. 收发电子邮件

项目管理软件的共同特征是可以通过电子邮件发送项目信息。这一功能使得用户不必通过打印机或屏幕显示，直接从电子邮件中获得信息。通过电子邮件，项目团队成员可以了解重大变化，如最新的项目计划或进度计划，可以掌握当前的项目工作情况，也可以发出各种业务表格。

4. 绘制图形

对于有大量活动事项的工程项目，人工制出一份甘特图或网络图，或人工进行修改制图是一件极其乏味而又容易出错的工作。当前项目管理软件的一个最突出的特点

是能在最新数据资料的基础上简便、迅速地制作各种图表，包括甘特图及网络图。有了基准计划后，任何修改就可以轻易地输入到系统中，图表会自动反映出这些改变。项目管理软件可以将甘特图中的任务连接起来，显示出工作流程。特别是用户可以仅用一个命令就在甘特图和网络图之间来回转换显示。

5. 转入或转出资料

许多项目管理软件允许用户从其他应用程序，如文字处理、电子表格以及数据库程序中获得信息。例如，只需在需要时转入某个电子表格的信息就可以了，而大可不必将电子表格中有关人员或机器的成本信息重新键入项目管理软件，避免了输入相互冲突或错误的资料。同样，也可以将项目管理软件的一些信息输入到这些应用程序中去。例如，把对某一承包商的进度计划报告转出到文字处理备注文件中。

6. 处理多个项目及子项目

有些项目规模很大，需要分成较小的任务集合或子项目。另一种情况是经验丰富的项目经理同时管理好几个项目，团队成员也同时为多个项目工作，在多个项目中分派工作时间。在这种情况下，大部分项目管理软件能提供帮助。它们通常可以将多个项目储存在不同文件里，这些文件相互连接。项目管理软件也能在同一个文件中储存多个项目，同时处理几百个甚至几千个项目，并绘制出甘特图和网络图。

7. 制作报表

项目管理软件包在最初应用时，一般只有少数报表，通常是列表总结进度计划、资源或预算。目前，绝大多数项目管理软件都有非常广泛的报表功能。可制作的报表包括项目全面汇报报表、项目主要阶段(里程碑)报表、财务报表、成本及进度控制报表等。

8. 资源管理

目前的项目管理软件都有一份资源清单，列明各种资源的名称、资源可以利用时间的极限、资源标准及过时率、资源的收益方法和文本说明。每种资源都可以配以一个代码和一份成员个人的计划日程表。对每种资源加以约束，如可被利用的时间数量。用户可以按百分比为任务配置资源，设定资源配置的优先标准，为同一任务分配各个资源，并保持对每项资源的备注和说明。软件能突出显示并帮助修正不合理配置，调整和修匀资源配置。大部分软件可以为项目处理数以千计的资源。

9. 编制计划

所有项目管理软件都能为用户界定需要进行的活动。正如软件通常能维护资源清单，它也能维护一个活动或任务清单。用户对每项任务选取一个标题、起始与结束日期、总结评价，以及预计工期(包括按各种计时标准的乐观、最可能及悲观估计)，明确与其他任务的先后顺序关系以及负责人。通常，项目管理软件中的项目会有几千个相关任务。另外，大部分软件可以创建工作分析结构，协助进行计划工作。

10. 项目监督及跟踪

项目管理的一项基本工作是对工作进程、实际费用和实际资源耗用进行跟踪管理。大部分项目管理软件允许用户确定一个基准计划，并就实际进程及成本与基准计划里的相应部分进行比较，对许多活动进行跟踪，如进行中或已完成的任务、相关的费用、所用的时间、起止日期、实际投入或花费的资金、耗用的资源，以及剩余的工期、资源和费用等。

11. 进度安排

在实际工作中，项目规模往往比较大，人工进行进度安排活动就显得极为复杂。项目管理软件能为进度安排工作提供广泛的支持，而且一般是自动化的。大部分软件能根据任务和资源清单以及所有相关信息制作甘特图及网络图，对于这些清单的任何变化，进度安排会自动反映出来。此外，用户还能调度重复任务，制定进度安排任务的优先顺序，进行反向进度安排，确定工作轮班，调度占用时间，调度任务，确定最晚开始或最早开始时间，明确任务必须开始或必须结束日期，或者是最早、最晚日期。

12. 假设分析

项目管理软件一个非常实用的特点是进行假设分析。用户可以利用这一特点来探讨各种情形的效果。在某一项目的一些节点上，用户可以向系统询问："如果拖延一周，会有什么结果?"系统会自动计算出延迟对整个项目的影响，并显示出结果。例如，某个建筑项目，要研究木材消耗率上升 15%将发生什么结果，承包商只要把这一变化输入计算机，所有的相关费用成本就能显示出来。几乎可以对项目中所有变量(人员、工资率、成本)进行测试，观察发生具体情况的影响。这种分析能使项目经理更好地控制有关项目的各种风险。

第二节　项目管理软件及其应用

项目管理软件是计算机辅助项目管理系统的主要实现形式，本节对目前国内应用较多的几个项目管理软件的功能及特点加以介绍。

一、常用项目管理软件简介

(一)Primavera P6 项目管理软件

Primavera P6 项目管理软件是 Primavera 公司在 2006 年推出的，它是在 P3 软件的基础之上发展而来的，它采用了最新的 IT 技术，是在大型关系数据库 Oracle 和 MS SQL Server 上构架起企业级的、包含现代项目管理知识体系的、具有高度灵活性和开放性的、以计划—协同—跟踪—控制—积累为主线的企业级工程项目管理软件，具有强大的进度计划管理功能和资源与费用管理功能，是项目管理理论演变为实用技术的经典之作。P3 软件只能管理单一的大型项目，而 P6 软件可以使企业在优化有限的、共享的资源(包括人、材、机等)的前提下来对多项目进行预算、确定项目的优先级、编制项目的计划并且对多个项目进行管理。它可以给企业的各个管理层次提供广泛的信息，各个管理层次都可以分析、记录和交流这些可靠的信息并且及时地做出有充分依据的符合公司目标的决定。P6 软件包含进行企业级项目管理的一组软件，可以在同一时间跨专业、跨部门，在企业的不同层次上对不同地点进行的项目进行管理。

P6 软件包括 Project Management (PM)、Methodology Manager(MM)、TimeSheet(TS)和 MyPrimavera(MP)四个模块。PM 模块是必备核心模块，用于计划编制、下达、调整、分析、系统设置和管理；MM 模块用于企业项目管理标准化库(经验库或模板库)的建立与维护；TS 模块用于企业内部项目执行层人员进度采集，包括作业进展、资源消耗与工程量完成等情况；MP 模块是基于 Web 的项目管理模块，用于企业领导层对项目进度、资源、费用进行综合分析，也可以作计划调整和进度更新，实现大部分客户端的功能操作。

作为 P6 软件的必备核心模块，PM 模块可供用户跟踪与分析执行情况，其是一个具有进度时间安排与资源控制功能的多用户、多项目系统，支持多层项目分层结构、角色与技能导向的资源安排、记录实际数据、自定义视图以及自定义数据。它支持企业项目结构 (EPS)，该结构具有无限数量的项目、作业、目标计划、资源、工作分解结构(work breakdown structure，WBS)、组织分解结构(OBS)、自定义定义分类码、关键路径法计算与平衡资源。如果在整个企业范围内大规模实施项目组合管理，则需配合采用 Oracle 或 SQL 服务器作为项目数据库。如果是小规模应用，则可以使用 SQL Server Express。此外，该模块还提供集成风险管理、问题跟踪和临界值管理。用户可通过跟踪功能执行动态的跨项目费用、进度和赢得值汇总。可以将项目工作产品和文档分配至作业，并进行集中管理。

(二)清华斯维尔项目管理软件

清华斯维尔项目管理软件是深圳市斯维尔科技有限公司依托清华大学的技术、人才优势，该软件充分吸取了国内外同类软件的优点，将网络计划及优化技术应用于建设项目的实际管理中，以国内建设行业普遍采用的横道图、双代号时标网络图作为项目进度管理与控制的主要工具，通过挂接各类工程定额实现对项目资源、成本的精确分析与计算，不仅能够从宏观上控制工期、成本，还能从微观上协调人力、设备、材料的具体使用。该软件具有如下主要特点：

(1)软件设计符合国内项目管理的行业特点与操作惯例，严格遵循《工程网络计划技术规程》(JGJ/T121—99)的行业规范，以及《网络计划技术》(GB/T13400)的三个国家标准，提供单起单终、过桥线、时间参数网络图等主要功能，将计算机信息技术在网络计划的全过程中进行应用，是网络计划技术与计算机信息技术的有机结合。

(2)操作流程符合项目管理的国际标准流程，首先通过项目的范围管理，在横道图界面中方便地进行工作任务分解，建立任务大纲结构，从而实现项目计划的分级控制与管理。在此基础上分析并定义工作间的逻辑关系，并通过定额数据库、工料机数据库等进行项目资源的合理分配，最终完成项目网络模型的构筑。系统将实时计算项目的各类网络时间参数，并对项目资源、成本进行精确分析，其数据结果作为项目网络计划优化与项目追踪管理的依据。

(3)除横道图建模方式外，为方便用户操作，软件中还提供了双代号网络图、单代号网络图等多种建模方式，同时能够模拟工程技术人员手绘网络图的过程，提供拟人化智能操作方式，实现快速高效绘制网络图的功能。智能流水、搭接、冬歇期、逻辑网络图等功能更好地满足实际绘图与管理的需要。

(4)支持搭接网络计划技术，工作任务间的逻辑关系可以有多种：完成—开始(FS)关系、完成—完成(FF)关系、开始—开始(SS)关系、开始—完成(SF)关系，同时可以处理工作任务的延迟、搭接等情况，从而全面反映工程现场实际工作的特性。

(5)图表类型丰富实用、制作快速精美，满足工程项目投标与施工控制的各类需求。用户可任选图形或表格界面录入项目的各类任务信息数据，系统自动生成施工横道图、单代号网络图、双代号时标网络图、资源管理曲线等各类工程项目管理图表，输出图表美观、规范，能够满足建设企业工程投标的各类需求，增强企业投标竞争实力。

(6)兼容微软 Project 项目管理软件，能快捷、安全地从 Project 中导入项目数据，可迅速生成国内普遍采用的进度控制管理图表——双代号时标网络图，并可完成工程项目套用工程定额等操作，实现对工程项目资源、成本的精确计算、分析与控制等功能，使其更能满足建设行业项目管理的实际需求，从而实现国际项目管理软件的本地化与专业化功能。

(7)满足单机、网络用户的项目管理需求，适应大、中、小型施工企业的实际应用。系统既可支持单机用户的使用，又可充分利用企业的局域网资源，实现企业多部门、多用户协同工作。

(三)PKPM 项目管理软件

PKPM 项目管理软件是由中国建筑科学研究院建筑工程软件研究所推出的。作为中国建设行业最具实力大的软件开发者之一，该所无论在开发力量、关键技术、行业经验还是软件在建设行业的占有率方面都始终处在同行业的先进行列。PKPM 信息化解决方案和产品，是面向建设行业产业链全过程，涵盖项目的全生命周期的动态管理系统。其中，施工项目管理部分能够按照项目管理规范要求实现进度、质量、安全、成本的控制和现场、信息、生产要素的管理，为组织协调提供数据。该软件具有以下主要功能及特点。

1. 工程导入

PKPM 项目管理软件提供了多种自动生成施工工序的方法，包括：①利用 Excel 文件导入工序和工程量。②利用其他类似工程导入。③读取工程概预算数据，利用施工工序与定额分部分项的关联性自动生成带有工程量和资源分配的施工工序。④可在工作信息表和单、双代号图中录入施工工序相关信息和逻辑关系，自动生成各种复杂网络模型。

2. 工程设置

可对任意复杂的工程项目进行结构分解，并对工程项目的责任、成本、计划、质量目标等进行细化分解，形成结构树并使管理控制清晰、责任目标明确。

针对国外 P3 的操作模式，通过“编码定义”、“扩展信息”、“切换编码方式”和“分组设置”功能，可对进度计划进行设置，便于管理者从不同角度对项目进度计划进行控制和管理。此外，该软件具有多级子网功能，可处理各种复杂工程，有利于工程项目的微观和宏观控制，并可通过导出子网、导入子网的功能实现进度的拆分、合并。

可设置特殊的时间段，局部放大或缩小时间刻度；可插入图片，标注，设置信息栏。

3. 进度控制

可直接绘制横道图，自动生成双代号网络图或直接绘制双代号网络，自动生成横道图，真正实现了双代号网络图与横道图之间的自动转换。通过前锋线功能动态跟踪与调整实际进度，及时发现偏差并指导施工人员调整工期计划及施工安排。通过计划、实际、合同三种时间的比较，时刻查看进度变化情况，掌握合同执行情况，重新评估工期。

可进行针对总包形式的进度计划管理，通过从总计划导出分包计划、把分包进度计划导入总计划，实现总包和分包的进度协同，便于总包从总体上协调各方进度。

4. 成本控制

(1)利用国际上通行的赢得值原理进行成本的跟踪动态调整。

(2)可编制企业定额，进行成本控制。

(3)通过绑定施工概预算文件和施工定额库，自动生成资源和预算成本及计划参考成本，从而有效地进行成本控制。

5. 资源优化

PKPM 项目管理软件自动布图，能处理各种搭接网络关系和强制时间。根据工程量、工作面和资源计划安排及实施情况自动计算各工序的工期、资源消耗、成本状况，换算日历时间找出关键路径。

系统提供了多种资源优化方案，包括：①工期优化。②资源有限工期最短优化。③工期成本优化。④工期固定资源均衡优化。⑤常规分层、分段流水作业(等节奏、异节奏、无节奏)方案。⑥充分利用技术、组织、施工层间歇连续施工形成流水施工方案。⑦增加工作班制，缩短工期，优化流水方案。

6. 其他业务功能

(1)对于大型复杂工程项目，进度、计划难以控制时，可采用国际上流行的“工作包”管理控制模式。

(2)利用质量预控专家知识库进行质量保证，统计分析“质量验收”结果，进行质量控制。

(3)利用安全技术标准和安全知识库进行安全设计和控制。

(4)可编制各种施工作业计划、技术交底，收集各种现场资料等进行现场管理。

7. 兼容及输出功能

(1)可与 Project 文件自由转化、可导入 P3 软件和 Excel 软件的文件。

(2)自动生成各类资源需求曲线及图表，具有所见即所得的打印输出功能。

(四)易建工程项目管理软件

易建工程项目管理软件是由易建科技有限公司推出的。该软件是国际上第一个采用纯 J2EE/JAVA/XML 这种全新技术架构开发的同类软件产品。易建工程项目管理软件适用于建设领域的综合型工程项目管理软件系统。该软件不仅可以应用于单、多项目组合管理，而且可以融合企业管理，直至延伸到集团化的管理。软件以成本控制为核心、以进度计划为主线、以合同管理为载体，不仅实现成本、进度、质量、安全、合同、信息、沟通协调、工程资料等工程业务处理细节，实现项目全方位管理，而且实现资金、人力、材料、库存、机械设备各个方面的生产资源统一管理。

易建工程项目管理软件提供一系列的应用功能模块，实现特定业务处理。运用易建工程项目管理软件，企业能够迅速建立以工程项目管理为核心的企业级综合性的工程项目管理与企业信息化管理系统，有效控制项目成本，全面管理生产资源，提高企业的管理水平，提高决策分析能力，提高企业核心竞争能力，实现企业经济效益最大化。

1. 产品特点

(1)参照国际《项目管理知识体系(PMBOK)》；遵循国家《建设工程项目管理规范》(GBT50326—2006)。

(2)支持多种工程项目的管理模式，广泛适用各种工程企业；实现全方位完整周期的成本动态控制，严格控制工程造价；实现工程量清单及多种方式的合同管理及计量支付过程。

(3)实现基于广义网络计划技术的多方参与的进度计划及控制。

(4)实现施工质量、安全、环境、现场的控制管理；实现资金、劳务、材料、机械设备和技术等资源统一管理；强化内部沟通协调及工程资料档案管理。

(5)建立企业内部沟通与办公自动化平台，改进工作效率。

(6)灵活定制统计报表、分析图表，加快内部信息流转。

(7)支持单项目管理、多项目式管理、项目组合管理。

(8)支持多种操作系统、兼容多种主流数据库及开源数据库。

2. 产品优势

易建工程项目管理软件融合了工程项目管理实际应用与企业资源规划 ERP 管理思想的应用软件系统。软件系统所具有的技术优势、管理优势、实施优势以及应用优势很好地实现了软件的应用价值，见图 9-1。

(五)PowerOn 项目管理集成系统

PowerOn 是上海普华科技发展有限公司自主研发的一套既融入了国际先进的项目管理思想，又结合了国内的管理习惯及标准的企业级和项目级相结合的多项目管理集成平台。

PowerOn 以 PMI 的九大项目管理知识体系为主导思想，以成熟的 IT 技术为手段，将现代项目管理理论、国内基建管理规程与习惯、工程管理专家的智慧、P3 系列软件等集成到一起，通过平台+门户+专业管理的模式，实现长期以来大家渴望的“以计划为基准，衍生出智能部门配合计划，达到将各项业务以计划形成串联的目的”，使工程建设项目管理水平实现质的提高成为可能。

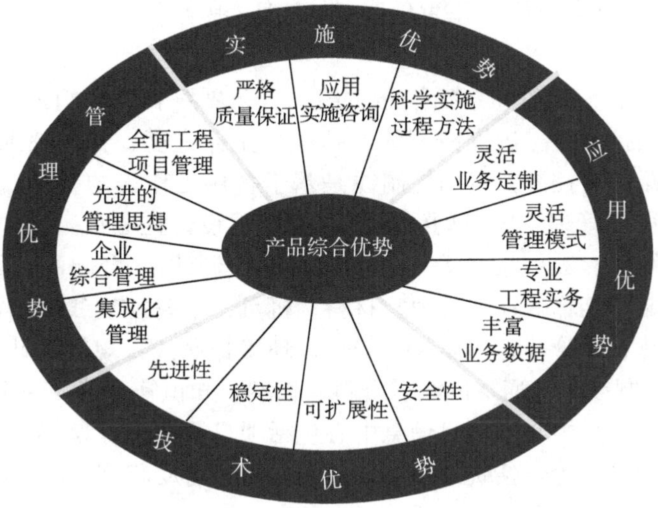

图 9-1　易建工程项目管理软件产品优势

PowerOn 以项目管理为产品对象，以大、中型建设项目的总承包商、专业承包商为用户对象，PowerOn 在设计时同时考虑了企业层面的项目管理应用以及工程建设业主、监理的项目管理业务，通过适当的扩充或裁减能够很好地适用于相应的环境。

PowerOn 以国际著名的项目管理软件 P3e/c(或 P3)作为项目主体进度计划的编制与分析工具，并将其作为整个系统进度协同的引擎。PowerOn 与 P3e/c(或 P3)的结合不仅仅是数据层面的简单交换，而且是业务层面的深入结合，二者的结合使得 P3e/c(或 P3)中包含的集成管理思想得到更加充分的体现。

1. PowerOn 的主要功能特点

(1)企业级多项目管理的软件设计，使用户可以同时管理多个不同性质的项目，并在多项目之间进行资源协调；

(2)涵盖项目管理的核心业务流程和主要功能模块，充分演绎 PMBOK 的 9 大知识领域和 5 个关键过程；

(3)以计划为龙头运筹协同，以合同为中心全面记录，以成本管理为核心深度控制，通过主进度计划派生出其他配合计划驱动具体业务处理过程，使得所有的管理业务均可在主体计划下协同进行；

(4)依托普华公司的项目管理应用实践经验，预配置多个行业编码体系和管理流程，预建了适合国情的、可灵活自定义的数十种报表；

(5)灵活的编码体系、管理级别、业务流程定制及权限控制，使系统适用于业主、监理、总承包商、施工企业等不同角色的单位；

(6)多视角软件界面、多层分组汇总、视图与过滤器、所见即所得的打印、数据输入与输出、自定义字段、自定义表单、自定义业务报表、自定义编码规则及自动编码、外部数据采集、自定义个人工作平台、自定义个人工作平台、自定义的企业和项目信息门户等诸多功能特性使工作轻松自如；

(7)与著名的项目管理软件 P3e/c(或 P3)具有无缝接口。

2. 功能模块

PowerOn 的总体思维框架包括两条主线、五条副线和一个门户。两条主线控制即进度控制线和费用控制线。进度控制线包括项目主体进度、各种辅助(专项)计划的编制、审批、执行跟踪与控制；费用控制线是基于费用工作表的费用跟踪与控制、精细的成本核算、赢得值管理。五条副线控制包括：①设计控制线：工作包分解、责任分派、进度与工时统计、数据接口等；②工程合同控制线 ：合同的招投标、合同执行、支付、变更、索赔、结算等；③人力、材料、机具、设备控制线：请购、招标、采购、领用、租赁、结算、库管等；④质量、安全、环境控制线：规划、计划、检查、控制、统计等；⑤OA 控制线：沟通、图纸、资料、档案、知识管理等。一个门户控制包括项目信息中心和个人信息中心。项目信息中心包括项目管理仪表盘(KPI)、统计报表、信息查询等；个人信息中心包括责任事项、警示告示、启动起草邮件、即时消息等。

PowerOn 功能模块如图 9-2 所示。

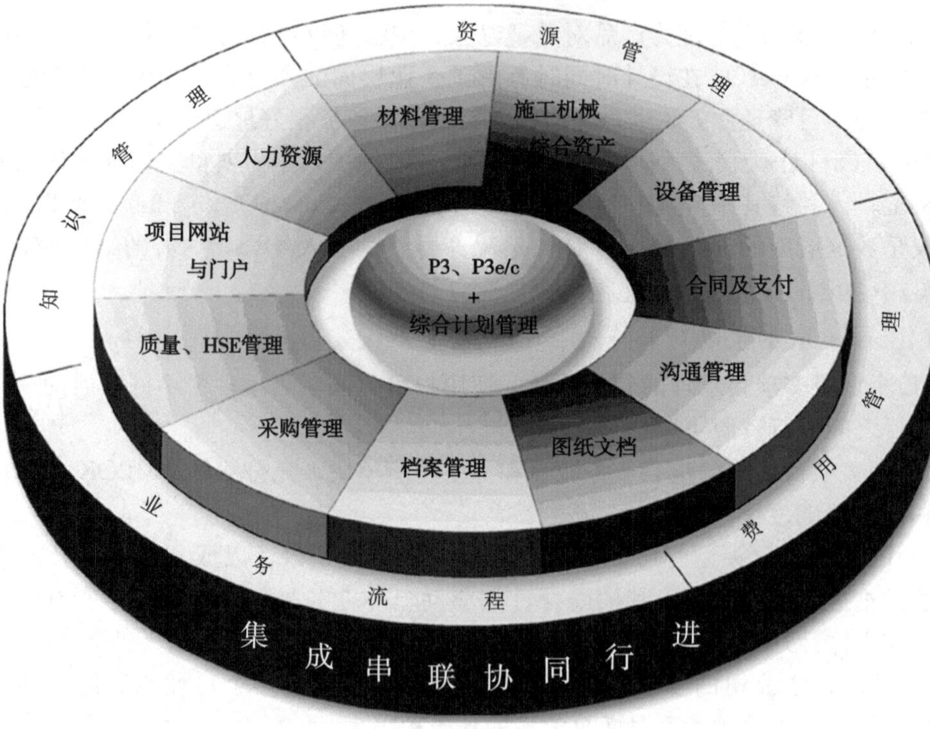

图 9-2 PowerOn 功能模块

二、项目管理软件应用实例

这里以 Microsoft 公司的 Project 2010 软件为例，介绍该类软件在施工项目组织与管理中的基本功能以及其应用过程。

Microsoft Project 2010 软件是一个功能强大而灵活的项目管理工具，可用于控制简单或复杂的项目。它能够帮助管理人员建立项目计划、对项目进行管理，并在执行过程中追踪所有活动，使用户实时掌握项目进度的完成情况、实际成本与预算的差异、资源的使用情况等信息。该软件的界面标准易于使用，具有项目管理所需的各种功能，包括项目计划、资源的定义和分配、实时的项目跟踪、多种直观易懂的报表及图形、用 Web 页面方式发布项目信息，通过 Excel、Access 或各种 ODBC 兼容数据库存取项目文件等。

Microsoft Project 2010 软件的基本操作流程如图 9-3 所示。

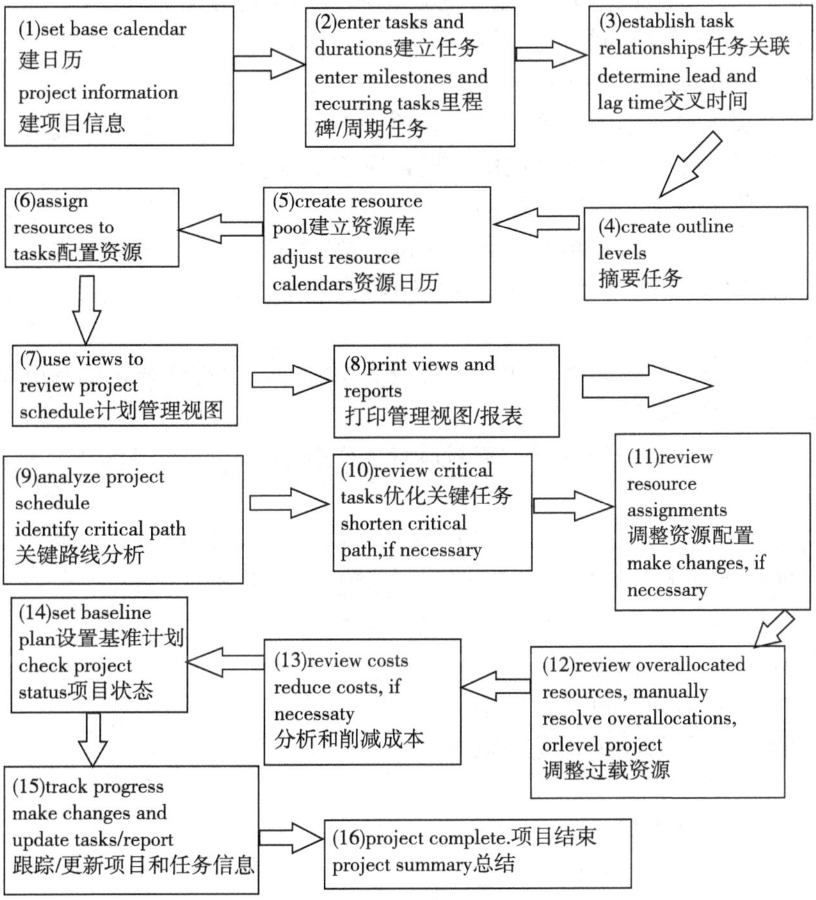

图 9-3　Project 2010 操作流程

下面通过一个工程项目应用实例来介绍软件的操作过程。

(一)工程简介及工作分解

1. 工程简介

工程为一幢 33 层的高级豪华高层商住楼，建筑面积 24 960m²，地下一层为车库和设备用房，地上 33 层，其中 1～3 层的裙房为商场用房，3 层以上为住宅用房。工期要求为 460 个工作日。

2. 工作分解结构

1)工作分解结构的基本概念

工作分解结构是项目管理重要的专业术语之一，也是项目管理工作中最重要的内容之一。工作分解结构总是处于计划过程的中心，也是制订进度计划、资源需求、成本预算、风险管理计划和采购计划等的重要基础。

项目内创建工作分解结构的过程非常重要，因为在项目分解过程中，项目经理、项目成员和所有参与项目的部门都必须考虑该项目的所有方面。

项目创建工作分解结构的过程是：

(1)得到范围说明书或工作说明书。

(2)召集有关人员，集体讨论所有主要项目工作，确定项目工作分解的方式。

(3)分解项目工作。如果有现成的模板，应该尽量利用。

(4)画出工作分解结构的层次结构图。

(5)将主要项目可交付成果细分为更小的、易于管理的组分或工作包。工作包必须详细到可以对该工作包进行估算(成本和历时)、安排进度、做出预算、分配负责人员或组织单位。

(6)验证上述分解的正确性。如果发现较低层次的项没有必要，则修改组成成分。

(7)建立一个编号系统。

(8)随着其他计划活动的进行，不断地对工作分解结构更新或修正，直到覆盖所有工作。

项目的工作分解结构创建之后，应对结构进行检验，确定工作分解结构是否定义完全、项目的所有任务是否都被完全分解。检验的主要依据如下：

(1)每个任务的状态和完成情况是可以量化的。

(2)明确定义了每个任务的开始和结束。

(3)每个任务都有一个可交付成果。

(4)工期易于估算且在可接受期限内。

(5)容易估算成本。

(6)各项任务是独立的。

(7)各项任务能被描述的。

2)本工程的工作结构分解

本工程的工作结构分解图如图 9-4 所示。

(二)软件操作

1. 软件启动

点击 windows 的“开始”菜单，在“所有程序”中找到“Microsoft office”菜单，展开后单击“Microsoft project 2010”选项，即可运行软件。运行后软件的界面如图 9-5 所示。

施工准备
⊟ 主体结构
地下室主体结构
裙房1–3层主体结构
4–10层主体结构
11–30层主体结构
水箱机房31–33层主体结构
⊟ 砌筑工程
–1–10层砌筑
11–20层砌筑
21–25层砌筑
26–33层砌筑
⊟ 室内粗装修工程
–1–10层粗装修
11–15层粗装修
16–20层粗装修
33层向下粗装修
⊟ 室内粗装修工程
–1–5层粗装修
6–10层粗装修
10–20层精装修
33层向下精装修
室外装修工程
屋面工程
拆架子
设备安装、水电预留、预埋
水电安装调试
扫尾工程
竣工工程

图 9-4　工作结构分解图

2. 新建项目文件

选择“文件”中的“新建”，即出现新建文件界面，如图 9-6 所示。新建文件有三种方式，分别为创建空白文档、根据现有内容新建和根据模板建立项目。创建新项目后，可在界面左下角处单击“新任务”按钮，设定自动计划或手动计划作为任务日期的调整方式，如图 9-7 所示。本工程实例采用自动计划方式。

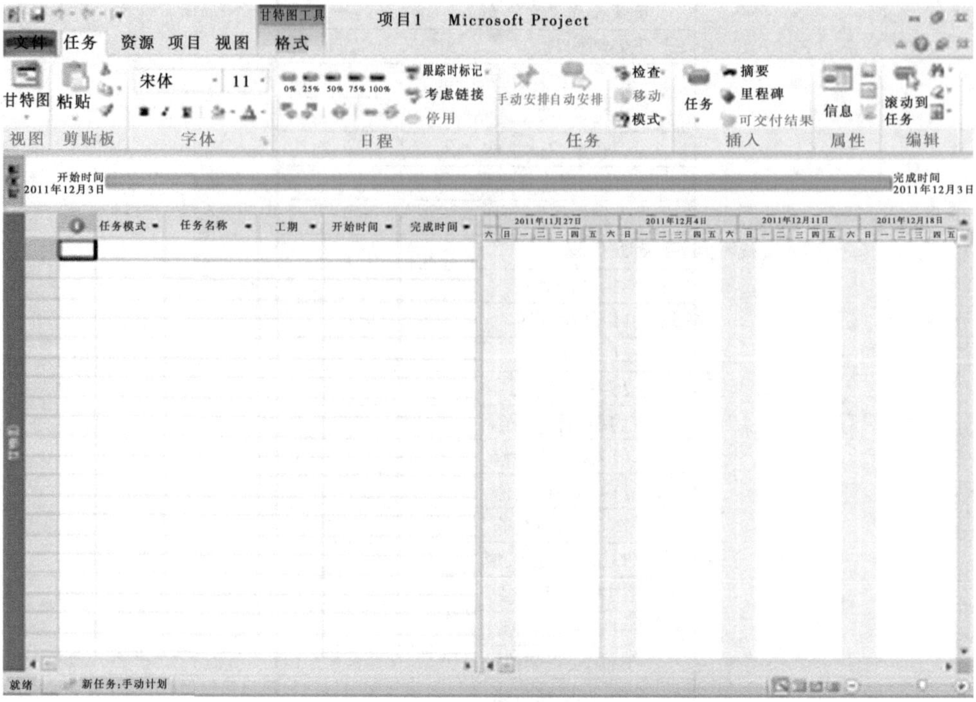

图 9-5 软件运行界面

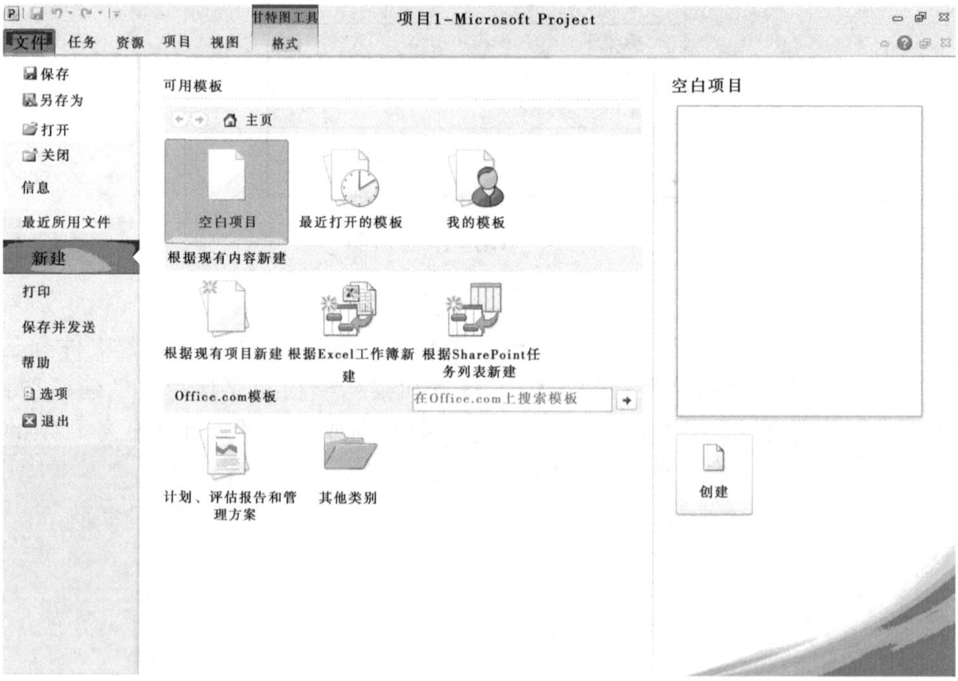

图 9-6 “新建”对话框

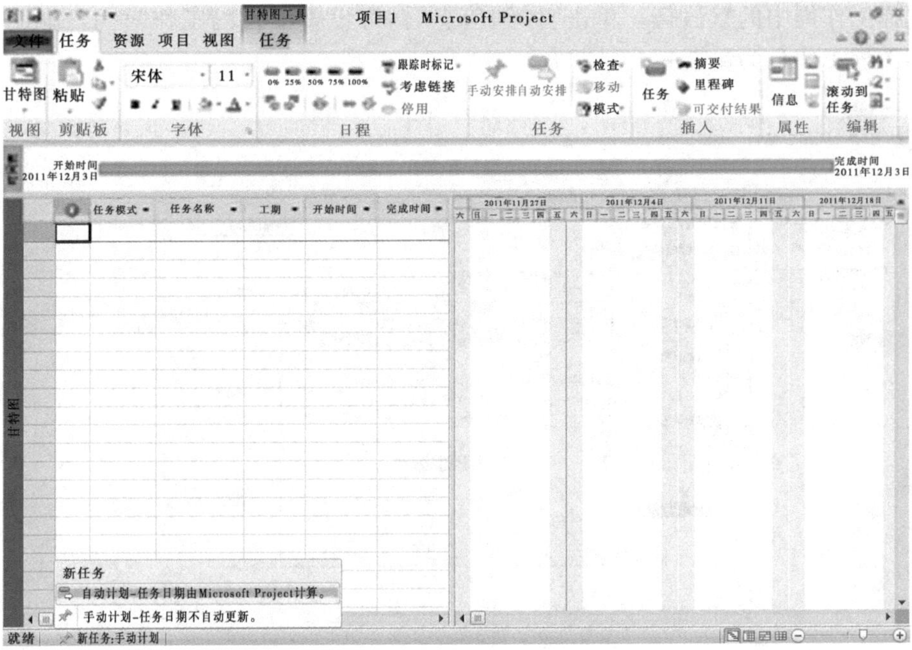

图 9-7　任务日期调整方式设定

3. 设置项目信息

1)自定义日历

选择“项目”下的“更改工作时间”选项，在弹出的对话框中选择“新建日历”，可定义日历名称，如图 9-8 所示。图 9-8 中新建日历名称为“高层商住楼”。

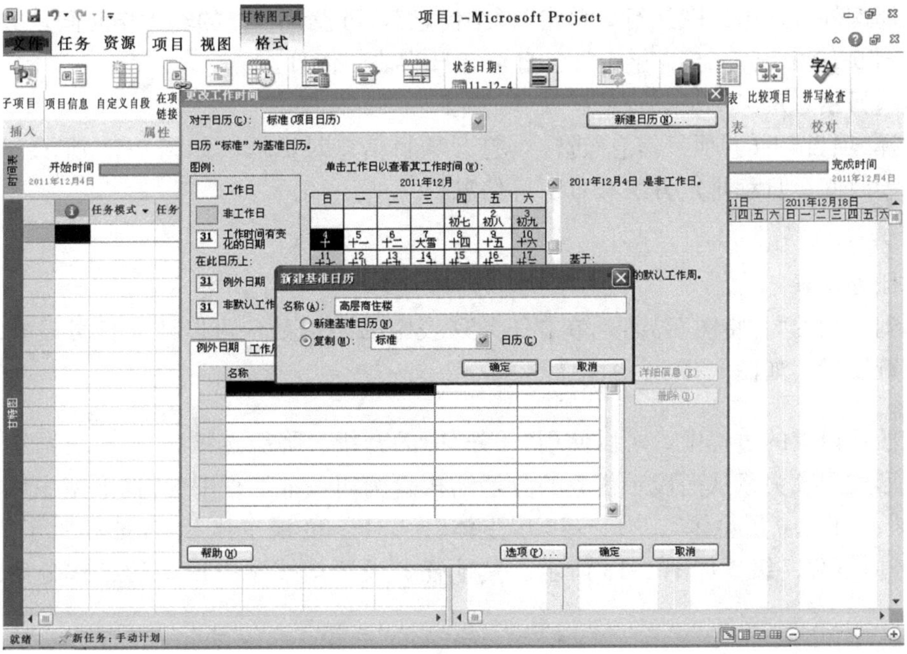

图 9-8　“新建日历”对话框

选择工作周中的默认行，单击“详细信息”，可设置项目的工作时间，如图 9-9 所示。本工程工作日为星期一至星期五。

图 9-9　项目“工作日”设置

选择例外日期中的默认行，单击“详细信息”，可设置项目的非工作时间，如图9-10 所示，图 9-10 中设置 2012 年 1 月 1 日至 3 日为非工作日。

2)项目信息定义

选择“项目”下的“项目信息”选项，打开项目信息对话框，如图 9-11 所示。可设置项目开始时间、日程排定方法和日历等信息。

4. 建立任务

1)任务列表

回到初始的“甘特图”界面，单击任务列表中的空白处，可以建立任务，并对任务信息进行设置，如图 9-12 所示。

在任务设置的过程中，可以使用“任务”中的升级、降级选项()调整任务的级别，形成层次关系从而展示任务的分解结构。例如，本工程中的“地下室主体”、“裙房主体”、“4～10 层主体”、“11～30 层主体”、“31～33 层主体”等任务相对于“主体结构”任务应下降一级，如图 9-13 所示。其他任务设置均按预先设定的工作分解结构图设置。

2)插入周期性任务

在“任务”中的“任务”下拉菜单中选择“任务周期”可打开周期性任务对话框。例如，

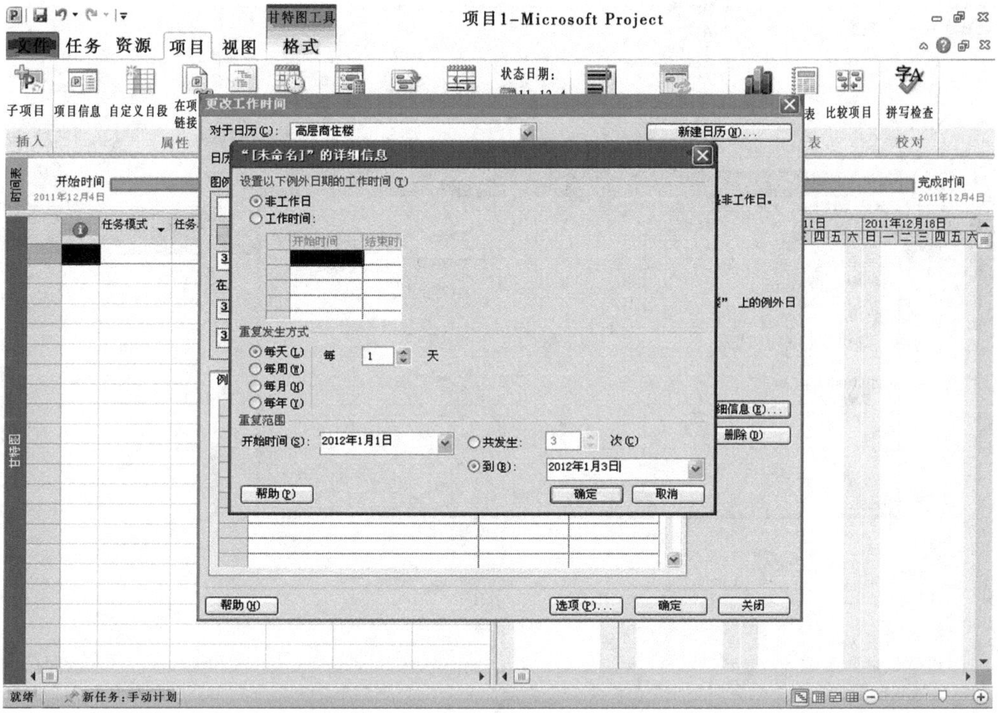

图 9-10　项目“非工作日”设置

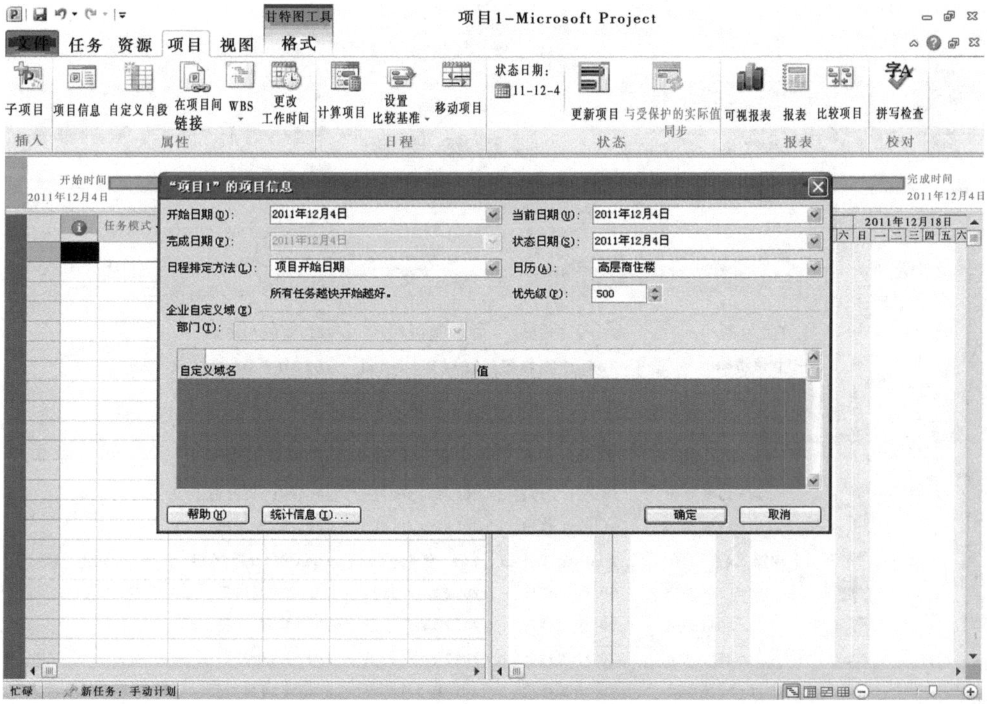

图 9-11　“项目信息”对话框

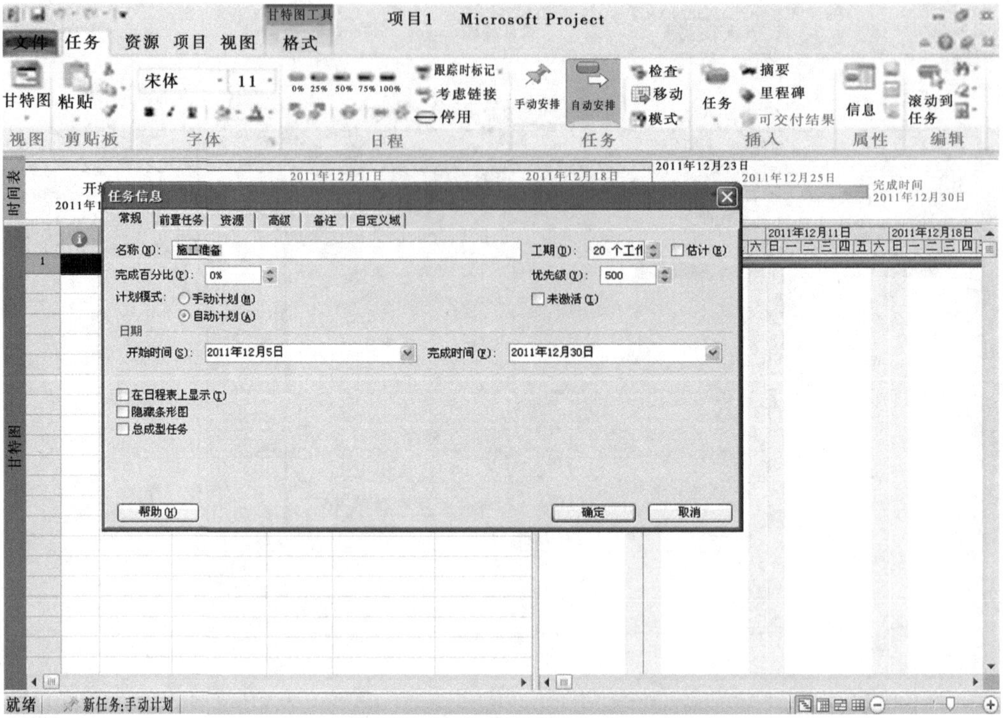

图 9-12 “任务信息”对话框

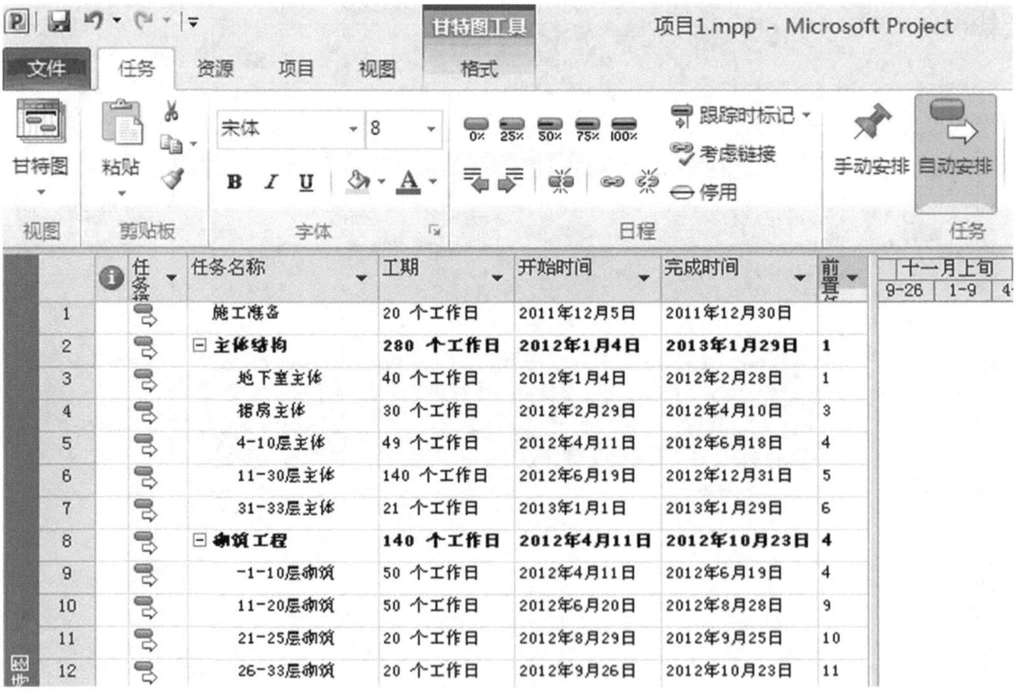

	任务名称	工期	开始时间	完成时间	前置任务
1	施工准备	20 个工作日	2011年12月5日	2011年12月30日	
2	**主体结构**	**280 个工作日**	**2012年1月4日**	**2013年1月29日**	**1**
3	地下室主体	40 个工作日	2012年1月4日	2012年2月28日	1
4	裙房主体	30 个工作日	2012年2月29日	2012年4月10日	3
5	4-10层主体	49 个工作日	2012年4月11日	2012年6月18日	4
6	11-30层主体	140 个工作日	2012年6月19日	2012年12月31日	5
7	31-33层主体	21 个工作日	2013年1月1日	2013年1月29日	6
8	**砌筑工程**	**140 个工作日**	**2012年4月11日**	**2012年10月23日**	**4**
9	-1-10层砌筑	50 个工作日	2012年4月11日	2012年6月19日	4
10	11-20层砌筑	50 个工作日	2012年6月20日	2012年8月28日	9
11	21-25层砌筑	20 个工作日	2012年8月29日	2012年9月25日	10
12	26-33层砌筑	20 个工作日	2012年9月26日	2012年10月23日	11

图 9-13 任务等级设置情况

设定每周的周一召开例会，可按如图 9-14 所示进行设置。若例会占用了非工作日，则软件会提示将例会时间调整至最近的工作日或不设置。

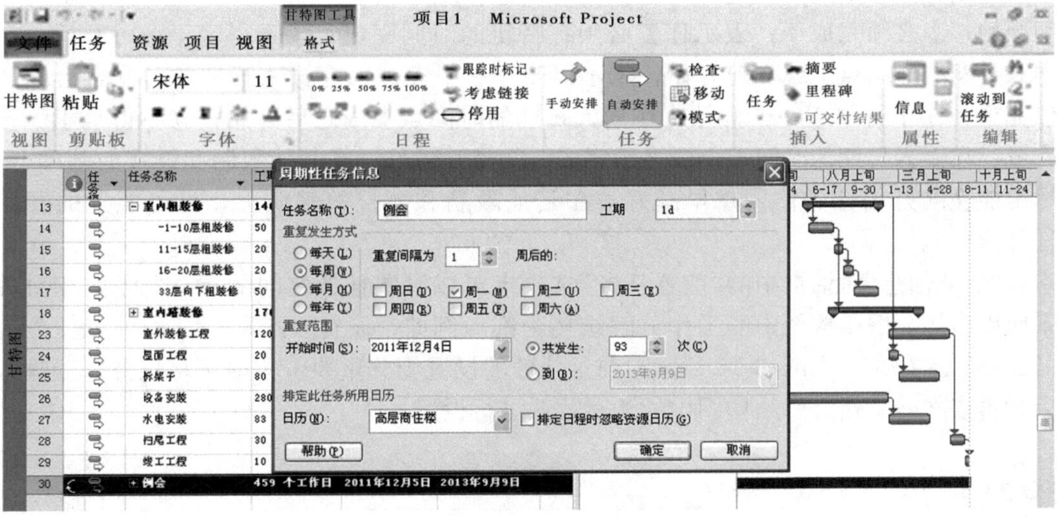

图 9-14　“周期性任务信息”对话框

3)任务信息

双击某一任务，可弹出“任务信息”对话框，其中的“高级”选项卡，可以对任务的工期、日历、限制类型等进行设置。例如，设定“裙房主体”的相关信息如图 9-15 所示。

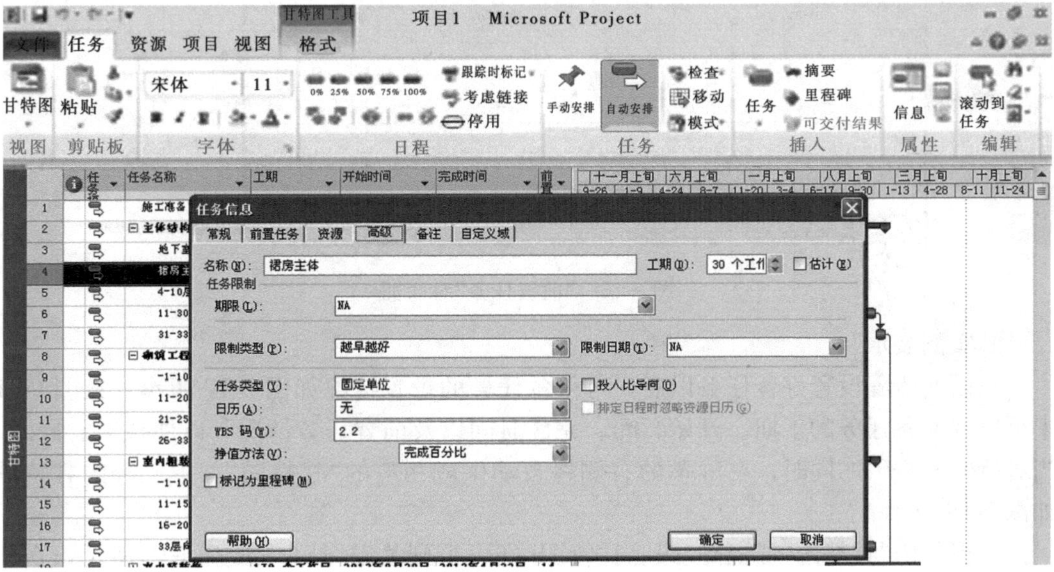

图 9-15　任务信息设置

工期可直接输入(或在建立任务时输入)。日历可根据任务情况进行设定，系统默认的顺序依次为资源日历、任务日历和项目日历，可以通过选择提高某一日历的级别。限制类型有多种选项可供选择，其中包括：①必须开始于：表示任务必须在特定的时间开始；②必须完成于：表示任务必须在特定的时间完成；③不得晚于……开始：在输入日期的时间点上或之前开始；④不得晚于……完成：在输入日期的时间点上或之前完成；⑤不得早于……开始：在输入日期的时间点上或之后开始；⑥不得早于……完成：在输入日期的时间点上或之后完成；⑦越晚越好：在其他限制和链接的基础上，尽可能晚的开始任务；⑧越早越好：在其他限制和链接的基础上，尽可能早的开始任务。

“任务信息”对话框中的“前置任务”选项卡可以设置任务之间的相对关系，相对关系应以工作分解结构图中的工作分解结构为准。例如，设置“屋面工程”的前置任务为“31～33 层主体”，如图 9-16 所示。前置任务的设置十分重要，一般可将任务完全输入后，再依次按工作分解结构图中的相对关系进行设置。

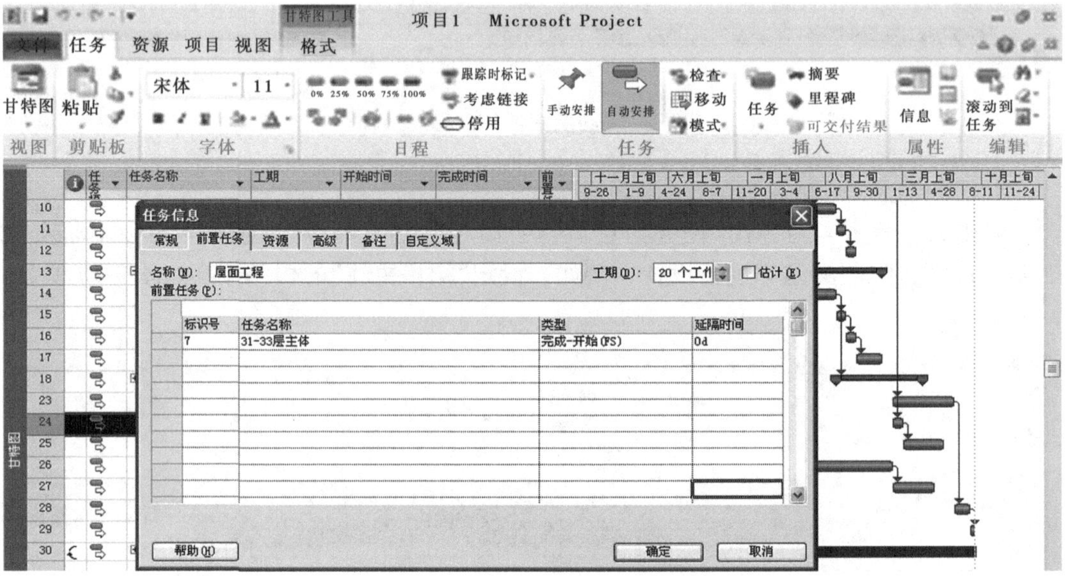

图 9-16 “前置任务”对话框

4)实例展示

按以上步骤设置好各任务以后，可得各任务的设置情况如图 9-17 所示。在图 9-17 中可以观察各任务的工期、开始时间、完成时间以及前置任务情况，以便核对。同时，当进行任务编辑的同时，在屏幕的右侧将自动生成相应的“甘特图”，本工程的甘特图如图 9-18 所示。

将视图由“甘特图”切换到“跟踪甘特图”即可得到关键线路，如图 9-19 所示，在软件中红色的任务为关键任务，由于书中不能显示，故图 9-19 中凡任务条形图上方标注名称的即为关键任务。

	任务模式	任务名称	工期	开始时间	完成时间	前置任务
1		施工准备	20 个工作日	2011年12月5日	2011年12月30日	
2		⊟ **主体结构**	**280 个工作日**	**2012年1月4日**	**2013年1月29日**	**1**
3		地下室主体	40 个工作日	2012年1月4日	2012年2月28日	1
4		裙房主体	30 个工作日	2012年2月29日	2012年4月10日	3
5		4-10层主体	49 个工作日	2012年4月11日	2012年6月18日	4
6		11-30层主体	140 个工作日	2012年6月19日	2012年12月31日	5
7		31-33层主体	21 个工作日	2013年1月1日	2013年1月29日	6
8		⊟ **砌筑工程**	**140 个工作日**	**2012年4月11日**	**2012年10月23日**	**4**
9		-1-10层砌筑	50 个工作日	2012年4月11日	2012年6月19日	4
10		11-20层砌筑	50 个工作日	2012年6月20日	2012年8月28日	9
11		21-25层砌筑	20 个工作日	2012年8月29日	2012年9月25日	10
12		26-33层砌筑	20 个工作日	2012年9月26日	2012年10月23日	11
13		⊟ **室内粗装修**	**140 个工作日**	**2012年6月20日**	**2013年1月1日**	**9**
14		-1-10层粗装修	50 个工作日	2012年6月20日	2012年8月28日	9
15		11-15层粗装修	20 个工作日	2012年8月29日	2012年9月25日	14
16		16-20层粗装修	20 个工作日	2012年9月26日	2012年10月23日	15
17		33层向下粗装修	50 个工作日	2012年10月24日	2013年1月1日	16
18		⊞ **室内精装修**	**170 个工作日**	**2012年8月29日**	**2013年4月23日**	**14**
23		室外装修工程	120 个工作日	2013年1月30日	2013年7月16日	7
24		屋面工程	20 个工作日	2013年1月30日	2013年2月26日	7
25		拆架子	80 个工作日	2013年2月27日	2013年6月18日	24
26		设备安装	280 个工作日	2012年1月4日	2013年1月29日	1
27		水电安装	83 个工作日	2013年1月30日	2013年5月24日	26
28		扫尾工程	30 个工作日	2013年7月17日	2013年8月27日	23
29		竣工工程	10 个工作日	2013年8月28日	2013年9月10日	28
30		⊞ **例会**	**459 个工作日**	**2011年12月5日**	**2013年9月9日**	

图 9-17　实例工程任务设置情况

将视图切换到“网络图”即可得到工程的单代号网络图，图 9-20 为单击右键选择“折叠方框”后的由标号显示的网络图样式，同样在软件中关键线路用红色表示。

5. 资源配置

1)定义资源

在界面左侧的“甘特图”右击鼠标，选择“资源工作表”选项，可在对话框中对资源进行定义，如图 9-21 所示。资源分三类，分别为“工时”、“材料”和“成本”，三种类型均可设置费率，可以双击资源名称，对资源的详细情况进行设置。

2)资源分配

首先选定一个任务，然后点击“资源”中的“分配资源”，对话框如图 9-22 所示。可在对话框中分配选定任务的资源，设定资源的数量等。

6. 跟踪阶段

在“项目”中选择“设置比较基准”，点击“设置比较基准”选项，打开对话框设置比

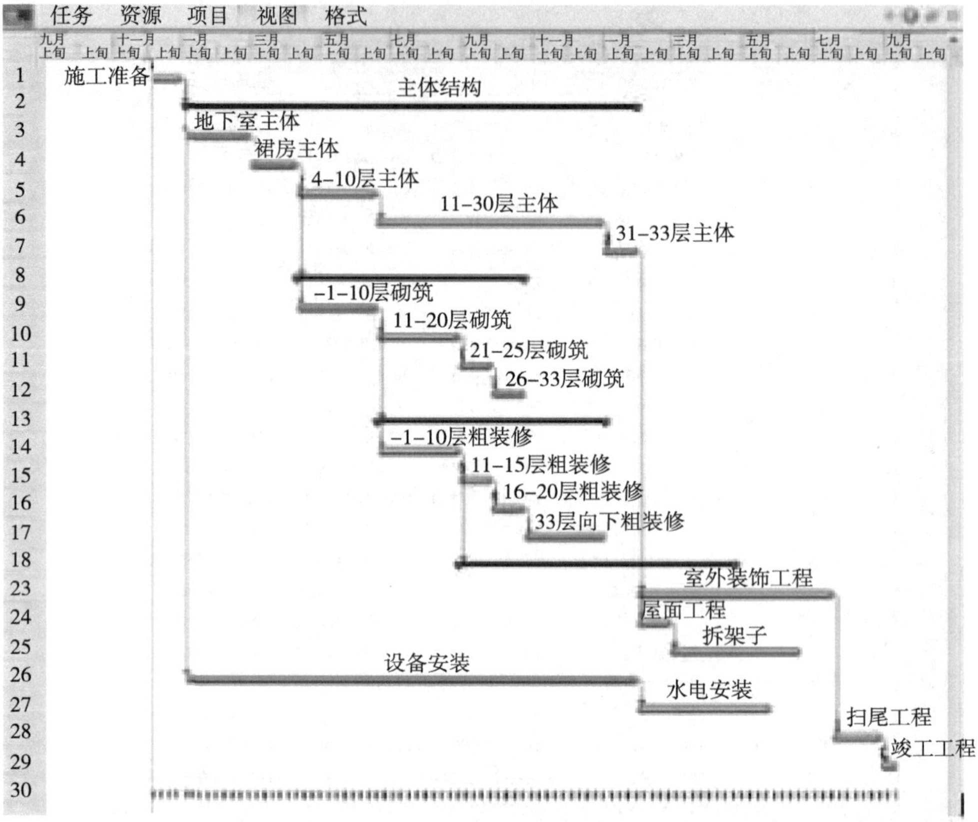

图 9-18 实例工程甘特图

较基准情况，如图 9-23 所示。比较基准是一组基本参照点，这些点约有 20 个并分为五类：开始日期、完成日期、工期、工时和成本估计。可以设置这些点，以便在完成和优化原始项目计划时记录该计划。在项目不断推进时，可以设置附加比较基准(每个项目总共可设置 11 个)，以帮助测量计划中的更改。例如，如果项目有多个阶段，则可以在每个阶段的末尾单独保存一个比较基准，以便将计划的值与实际数据进行比较。

设置完成后，点击“任务”中的“跟踪甘特图”选项，视窗切换后，在甘特图中的灰色条就是比较基准，如图 9-24 所示。

当项目开展过程中可以通过比较基准对项目进行跟踪和调整。例如，点击“项目”中的状态日期，将日期改到 2012 年 3 月 15 日，如图 9-25 所示。然后，单击“项目”中的“更新项目”选项，则可在跟踪甘特图视窗中观察到项目进行和比较基准间的差异，如图 9-26 所示。

7. 报表

1)可视报表

点击“项目”中的“可视报表”，出现对话框如图 9-27 所示。软件可以自动生成对话框中列出的报表，并转成 Microsoft Excel 文件。

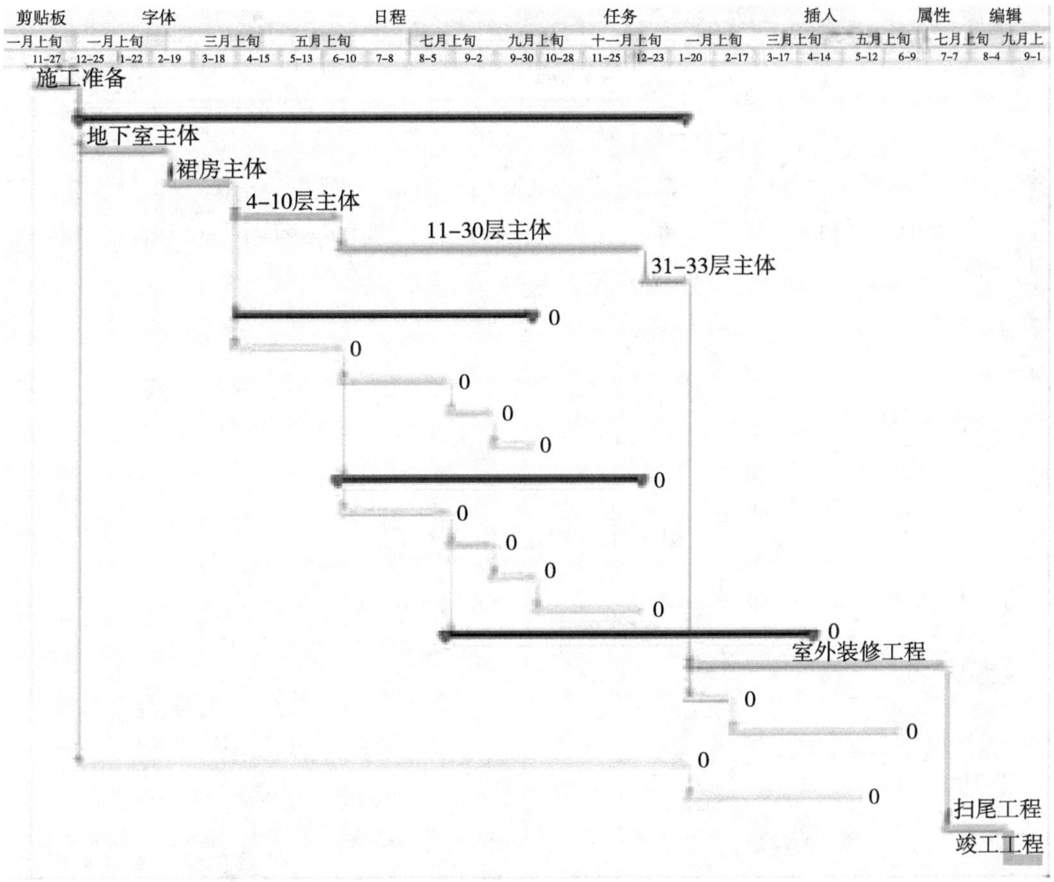

图 9-19　用“跟踪甘特图”显示关键线路

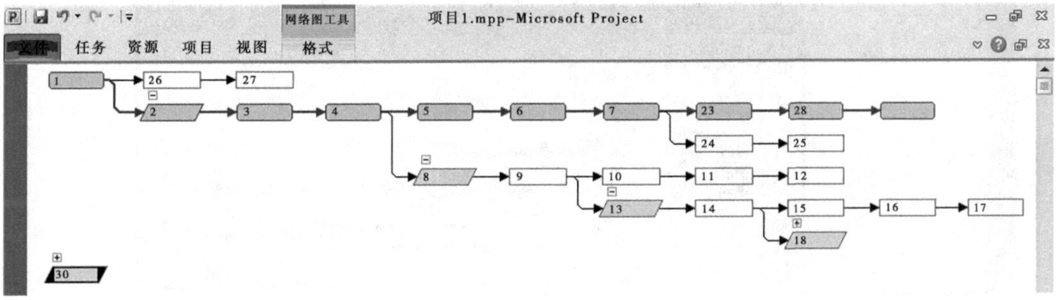

图 9-20　实例工程网络图

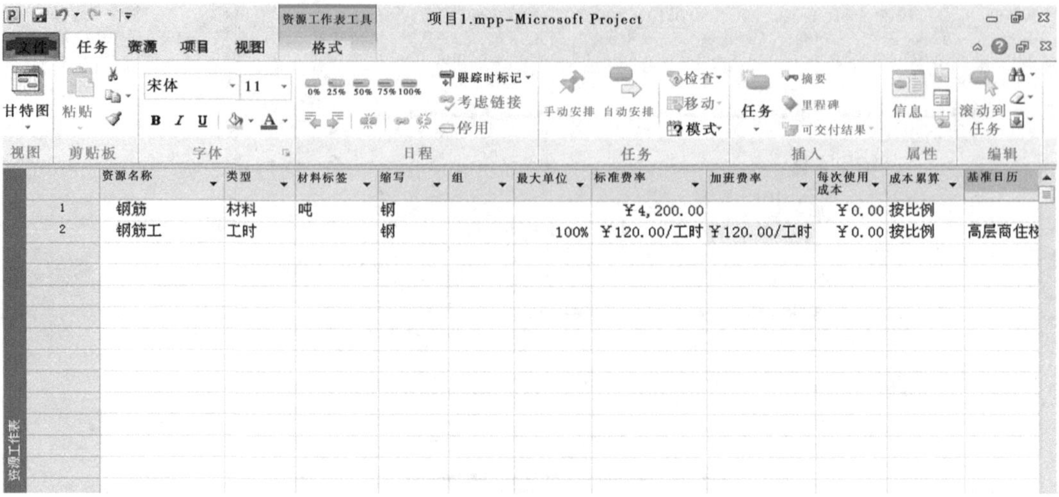

图 9-21 “资源工作表”对话框

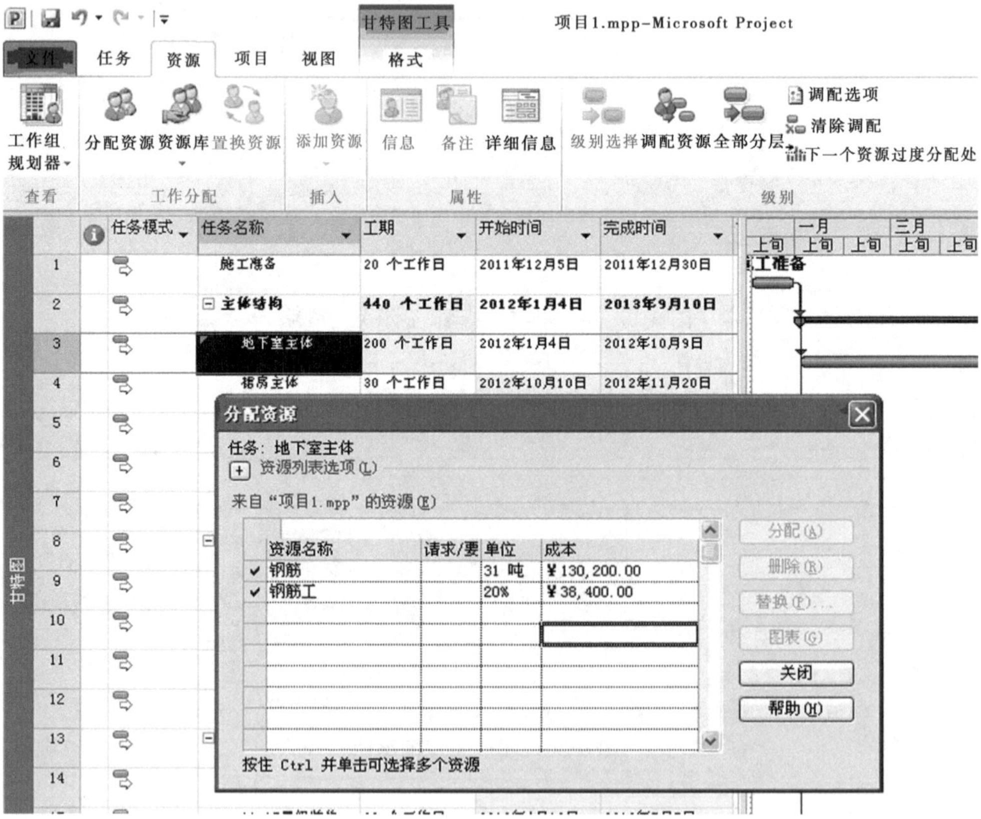

图 9-22 “分配资源”对话框

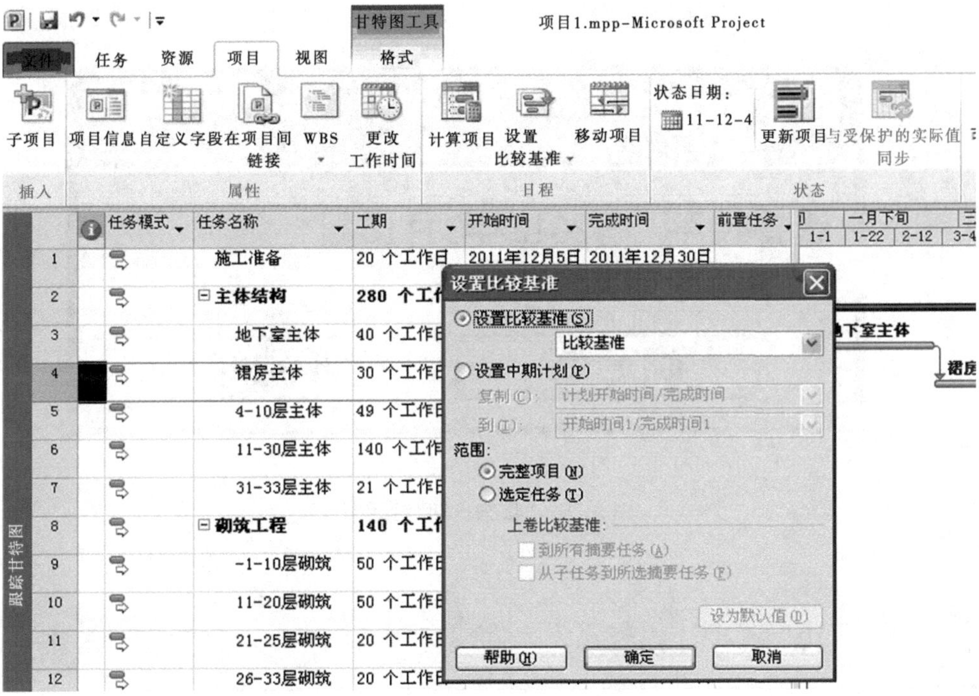

图 9-23　“设置比较基准”对话框

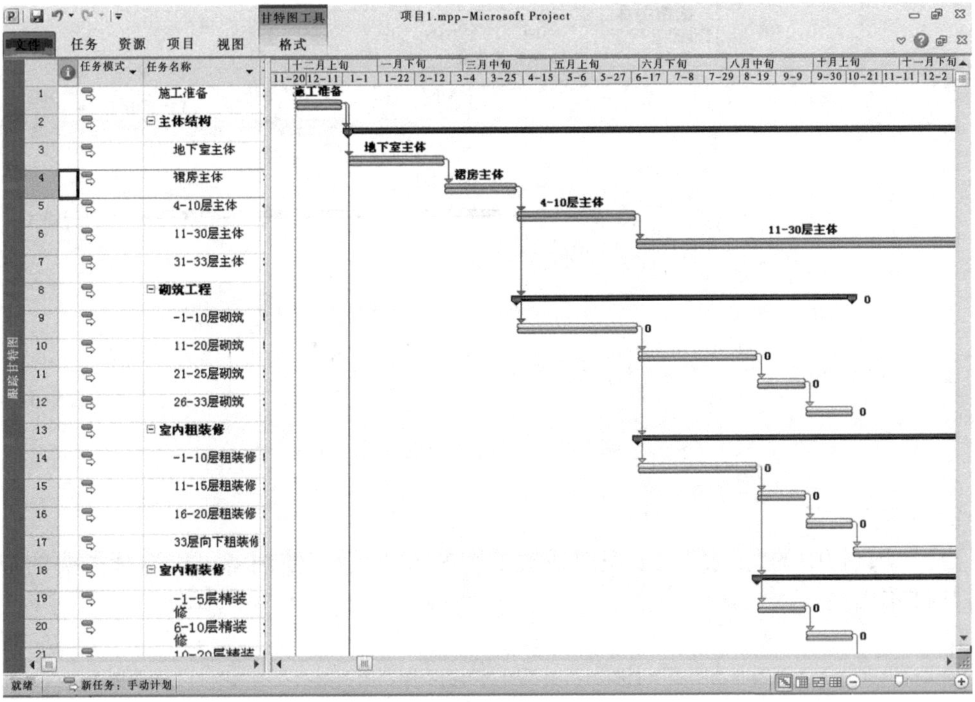

图 9-24　比较基准显示情况

图 9-25 “状态日期”对话框

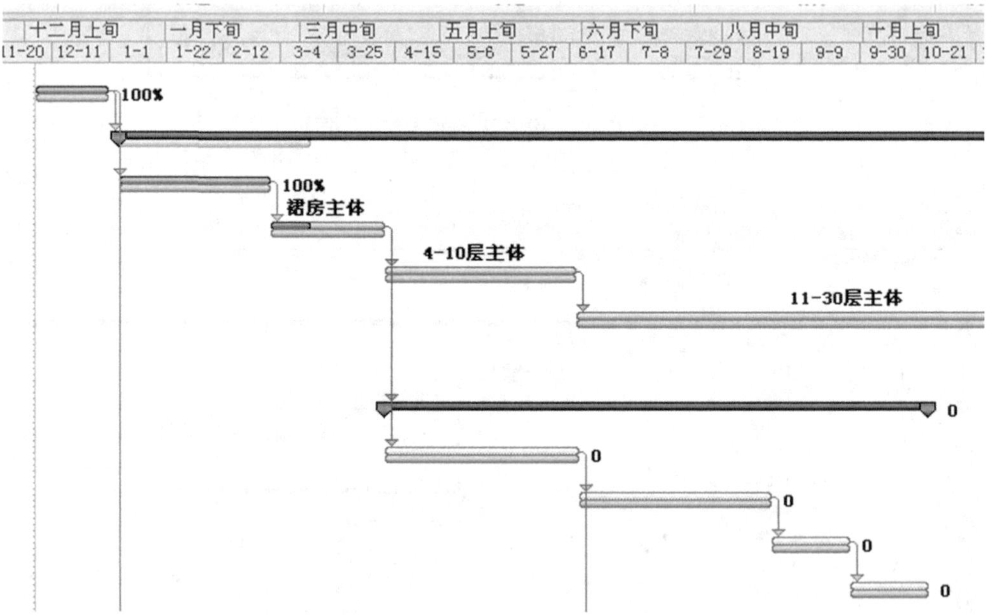

图 9-26 比较基准的应用

2)报表

点击“项目”中的“报表”，出现对话框如图 9-28 所示。使用者可以选择需要的报表，并将其打印出来。

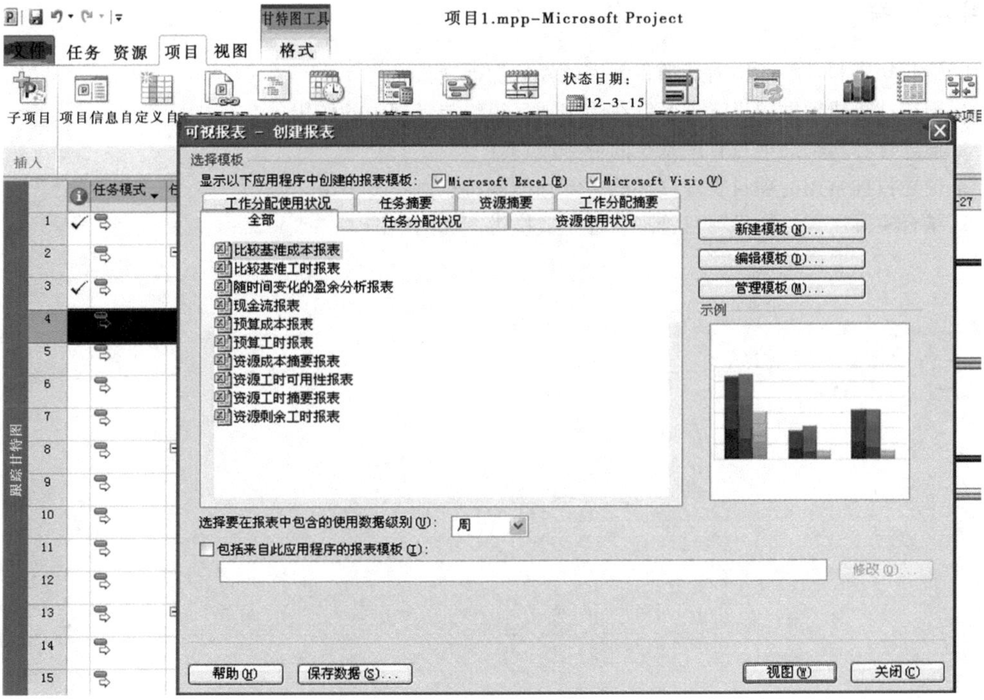

图 9-27　“可视报表”对话框

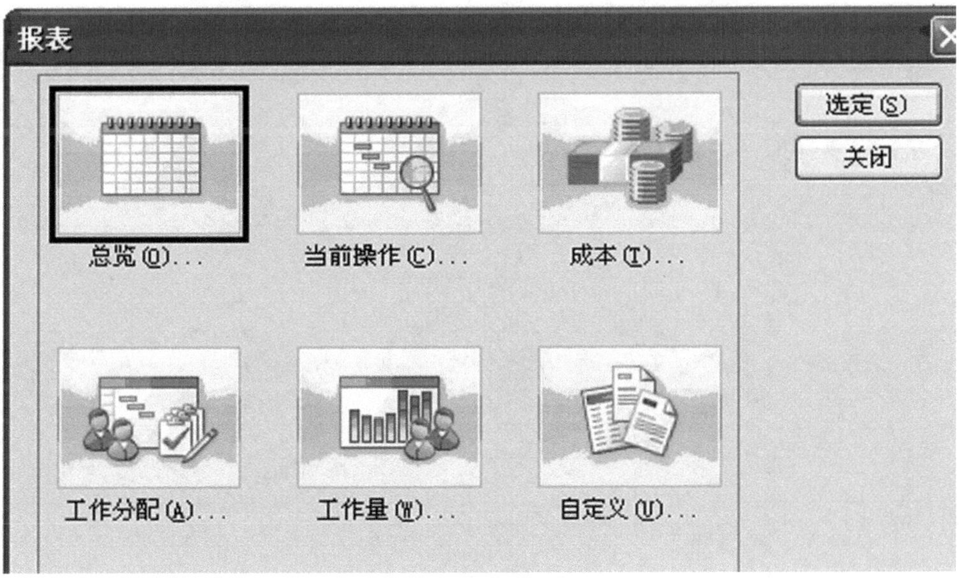

图 9-28　“报表”对话框

复习与思考

1. 请收集资料，综述国内外项目管理软件的发展现状。
2. 简述计算机辅助项目管理系统在施工项目组织与管理中的作用。
3. 简述计算机辅助项目管理系统的业务流程。
4. 简述目前常用的项目管理软件的主要功能及特点。
5. 结合实际工程，应用项目管理软件生成横道图和网络图。

主要参考文献

蔡学峰．2011. 建筑工程施工组织管理(第二版). 北京：高等教育出版社．

曹吉明，徐伟．2000. 网络计划技术与施工组织设计．上海：同济大学出版社．

李红立．2010. 建筑工程施工组织编制与实施．天津：天津大学出版社．

李子新，汪全信，李建中，等．2006. 施工组织设计编制指南与实例．北京：中国建筑工业出版社．

林知炎，曹吉鸣．2002. 工程施工组织与管理．上海：同济大学出版社．

刘小平．2002. 建设工程项目管理．北京：高等教育出版社．

宋伟，刘岗．2006. 工程项目管理．北京：科学出版社．

王芳，范建洲．2007. 工程项目管理．北京：科学出版社．

项建国．2005. 建设工程项目管理．北京：中国建筑工业出版社．

郁超．2009. 实施性施工组织设计及施工方案编制技巧．北京：中国建筑工业出版社．

张书行．1997. 工程项目施工组织．西安：陕西科学技术出版社．

赵仲琪．1993. 建筑施工组织．北京：冶金工业出版社．

中国建筑学会，建筑统筹管理研究会．1993. 中国网络计划技术大全．北京：地震出版社．

中国建筑学会建筑统筹管理分会．2000. 工程网络计划技术规程教程．北京：中国建筑工业出版社．

中华人民共和国建设部．2002. 建设工程项目管理规范．北京：中国建筑工业出版社．

中华人民共和国住房和城乡建设部．2009. 建筑施工组织设计规范．北京：中国建筑工业出版社．

周国恩．2010. 工程施工组织．北京：北京大学出版社．

朱弘毅．1999. 网络计划技术教程．上海：复旦大学出版社．